Emmerich Tálos
unter Mitarbeit von Florian Wenninger

Das austrofaschistische Österreich
1933 – 1938

Politik und Zeitgeschichte

herausgegeben von

Prof. Dr. Emmerich Tálos
(Universität Wien)

und

Dr. Florian Wenninger
(Universität Wien)

Band 10

LIT

Emmerich Tálos
unter Mitarbeit von Florian Wenninger

Das austrofaschistische Österreich 1933 – 1938

LIT

Bibliografische Information der Deutschen Nationalbibliothek
Die Deutsche Nationalbibliothek verzeichnet diese Publikation in der
Deutschen Nationalbibliografie; detaillierte bibliografische Daten sind
im Internet über http://dnb.d-nb.de abrufbar.

ISBN 978-3-643-50814-0

© L<small>IT</small> V<small>ERLAG</small> GmbH & Co. KG
Wien 2017
Garnisongasse 1/19
A-1090 Wien
Tel. +43 (0) 1-409 56 61   Fax +43 (0) 1-409 56 97
E-Mail: wien@lit-verlag.at   http://www.lit-verlag.at

Auslieferung:
Deutschland: L<small>IT</small> Verlag Fresnostr. 2, D-48159 Münster
Tel. +49 (0) 2 51-620 32 22, E-Mail: vertrieb@lit-verlag.de
E-Books sind erhältlich unter www.litwebshop.de

Inhaltsverzeichnis

Vorwort 1

I. Zur Entwicklung des Austrofaschismus 5
   1 Das politische, wirtschaftliche und soziale Umfeld 6
   2 Konstituierungsphase des Austrofaschismus (März 1933 – Mai 1934) 15
      2.1 Konturen des neuen politischen Systems 20
      2.2 Anstöße von außen 20
      2.3 Ausschaltung bzw. Einschränkung rechtsstaatlicher Einrichtungen 23
      2.4 Ausschaltung der politischen Opposition 24
      2.5 Ausschaltung der Parteien des Regierungslagers 27
   3 Konsolidierungsphase: Institutioneller Ausbau und Politikgestaltung (Mai 1934 – Juli 1936) 30
   4 Phase der Defensive und des Niedergangs des Austrofaschismus (Juli 1936 – März 1938) 33
      4.1 Der „Anschluss" 36
          4.1.1 „Anschluss" von innen 37
          4.1.2 „Anschluss" von außen 39
          4.1.3 „Anschluss" im engeren Sinne 41

II. Konturen des austrofaschistischen Herrschaftssystems: Selbstverständnis – Verfassungsordnung – Akteure 45
   1 Ideologische Dimension und Gestaltungsansprüche 45

Inhaltsverzeichnis

    2 Die neue Verfassung: Norm und Realität 49
        2.1 Gesetzgebung 51
        2.2 „Berufsständische Grundlage" 53
            2.2.1 Rahmenkonzeption mit vagen Konturen 53
            2.2.2 Austrofaschismus – ein Ständestaat? 57
    3 Träger und Akteure 58
        3.1 Bundespräsident 58
        3.2 Bundeskanzler und Bundesregierung 59
        3.3 Vaterländische Front (VF) 61
            3.3.1 Entwicklung 61
            3.3.2 Selbstverständnis und Organisation 61
            3.3.3 Front-Werke und Front-Referate 64
            3.3.4 Politischer Einfluss der Vaterländischen Front . . . 68
        3.4 Wehrverbände 70
        3.5 Justiz – Sicherheitsexekutive – Militär 73
            3.5.1 Justiz und Sicherheitsexekutive 73
            3.5.2 Militär und Bundesheer 77
        3.6 Katholische Kirche 79
        3.7 Christliche Arbeiterbewegung 86
        3.8 Legitimismus 86
        3.9 Politische Opposition 87
            3.9.1 Die Kommunistische Partei Österreichs (KPÖ) . . 87
            3.9.2 Sozialdemokratische Arbeiterpartei (SDAPÖ) . . . 88
            3.9.3 Nationalsozialisten (NSDAP) 91

III. Politikbereiche und interessengeleitete Politikgestaltung 95
    1 Repressionspolitik 95
        1.1 Instrumente und gesetzliche Regelungen 95
        1.2 Repressionspolitik gegen oppositionelle Parteien und
            illegale politische Betätigung 96
    2 Medienpolitik zwischen Unterdrückung und
        Gleichschaltung 100
        2.1 Ausschaltung oppositioneller Medien 100
        2.2 Kontrolle – Anpassung – Gleichschaltung 102

3 Kultur als Instrument ... 104
4 Schule und Jugend als Adressaten austrofaschistischer Politik ... 107
5 Wirtschafts- und Budgetpolitik ... 110
   5.1 Zur wirtschaftlichen Entwicklung ... 110
   5.2 Prioritäten und Maßnahmen ... 112
6 Soziale Lage und sozialpolitische Gestaltung ... 119
   6.1 Soziale und materielle Lage der Arbeiterschaft ... 120
   6.2 Organisierung der Arbeiterschaft ... 121
   6.3 Sozialpolitik: Politik der sozialen Schieflage ... 122
      6.3.1 Soziale Sicherung ... 123
      6.3.2 Arbeitsrecht und Arbeiterschutz ... 125
   6.4 Geschlechterrollen – Geschlechterpolitik ... 126

IV. Stimmungslage – politische Verankerung – politische Einstellungen ... 129
   1 Stimmungslage und politische Verankerung des Austrofaschismus ... 129
   2 Politische Einstellungen: am Beispiel des Antisemitismus ... 132
      2.1 Die offizielle Seite: regierungsoffizielle Positionierung ... 133
      2.2 Die inoffizielle Seite: der gelebte Antisemitismus ... 134

V. Verhältnis zu den faschistischen Nachbarn: folgenreiche Außenbindungen und Außenbeziehungen ... 139
   1 Italien ... 140
      1.1 Intensivierung der Beziehungen ... 140
      1.2 Schirmherr der österreichischen Eigenständigkeit ... 143
   2 Nationalsozialistisches Deutschland ... 146
      2.1 Von der gewaltsamen zur evolutionären Strategie der „Einverleibung" ... 146
      2.2 Juliabkommen – Umsetzung – Folgen ... 148
      2.3 Dem Ende entgegen: Februarabkommen 1938 ... 153

VI. Abschluss: Einbettung und Charakterisierung des
österreichischen Herrschaftssystems 1933 – 1938 159
   1 Einbettung des Herrschaftssystems 1933 – 1938 161
      1.1 Anleihen bei faschistischen Nachbarn 161
      1.2 Gemeinsamkeiten mit faschistischen Nachbarn 162
   2 Begriffliche Charakterisierung: Austrofaschismus 170

Literatur und Quellen 173

Zeittafel 1929 – 1938 179

Anmerkungen 186

Vorwort

Beträchtliche wirtschaftliche und soziale Probleme führten in Österreich zu Beginn der 1930er-Jahre zu einer massiven Verschärfung der politischen Gegensätze. In weiterer Folge kam es zu einschneidenden Veränderungen. An Stelle der demokratischen Republik wurde eine eigene Variante des Faschismus etabliert.

Mehr als 80 Jahre danach dauert die Auseinandersetzung mit dieser Phase der österreichischen Geschichte im 20. Jahrhundert weiterhin an. Eine ganze Reihe wissenschaftlicher Arbeiten und politischer Diskussionen in den letzten Jahren sind Beleg dafür. Zu den neueren Publikationen zählt neben einer Reihe einschlägiger Sammelbände (z.B. Reiter-Zatloukal u. a. 2012; Wenninger/Dreidemy 2013) und Detailanalysen die von mir verfasste Monographie „Das austrofaschistische Herrschaftssystem" (2013).

Das Anliegen der Letzteren war es, auf Basis bisheriger Forschungsarbeiten und neu zugänglicher Quellen (so das 2009 aus Moskau nach Wien transferierte Archiv der Vaterländischen Front) ein Gesamtbild des Herrschaftssystems der Jahre 1933 – 1938 zu zeichnen. Wie gelang dessen Errichtung? Wer waren seine Träger und worin bestand deren Selbstverständnis? Welche Gestaltungsansprüche, was für ein Stil und welche institutionelle Strukturen prägten dieses? Welches waren Inhalte der Politik und ihre gesellschaftliche Auswirkungen? Ausgehend von der Untersuchung dieser Fragen konnte dieses Herrschaftssystem zutreffender in damalige europäische Entwicklungen eingebettet werden. Nicht zuletzt war es auf Grundlage dieser Forschungsergebnisse möglich, neue Aspekte in die Begriffsdebatte einzubringen. Wie in der Monographie und im vorliegenden Buch näher begründet, charakterisiere ich dieses österreichische Herrschaftssystem als Austrofaschismus.

Die Monographie bildet mit ihrer Literatur- und Quellenbasis sowie ihren Ergebnissen die Grundlage für die vorliegende Publikation. Darüber hinaus fließen in sie auch Erkenntnisse aus Arbeiten ein, die den Literaturstand der Monographie ergänzen bzw. erst nach deren Erscheinen veröffentlicht wurden. Die rezipierte Literatur wird in Hinweisen und in einem Verzeichnis am Ende des Buches angeführt. Bei wörtlichen Zitaten, die bereits in der Monographie verwendet wurden, wird die jeweilige Quelle in den Anmerkungen ausgewiesen.

Anliegen der folgenden Ausführungen ist es, die zentralen Aspekte des Herrschaftssystems 1933 – 1938 einem breiteren Leserkreis zugänglich zu machen. Das erste Kapitel gibt einen Überblick über dessen Gesamtentwicklung, seine Voraussetzungen, die Etablierung, seine Herrschaftspraxis bis hin zu seiner Beseitigung im Wege des „Anschlusses" an Deutschland im März 1938. Im Blickpunkt des zweiten Kapitels stehen die wesentlichen Konturen des neuen Herrschaftssystems, dessen Struktur und Selbstverständnis sowie die relevanten Akteure und deren Zielsetzungen. Behandelt werden in diesem Zusammenhang auch der rechtliche Rahmen und dessen reale Ausgestaltung. Ebenso von Bedeutung für die folgenden Ausführungen ist, wie die verschiedenen Politikbereiche um- und neugestaltet wurden und welchen Interessen die austrofaschistische Politik diente. Dies wird im dritten Kapitel thematisiert.

Der Frage nach der Stimmungslage in der Bevölkerung, unter Mitgliedern und Funktionären der politischen Monopolorganisation Vaterländische Front, nicht zuletzt der politischen Verankerung des Regimes widmet sich das vierte Kapitel. Die für die Bestandssicherung und Bestandsbedrohung des Austrofaschismus bedeutenden Außenbindungen und Außenbeziehungen werden im fünften Kapitel behandelt. Abschließend wird aufgezeigt, dass das österreichische Regime 1933 – 1938 trotz aller Eigenständigkeiten und Abweichungen durchaus eine Nähe zu und Gemeinsamkeiten mit Entwicklungen in Nachbarstaaten aufweist, kurz gesagt: eine Variante faschistischer Herrschaft darstellt.

Vorwort

Soweit in den folgenden Ausführungen Bezeichnungen für den sozioökonomischen oder institutionellen Status von Personen nur in männlicher Form angeführt sind, beziehen sie sich auf Männer und Frauen in gleicher Weise.

Für wichtige sprachliche und inhaltliche Anregungen danke ich Ursula Filipič und Martin Kronauer.

Emmerich Tálos
Wien, April 2017

I. Zur Entwicklung des Austrofaschismus

In den Jahren 1933/34 erfolgte in Österreich ein Bruch mit der rechtsstaatlichen demokratischen Ordnung, die nach dem Ende der Monarchie 1918 etabliert worden war: Kerninstitutionen wie das Parlament oder der Verfassungsgerichtshof, freie Wahlen, Parteien und Interessenorganisationen wurden beseitigt, die Sozialdemokratie – in den Worten des christlich-sozialen Parteiobmannes Vaugoin – „Glied für Glied zum Krüppel" geschlagen. Kommunisten, Sozialdemokraten und Nationalsozialisten wurden in die Illegalität gezwungen. Weil die rechtsstaatlichen Bedingungen der Republik zu Beginn der 1930er-Jahre die bürgerliche Vorherrschaft im Kontext der Wirtschaftskrise zu gefährden schienen, wurden sie beseitigt. Ein faschistisches Herrschaftssystem wurde etabliert, das die uneingeschränkte Durchsetzung der Interessen seiner Träger sichern sollte.

Der Motor hinter dieser Entwicklung war die damals regierende Koalition bürgerlicher Parteien (Christlich-Soziale Partei, Landbund, Heimatblock) unter Bundeskanzler Dollfuß. Der Kreis der handelnden Akteure reichte über die Koalitionsparteien weit hinaus. Er umfasste den Bundespräsidenten, der aufgrund seiner Kompetenzen diese Entwicklung hätte verhindern können, außerdem die staatliche Bürokratie, das Heer, Polizei und Gendarmerie, rechte Wehrverbände, das Finanzkapital und die Interessenorganisationen von Industrie, Handel, Gewerbe und Landwirtschaft. Zudem bildete die Katholische Kirche mit ihrem breit organisierten Netzwerk einen wichtigen Stützpfeiler. Unterstützung und Druck kam nicht zuletzt von außen: Der italienische Faschismus erwies sich als Mentor und Beschützer des austrofaschistischen Herrschaftssystems.

Zum besseren Verständnis dieser Entwicklung soll ein Blick auf die politischen und sozialen Rahmenbedingungen beitragen.

Für die nachfolgende, im Vergleich mit den Faschismen in den Nachbarstaaten, kurze Geschichte des Austrofaschismus lassen sich drei Phasen unterscheiden:
– die Konstituierungsphase von März 1933 bis Mai 1934,
– die Phase der Umsetzung des politischen und gesellschaftlichen Gestaltungsanspruches von Mai 1934 bis Juli 1936 und letztlich
– die Phase der Defensive und des Niedergangs des Herrschaftssystems (Juli 1936 – März 1938), die im „Anschluss" an das nationalsozialistische Deutschland endete.

1 Das politische, wirtschaftliche und soziale Umfeld

Seit dem Ende der Koalitionsregierung zwischen der Christlich-Sozialen Partei und der Sozialdemokratischen Arbeiterpartei im Sommer 1920 regierten bis zur Ausschaltung des Nationalrates im Jahr 1933 ausschließlich bürgerliche Parteien (Christlich-Soziale Partei, Großdeutsche Volkspartei, Landbund). Diese Parteien waren keineswegs die einzigen politisch relevanten Organisationen im bürgerlichen Milieu. Dieses war organisatorisch weit verzweigt und stark dezentral ausgerichtet. Der Kurs der bürgerlichen Parteien war wesentlich von den Landes- und Bezirksorganisationen geprägt, aber auch von den Wehrverbänden, Unternehmerorganisationen, Sport-, Veteranen-, Frauen- und Geselligkeitsvereinen bis hin zu den Organisationen der Katholischen Kirche.

Ungeachtet der organisatorischen Zersplitterung, punktueller Differenzen und persönlicher Rivalitäten stand dieses bürgerliche Milieu auf einer gemeinsamen ideologischen Basis und verfügte über ähnliche Zielvorstellungen. Zentral war dabei die Herstellung einer „Volksgemeinschaft", durch die die Klassengegensätze und der Klassenkampf überwunden werden sollten. Gemeint war eine berufsständische Reorganisierung der gesellschaftlichen Beziehungen. Vorstellungen in diese Richtung wurden seit dem ausgehenden 19. Jahrhundert in verschiedenen Varianten entwickelt. Die päpstliche Enzyklika „Quadragesimo Anno" (1931), die in Österreich auf eine breite Resonanz stieß, verstand darunter ein gesellschaftliches Organisationsprinzip. Bei einflussreichen österreichischen Intellektuellen wie Othmar Spann und seinem Kreis war die ständische Idee eingebettet in die Vorstellung eines autoritären Staates, der über den gesellschaftlichen Interessen stehen sollte.

Zum gemeinsamen ideologischen Selbstverständnis im bürgerlichen Milieu gehörte weiterhin, dass Österreich dezidiert als Teil der deutschen Nation verstanden wurde. Diese Sicht vertraten nicht nur „klassisch" deutschnationale Parteien wie die Großdeutsche Volkspartei oder der Landbund. Die wichtigsten katholischen Jugendorganisationen bekannten sich in einem gemeinsamen Programm aus 1932 „rückhaltlos zum deutschen Volke und zu einem gesamtdeutschen Reich, in dem Österreich eine eigenrechtlich-autonome Stellung, seinen besonderen Aufgaben entsprechend, zukommen muss. Als österreichische Aufgabe erkennen wir die führende Mitwirkung an einer einheitlichen politischen Neuordnung des Donauraumes und des europäischen Südostens ..."[1] Auch die Christlich-Soziale Partei vertrat einen strikt gesamtdeutschen Standpunkt. Es überrascht daher nicht, dass der „Volksdeutsche Arbeitskreis österreichischer Katholiken" eine führende Rolle bei der Vorbereitung des Allgemeinen Deutschen Katholikentages spielte, der in Wien im September 1933 stattfand.

Als wesentlicher ideologischer Kitt für die verschiedenen Strömungen erwiesen sich – ebenso wie im italienischen Faschismus und im Nationalsozialismus – antiparlamentarische, antidemokratische, antisemitische und antisozialistische Vorstellungen.

Gemeinsamkeiten zeigen sich aber auch in den angestrebten Veränderungen des bestehenden Rahmens der rechtsstaatlichen Demokratie. Im Blickpunkt stand dabei vor allem die Rolle des Parlaments. Diesem waren nach dem Zusammenbruch der Monarchie durch die neue Verfassung aus 1920 umfangreiche Kompetenzen eingeräumt worden. Das Parlament bildete deshalb den zentralen Kampfboden der darin vertretenen politischen Parteien. Zudem stellte das starke Parlament einen Faktor dar, mittels dessen die Opposition wesentliche Vorhaben der bürgerlichen Regierung und der Unternehmerinteressenvertretungen blockieren konnte. Die Bemühungen der bürgerlichen politischen Kräfte liefen daher darauf hinaus, den Einfluss des Parlaments zu schwächen und jenen der wirtschaftlichen Interessenvertretungen auf die Gesetzgebung zu stärken.

Durch die Einführung eines Wirtschaftsparlaments, einer Wirtschafts- oder Ständekammer sollte die Macht des (Parteien-) Parlaments beschränkt werden. Die von allen bürgerlichen Parteien seit der zweiten Hälfte der 1920er-Jahre angestrebte Verfassungsreform zielte außerdem darauf ab, wesentliche Befugnisse des Parlaments wie die Beauftragung mit der Regierungsbildung, die Ernennung der Regierung und das Notverordnungsrecht zum Bundespräsidenten zu verlagern. Dieser sollte nicht mehr vom Parlament, sondern durch eine eigene Volkswahl bestimmt werden und ihm das Recht zukommen, den Nationalrat aufzulösen. Ziel dieser Änderungen war es vor allem auch, den Einfluss der Sozialdemokratie zu beschneiden. Neben der Beschränkung ihres parlamentarischen Spielraumes sollte diesem Ziel auch die Beseitigung der Stellung Wiens als eigenes Bundesland dienen. Radikaler lauteten die Forderungen der bürgerlichen Wehrverbände, die unter dem Begriff Heimwehren zusammengefasst wurden. Sie propagierten ausdrücklich die Errichtung eines autoritären Ständestaates auf faschistischer Grundlage. Den dazu ins Auge gefassten Putsch wollten die bürgerlichen Parteien allerdings bis Anfang der 1930er-Jahre nicht mittragen. Sie setzten vorerst auf eine legale Verfassungsreform. Da dafür aber eine parlamentarische Zweidrittelmehrheit notwendig war, mussten sie der Sozialdemokratie Zugeständnisse machen. So konnte beispielsweise die Änderung des Status von Wien in der schließlich 1929 beschlossenen Verfassung nicht durchgesetzt werden.

Dennoch hatte die bürgerliche Mehrheit im Nationalrat mit der Verfassungsnovelle wesentliche Erfolge erzielt: Der Bundespräsident wird direkt vom Volk gewählt. Er kann die Regierung ernennen und entlassen, den Nationalrat auf Vorschlag der Bundesregierung auflösen. Er hat den Oberbefehl über das Heer und verfügt über das Notverordnungsrecht. Insgesamt brachte die Verfassungsreform also eine deutliche Aufwertung des Bundespräsidenten mit Zielrichtung der Verstärkung der Staatsautorität zum einen, einen weitreichenden Kompetenzverlust für das Parlament und die Schwächung der parteienstaatlichen Demokratie zum anderen.

Die österreichische Sozialdemokratie war nach dem Ende der Monarchie 1918 erstmals in ihrer Geschichte mit Stimmenanteilen um 40% zu einem bedeutenden politischen Faktor geworden. Dies zeigte sich nicht zuletzt auch daran, dass sie beim Verfassungskompromiss von 1929 Zugeständnisse seitens der bürgerlichen Parteien erreichen konnte. Ihr Bedeutungsgewicht nahm bei der letzten Nationalratswahl vor Ausschaltung des Parlaments im Jahr 1930 noch insofern zu, als sie zur mandatsstärksten Parlamentspartei aufstieg. Die Sozialdemokratie verfügte über ein breites organisatorisches Netzwerk. Ihre Machtpositionen lagen insbesondere im städtischen Raum Ostösterreichs, vor allem Wiens. Hier war sie in der Bevölkerung stark verankert. Zudem dominierte sie die Interessenvertretungen der Arbeiter und Angestellten, die Gewerkschaften und Arbeiterkammern.

Die Sozialdemokratie hatte, wie ihr Linzer Programm von 1926 anschaulich zeigt, ein grundlegend anderes Verständnis der sozialen Wirklichkeit als das bürgerliche Milieu. Als grundlegendes Merkmal der Gesellschaft wurden der Interessengegensatz zwischen Arbeit und Kapital und der daraus resultierende Klassenkampf angenommen. Ein ständisch organisierter Ausgleich zwischen diesen gegensätzlichen Positionen war demnach ausgeschlossen. Folgerichtig verfolgte die Sozialdemokratie auch konträre gesellschaftspolitische Ziele: die Überwindung kapitalistischer Ausbeutungsbedingungen, den Aufbau einer sozialistischen Gesellschaftsordnung, die Indienststellung der Demokratie für die Arbeiterklasse und die Anpassung der Wirtschaft an deren Bedürfnisse. Die mittels Wahlen errungene parlamentarische Mehrheit sollte dazu dienen, diese Vorstellungen auf legalem Weg umzusetzen. Auch wenn dieses Ziel einer absoluten parlamentarischen Mehrheit während der gesamten Periode der Ersten Republik nicht erreicht werden konnte, gelang es, wesentliche Verbesserungen für die Arbeiterschaft zu erreichen, vor allem auf arbeits- und sozialrechtlicher Ebene. Demokratische und sozialpolitische Errungenschaften bildeten insbesondere seit der zweiten Hälfte der 1920er Jahre eine zentrale Konfliktlinie mit den wechselnden bürgerlichen Regierungen. Die Sozialdemokratie verweigerte sich in der Wirtschaftskrise des Jahres 1931 keineswegs Kompromissen in Fragen der Banken- und Budgetsanierung. Partei und Gewerkschaften waren allerdings nicht bereit, eine Politik mitzutragen, wie sie der

I. Zur Entwicklung des Austrofaschismus

Zeitgenössische Postkarte: Justizpalastbrand 15. Juli 1927

bürgerlichen Regierung vorschwebte und die vor allem zu Lasten der Lohnabhängigen ging. Als inmitten der Wirtschaftskrise die Arbeitslosigkeit im Winter 1932/33 mit über 700.000 Arbeitslosen ihren Höhepunkt erreichte, schwächte das zwar massiv die Stellung der sozialdemokratischen Gewerkschaften. Ihre parlamentarische Machtposition konnte die Sozialdemokratie aber nach wie vor behaupten. Auch diverse Versuche, die Sozialdemokratie durch Maßnahmen wie das sogenannte Antiterrorgesetz 1930, die geplante Entwaffnung der Parteimiliz, des Republikanischen Schutzbundes, oder auch durch militärische Provokationen entscheidend zu schwächen, waren vorerst nur wenig erfolgreich.

Zur Verschärfung der politischen Konflikte zwischen den politischen Gegnern trugen auch jene paramilitärischen Wehrverbände bei, die Bestandteil des bürgerlichen Milieus waren. Diese fungierten vorerst als „außerparlamentarischer bewaffneter Arm der besitzenden Klassen"[2]- beispielsweise bei der Niederschlagung der Streikbewegung im Anschluss an den Justizpalastbrand im Juli 1927. Sie kündigten Putsche an und erhielten dafür von Mussolini (im Einvernehmen mit der ungarischen Regierung) großzügige Unterstützung. Ihre radikalen Umbruchvorstellungen in Worten des christlich-sozialen Politikers und Führers der Tiroler Heimwehr, Richard Steidle: „Unser Ziel ist die Reinigung der politischen Luft von den Giftgasen, welche marxistische und Parteiwirtschaft erzeugt haben, die Herstellung der wahren Demokratie durch Befreiung von der Parteidiktatur, die Aufrichtung einer Verfassung, welche Volksrechte und Volksfreiheit verbürgt"[3]. Im Programm der Heimwehrverbände aus 1930, dem bekannten „Korneuburger Eid", der bei all seiner Vagheit deren Richtung und Zielsetzung anzeigt, heißt es: „Wir wollen nach der Macht im Staate greifen und zum Wohle des gesamten Volkes Staat und Wirtschaft neu ordnen. (...) Wir verwerfen den westlich-demokratischen Parlamentarismus und den Parteienstaat. (...) Wir wollen auf berufsständischer Grundlage die Selbstverwaltung der Wirtschaft verwirklichen. Wir werden den Klassenkampf überwinden, die soziale Würde und Gerechtigkeit herstellen."[4]

Die enge Verflechtung zwischen bürgerlichen Parteien und Heimwehren wird daran ersichtlich, dass dieser Eid auch von christlich-sozialen und großdeutschen Nationalratsabgeordneten geleistet wurde und dass vor allem der langjährige Obmann der Christlich-Sozialen Partei und oftmalige Bundeskanzler, Ignaz Seipel, die Heimwehren wiederholt förderte. Dies ungeachtet des Faktums, dass sich die Heimwehren bei diesem Anlass nicht zum ersten Mal offen als faschistisch deklarierten. Zwei Exponenten der Heimwehren (Ernst Rüdiger Starhemberg, Franz Hueber) wurden im Herbst 1930 Minister in der Regierung Vaugoin, ohne einen Hehl aus ihrer radikalen Ablehnung der rechtsstaatlichen Demokratie zu machen. So heißt es in der Heimwehrproklamation vom 2. Oktober 1930, die von Starhemberg und dem steirischen Heimwehrführer Walter Pfrimer unterzeichnet war: „Heute steht die Heimwehr in der Regierung, morgen muss der Heimatblock das Parlament erobern, nicht um sich in seinen Lehnstühlen zu rekeln, sondern um auf den Trümmern des parteipolitischen Parlamentes den neuen Staat, den Heimwehrstaat, aufzubauen."[5] Im Vorfeld der Nationalratswahlen 1930 gründeten die Heimwehren eine eigene politische Vertretung, den Heimatblock. Obwohl das für massive Konflikte mit den etablierten bürgerlichen Parteien sorgte und sich der Wahlerfolg in engen Grenzen hielt, waren die Heimwehren unverzichtbar, um die nur mehr äußerst schwache bürgerliche Vormachtstellung abzusichern. Man ließ sie daher weiterhin gewähren, selbst nachdem Pfrimer im September 1931 tatsächlich einen Putschversuch unternommen hatte. Nach dem Rücktritt der bürgerlichen Regierung von Kanzler Karl Buresch im Jahr 1932 stieg der bisherige Landwirtschaftsminister Engelbert Dollfuß zum Kanzler auf. Die Regierung Dollfuß stützte sich auf die Christlich-Soziale Partei, den Landbund und den Heimatblock. Sie verfügte im Nationalrat nur noch über die Mehrheit einer Stimme.

Die Radikalisierung von politischen Zielsetzungen, die im bürgerlichen Milieu bereits in den 1920er-Jahren verbreitet waren, steht in engem Zusammenhang mit der wirtschaftlichen Krise und der daraus resultierenden politischen Krise des Bürgertums zu Beginn der 1930er-Jahre. Diese Konstellation setzte einen Prozess in Gang, der zur Etablierung des austrofaschistischen Herrschaftssystems 1933 führte. Dem stand die Sozialdemokratie, trotz ihrer parlamentarischen und außerparlamentarischen Stärke, „weitgehend hilflos gegenüber"[6].

Die Weltwirtschaftskrise, ausgelöst durch den Börsenkrach 1929 in New York, wurde zwei Jahre später durch den Zusammenbruch der größten Bank Mitteleuropas, der Wiener Creditanstalt, noch verschärft. Dies ist ablesbar an Kapitalflucht, Rückgang des Konsums und der Investitionstätigkeit sowie sinkenden Staatseinnahmen bei gleichzeitiger massiv steigender Budgetbelastung infolge der Übernahme der Bankschulden. Die sozialen Folgen waren verheerend, weil die Betriebe neben Entlassungen auch mit einschneidenden Kürzungen von Löhnen und Gehältern reagierten. In weiterer Folge erreichte die Arbeitslosigkeit ebenso ungekannte Ausmaße wie das Defizit in der Sozialversicherung. Die ökonomische Krise wurde daher für die regierenden bürgerlichen Parteien fast zwangsläufig zur politischen Krise. Ihre Politik der Banken- und Budgetsanierung im Herbst 1931 beinhaltete umfangreiche Spar- und Steuermaßnahmen. Diverse neue Steuern wurden eingeführt, Bundesangestellte entlassen, die Gehälter der Bundesangestellten gekürzt, die Bedingungen in der Arbeitslosenversorgung verschlechtert. Diese Politik stieß nicht nur bei der Sozialdemokratie, sondern auch innerhalb des bürgerlichen Milieus auf Widerstand.

Hatte sich bereits bei den Wahlen 1930 eine Verringerung der politischen Basis aller im Parlament vertretenen bürgerlichen Parteien abgezeichnet, so signalisierten die Ergebnisse der Landtags- und Gemeinderatswahlen aus 1932 eine Zuspitzung dieses Trends. Dramatischen Verlusten der Christlich-Sozialen Partei und vor allem des Schober-Blocks (einer Wahlallianz aus Großdeutscher Volkspartei und Landbund) standen große Gewinne der Nationalsozialistischen Partei gegenüber. Sozialdemokraten und Nationalsozialisten forderten nun Neuwahlen auf Bundesebene. Aus Sicht der Regierungskoalition stand zu befürchten, dass ein solcher Urnengang den Verlust der hauchdünnen parlamentarischen Mehrheit und damit das Ende der eigenen Vormachtstellung bringen würde.

In diesem wirtschaftlichen und politischen Kontext erfolgte ein erheblicher Radikalisierungsprozess innerhalb des bürgerlichen Milieus. Zentral im Blick standen das Parlament und die Parteien. Die Vorstellung gewann an Boden, dass diese politischen Institutionen untaugliche Instrumente seien, um eine Sanierung des Budgets und eine Lösung der Finanzierungsprobleme der Sozialversicherung im Sinne jener gesellschaftlichen Kräfte durchzusetzen, auf die sich die bürgerliche Regierung stützte und deren Interessen sie vertrat. Die Einschränkung bzw. Ausschaltung des Parlaments nahm auf der Agenda politischer Überlegungen einen prominenten Platz ein. Nach Einschätzung des damaligen Justizministers (und späteren Bundeskanzlers) Kurt Schuschnigg in einer Ministerratssitzung vom Juni 1932 haben sich die „Parlamente aller in wirtschaftlicher Not darniederliegenden Staaten (...) als ungeeignet erwiesen, Staat und Volk aus der Krise herauszuführen. Die Regierung stehe daher vor der Entscheidung, ob sie es weiter verantworten könne, mit dem Parlament zu arbeiten, oder ob der nächste Kabinettswechsel nicht gleichbedeutend mit der Ausschaltung des Parlaments sein müsste. Bei einem solchen Notstand sei ein Regieren mit dem Parlament nicht möglich. Darin erblicke der sprechende Minister das Problem, das einer Lösung in der nächsten Zeit harre."[7] Auch die Unternehmerverbände sprachen sich für die Beschränkung des Parlaments und die Stärkung der Macht der Regierung aus – mit Verweis auf das Notverordnungsregime in Deutschland.

Realisiert wurden derartige Vorhaben vorerst nur punktuell: Auf Basis des Kriegswirtschaftlichen Ermächtigungsgesetzes von 1917 erließ die Regierung am 1. Oktober 1932 eine Verordnung, mit der das Direktorium der Creditanstalt für den Zusammenbruch der Bank zur Verantwortung gezogen werden sollte. In der Sache war dieser Schritt bedeutungslos, denn die betreffenden Personen waren außer Landes und hatten daher nichts zu befürchten. Vielmehr wollte die Regierung damit die Möglichkeit einer autoritären Politikstrategie ausloten. Dollfuß selbst gestand dies öffentlich ein: „Die Regierung (...) geht Schritt um Schritt auf ihrem vorgezeichneten Weg weiter (...). Die Tatsache, dass es der Regierung möglich ist, selbst ohne vorherige endlose parlamentarische Kämpfe sofort gewisse dringliche Maßnahmen in die Tat umzusetzen, wird zur Gesundung unserer Demokratie wesentlich beitragen."[8]

Die Heimwehren versuchten, ihre Beteiligung an der Regierung dahingehend zu nutzen, den politischen Veränderungsprozess im Sinne eines faschistischen Umbaus Österreichs voranzutreiben. Die italienische Unterstützung mit Geld und Waffen sollte dabei vor allem dem Kampf gegen den Hauptfeind des österreichischen Bürgertums, die Sozialdemokratie, und deren Wehrverband, den Republikanischen Schutzbund, dienen.

Die Vorstöße, eine Eskalation der Ereignisse herbeizuführen, wurden im Herbst 1932 intensiviert. Als treibende Kraft dafür erwiesen sich die Heimwehren. Anlass zu einem Vorgehen gegen die Sozialdemokratie, aber auch gegen die Kommunisten, boten deren gewaltsame Zusammenstöße mit den Nationalsozialisten, bei denen es Mitte Oktober vier Toten gegeben hatte. Mit Zustimmung von Kanzler Dollfuß verbot der neue Staatssekretär für Sicherheitswesen, der Heimwehrführer Fey, Aufmärsche der beteiligten Parteien. Weitere Maßnahmen wie die Entwaffnung des Schutzbundes wurden zwar erwogen, vorerst aber noch nicht umgesetzt.

Der Vorbereitung auf weitere gewaltsame Auseinandersetzungen mit dem politischen Gegner dienten Vorkehrungen für eine entsprechende personelle und materielle Aufrüstung der Exekutive und des Militärs.

Kurz gesagt: Die Entwicklung vor 1933 unterstreicht, dass einschneidende politische Maßnahmen gegen Parlament und Sozialdemokratie angedacht und in Ansätzen auch verwirklicht wurden. Die Regierung bediente sich versuchsweise des Instruments des Kriegswirtschaftlichen Ermächtigungsgesetzes aus dem Jahr 1917, um ihren Handlungsspielraum auszuweiten und den des Parlaments einzuschränken. Nicht zuletzt waren autoritäre Vorstellungen in der Ideenwelt des bürgerlichen Milieus tief verankert. Damit waren die Vorbedingungen für einen einschneidenden und dauerhaften Umbruch mit weitreichenden politischen und gesellschaftlichen Konsequenzen gegeben. Den unmittelbaren Ausgangspunkt dafür bildeten die Ereignisse des 4. März 1933 und der in Folge eingeschlagene Weg.

2 Konstituierungsphase des Austrofaschismus (März 1933 – Mai 1934)

Im Jänner 1933 deckten österreichische Eisenbahner einen Waffenschmuggel auf. Aus Italien waren illegal Waffen nach Österreich gebracht worden, um in einer heimischen Waffenfabrik instand gesetzt zu werden. Mit Hilfe des Kriegsmaterials sollten einerseits die österreichischen Heimwehren aufgerüstet und zum anderen das mit Italien verbündete Ungarn versorgt werden. Das Auffliegen dieser Affäre war für die Regierung Dollfuß überaus peinlich. Vor allem Frankreich und die mit ihm verbündeten Staaten der Kleinen Entente (Tschechoslowakei, Jugoslawien, Rumänien) reagierten mit geharnischtem Protest. Sie sahen in dem geheimen Waffendeal ein weiteres Indiz für eine italienisch-ungarische Achse, die sich vor allem gegen Jugoslawien richtete. Aufgrund des internationalen Drucks erklärte Italien sich zur Rücknahme der Waffen nach deren Reparatur bereit. Damit war die Affäre jedoch noch nicht beendet. Denn der Generaldirektor der österreichischen Eisenbahnen versuchte, den Vorsitzenden der sozialdemokratischen Eisenbahnergewerkschaft zu bestechen: Dieser sollte seine Einwilligung dazu geben, die Waffen nur dem Schein nach Italien rückzustellen, sie aber tatsächlich nach Ungarn zu bringen. Der Gewerkschafter lehnte ab, nach Bekanntwerden dieses Korrumpierungsversuchs musste der Generaldirektor zurücktreten.

Die traditionell ohnehin schon konfliktreichen Beziehungen zwischen der regierungsnahen Eisenbahndirektion und den Eisenbahnergewerkschaften verschlechterten sich noch, als öffentlich verlautbart wurde, dass die

Löhne der Eisenbahner künftig nur noch in Raten ausbezahlt würden. Die Geschäftsführung ließ außerdem erklären, Eisenbahnerpensionen könnten überhaupt nur noch ausgezahlt werden, wenn die Regierung mehr Budgetmittel zur Verfügung stelle.

Ungeachtet ihrer internen Rivalitäten riefen alle Eisenbahnergewerkschaften für den 1. März 1933 die Beschäftigten zum Streik auf. Nun schaltete sich die Regierung Dollfuß ein und antwortete mit harten Sanktionen auf die Arbeitsniederlegung. Unter Rückgriff auf die Ausnahmegesetzgebung im 1. Weltkrieg wurden Gehälter der Streikenden gekürzt, mehrere höhere Eisenbahnbeamte, die für die Rädelsführer gehalten wurden, entlassen und Verhaftungen vorgenommen.

In einer eigens einberufenen Sondersitzung des Nationalrates am 4. März 1933 verlangten daraufhin sozialdemokratische und großdeutsche Abgeordnete die Rücknahme der Sparmaßnahmen gegen die Eisenbahner. Formfehler und Geschäftsordnungsprobleme in der Sitzung führten zum Rücktritt aller drei Präsidenten des Nationalrates als jeweilige Vertreter der sozialdemokratischen, christlich-sozialen und großdeutschen Fraktion.

Eine ordnungsgemäße formale Schließung der Sitzung war so nicht möglich. Denn die Geschäftsordnung des Nationalrates enthielt damals für einen solchen Fall keine Vorkehrungen. Wie in früheren Fällen wäre auch jetzt eine Bereinigung der Situation mit dem bestehenden rechtlichen Instrumentarium möglich gewesen: Laut Verfassung von 1929 hatte der Bundespräsident das Recht, auf Antrag der Regierung den Nationalrat aufzulösen und Neuwahlen anzusetzen. Eine andere Option hätte in der Abberufung der Regierung durch den Bundespräsidenten bestanden. Nach Ernennung einer neuen Regierung hätte diese den Antrag auf Auflösung des Nationalrates durch den Bundespräsidenten stellen können. Nicht zuletzt hätten die Abgeordneten aber auch einfach zusammen treten und sich darauf verständigen können, dass die Sitzung weiterzuführen sei und aus ihrer Mitte ein neues Präsidium bestimmt werden müsse. Sämtliche konstruktive und mögliche Auswege zur Lösung der Problemsituation scheiterten jedoch an den Koalitionsparteien, an der Regierung und am Bundespräsidenten. Dass die Regierungsparteien kein Interesse an Neuwahlen hatten und auch dazu bereit waren, die Situation zur Ausschaltung des Parlaments zu nützen, war das eine. Davon unabhängig hätte aber das Staatsoberhaupt aktiv werden können und müssen. Mittels einer Notverordnung hätte er den Nationalrat problemlos reaktivieren können. Das Notverordnungsrecht nach Art. 18 Abs. 3 des BVG 1929 sah vor, dass zur Abwehr eines offenkundigen und nicht wieder gut zu machenden Schadens für die Allgemeinheit der Bundespräsident auf Vorschlag der Bundesregierung Maßnahmen durch vorläufige gesetzesändernde Verordnungen treffen konnte, wenn der Nationalrat nicht versammelt war. Dieser Vorschlag der Regierung hätte der Zustimmung des ständigen Unterausschusses des parlamentarischen Hauptausschusses bedurft. Wäre eine Notverordnung auf diesem Weg erlassen worden, so hätte die Regierung sie unverzüglich dem Nationalrat vorlegen müssen. Diese Möglichkeit war zwar erwogen worden, Bundespräsident Miklas bestand aber auf ein übereinstimmendes Votum der drei Parteien, die damals die Präsidenten im Nationalrat stellten: der Sozialdemokraten, Christlich-Sozialen und Großdeutschen. Dieses kam nicht zustande. Die Christlich-Sozialen, die sich umgehend darauf verständigt hatten, die Gelegenheit zur Ausschaltung des Parlaments zu nützen, verweigerten ihre Zustimmung.

Die parlamentarischen Vorgänge am 4. März 1933 waren nicht Ergebnis eines lange ausgeheckten Planes. Sie boten allerdings der Regierung einen willkommenen Vorwand, sich der parlamentarischen Kontrolle zu entledigen und zugleich mögliche Neuwahlen zu verhindern. Das Kabinett Dollfuß ging nun unverzüglich daran, einige jener Änderungsvorstellungen in die Tat umzusetzen, die sie schon seit geraumer Zeit ventiliert hatte. Ihr Ziel bestand vor allem im Erhalt der bürgerlichen Vorherrschaft und der Sicherung der dominierenden wirtschaftlichen und sozialen Interessen. Die ersten Entscheidungen waren also eindeutig innenpolitischer Natur und wurden ohne Kontakte mit einer ausländischen Macht, wie beispielsweise Italien, getroffen. Das sollte sich später ändern.

Während die Regierungspropaganda von einer „Selbstausschaltung" des Nationalrates sprach, war der Sachverhalt vom staatsrechtlichen Standpunkt aus klar. Es handelte sich um einen geradezu lehrbuchartigen „Staatsstreich von oben". Die Bundesregierung als Exekutive blockierte, gedeckt durch den Bundespräsidenten, das Funktionieren der Legislative und maß sich rechtswidrig legislative Befugnisse an. Es sollte sich bald zeigen, dass sie darauf aus war, dieses „offene Fenster" rasch zu nützen, um die Fundamente von Demokratie und Rechtsstaat aus den Angeln zu heben. Spitzenfunktionäre des christlich-sozialen Parlamentsklubs waren sich bereits am folgenden Tag einig, dass nun für einige Zeit autoritär regiert werden müsse. In Sitzungen des Ministerrates wurden erste Maßnahmen vereinbart: ein generelles Versammlungs- und Aufmarschverbot sowie die Einschränkung der Presse auf Basis des Kriegswirtschaftlichen Ermächtigungsgesetzes (KWEG) aus 1917. Dieses Vorgehen wurde von allen Koalitionspartnern uneingeschränkt mitgetragen. Auch von den Interessenvertretungen von Gewerbe, Industrie und Landwirtschaft kam Zustimmung. Nicht zuletzt setzte auch der Bundespräsident den Vorgängen abermals nichts entgegen. Bundeskanzler Dollfuß hatte formhalber und ohne jegliche ernsthafte Absicht seinen Rücktritt angeboten, Bundespräsident Miklas diesen jedoch nicht angenommen. Das kam einer Bestätigung des eingeschlagenen autoritären Regierungskurses gleich. Anders als etwa der Nationalsozialismus in Deutschland unternahm der Austrofaschismus in Österreich von Beginn an nie den Versuch, sich durch Wahlen Legitimität zu verschaffen. Dollfuß und seinem Nachfolger Schuschnigg war klar, dass sie keine Chance hatten, aus korrekt durchgeführten Wahlen mit einer Mehrheit hervor zu gehen.

Die Oppositionsparteien unternahmen Mitte März noch einen Versuch der Aktivierung des Nationalrates – mit dem Ziel, die am 4. März unterbrochene Sitzung formell zu schließen. Auf Weisung der Regierung unterband die Polizei ein ordnungsgemäßes Zusammentreten der Parlamentarier. Der Nationalrat war damit faktisch ausgeschaltet.

Als rechtliche Grundlage für die in Folge beschlossenen zahlreichen Verordnungen und den Verfassungsbruch diente der Regierung das KWEG aus 1917: Dieses ermächtigte sie „aus Anlass der durch den Kriegszustand verursachten außerordentlichen Verhältnisse die notwendigen Verfügungen auf wirtschaftlichem Gebiet zu treffen". Dieses auf die spezifische Kriegssituation bezogene Gesetz war weder mit der Verfassung 1920 noch mit der Verfassungsnovelle 1929 abgeschafft worden. Von 1918 bis 1933 wurde es mehrfach (z.B. zur Verlängerung bestehender Regelungen) angewandt.[9]

Konstituierungsphase

Der Ausschaltung des Nationalrates setzte die damals größte Parlamentspartei, die Sozialdemokratische Arbeiterpartei, keinen offensiven Widerstand entgegen. Otto Bauer plädierte in einer Rede vom 10. März 1933 für Ruhe und Disziplin. Auch der am 15. März erfolgte Versuch der Aktivierung des Nationalrates war nur halbherzig durchgeführt worden. Die Sozialdemokratie, die für diesen Tag den Schutzbund mobilisiert hatte, setzte ungeachtet verbaler Drohgebärden, die vor allem der Beruhigung der eigenen Anhängerschaft dienen sollten, ihre realpolitische Defensivstrategie fort. Sie tat dies selbst dann noch, als längst klar war, dass die Regierung Dollfuß auf ein Parteienverbot hinarbeitete. Die Sozialdemokratie signalisierte in den folgenden Monaten mehrfach ihre Bereitschaft zu weitreichenden Zugeständnissen an die Regierung, schließlich sogar dazu, eine berufsständische Diktatur zumindest vorübergehend hinzunehmen. Die Regierung Dollfuß hatte allerdings an Verhandlungen mit der Sozialdemokratie keinerlei Interesse. Ihre Strategie zielte in eine ganz andere Richtung: die Sozialdemokratie schrittweise zu schwächen, ihre Anhänger zu zermürben und den Einfluss der Arbeiterbewegung letztlich ganz auszuschalten. Wie ernsthaft sie dieses Ziel verfolgte, ist unter anderem daran zu ersehen, dass Ende März 1933 der Republikanische Schutzbund, die Wehrformation der Sozialdemokratie, behördlich verboten wurde, während die deklariert faschistischen Heimwehren aus staatlichen Beständen bewaffnet und zum Teil in das staatliche Polizei- und Militärwesen eingegliedert wurden. Die seit 1927 von der Sozialdemokratie durchgängig verfolgte Politik des Zuwartens sowie der Widerspruch zwischen verbalem Radikalismus und realem Zurückweichen erleichterte es der Regierung Dollfuß nicht unwesentlich, dieses Vorhaben zu realisieren.

Der nach dem 4. März 1933 eingeleitete Konstituierungsprozess des Austrofaschismus kam Anfang Mai 1934 mit der Verkündung einer neuen Verfassung zum Abschluss. Wie im Folgenden gezeigt wird, beinhaltete dieser über ein Jahr andauernde Vorgang eine ganze Reihe einschneidender Veränderungen.

I. Zur Entwicklung des Austrofaschismus

2.1 Konturen des neuen politischen Systems

Dass die Änderungspläne der Regierung Dollfuß weit über eine Geschäftsordnungsreform des Nationalrates hinausgingen, zeichnete sich bereits ab Ende März 1933 ab. Es sollte allerdings mehr als ein halbes Jahr vergehen, bevor Dollfuß seine Vorstellungen vom künftigen Staat näher erläuterte. Der Kanzler tat dies anlässlich einer Rede, die er am 11. September 1933 beim ersten Generalappell der neu gegründeten Vaterländischen Front (VF) am Rande des Allgemeinen Deutschen Katholikentages hielt. Nach dem Ort der Veranstaltung ging die Ansprache als „Trabrennplatzrede" in die Geschichte ein. Dollfuß erklärte unter anderem: „Das Parlament hat sich selbst ausgeschaltet, ist an seiner eigenen Demagogie und Formalistik zugrunde gegangen. Dieses Parlament, eine solche Volksvertretung, eine solche Führung unseres Volkes wird und darf nie wiederkommen. (…) Die Zeit der Parteienherrschaft ist vorbei, (…) wir wollen den sozialen, christlichen, deutschen Staat Österreich auf ständischer Grundlage, unter starker, autoritärer Führung!"[10] Während auch jetzt noch nur zu erahnen blieb, wie das neue Österreich im Detail aussehen würde, ließ Dollfuß seine Zuhörer über eines nicht im Unklaren: Es handelte sich um keine zeitlich befristete Lösung. Mit der Umgestaltung des Staates und der Gesellschaft sollte das rechtsstaatlich demokratische System dauerhaft beseitigt werden. Im Unterschied zu einer Reihe ost- und zentraleuropäischer Länder waren die Veränderungen in Österreich also nicht bloß als Übergangsdiktatur zur Steuerung der akuten wirtschaftlichen und politischen Krise konzipiert.[11]

2.2 Anstösse von aussen

Die Entscheidung, in Österreich die rechtsstaatlich parlamentarische Demokratie zu beseitigen, fiel in Wien. Sie war weder auf den Druck zurück zu führen, den Mussolini und seine ungarischen Verbündeten ausübten, noch Resultat eines „Abwehrkampfes" gegen den deutschen Faschismus. Die Tatsache, dass innenpolitische Erwägungen vorrangig waren, bedeutet jedoch nicht, dass die Politik der Nachbarstaaten keinerlei Bedeutung gehabt hätte. Dies gilt vor allem für Italien und Ungarn. Die beiden Staaten hatten Interesse an der Etablierung einer Rechtsregierung in Österreich und deren

Einbindung in ein gemeinsames Bündnis. Seit Ende der 1920er Jahre intensivierten sie ihre diesbezüglichen Bemühungen. Dies geschah keineswegs uneigennützig: Für beide Staaten war Österreichs geographische Lage bei der Durchsetzung ihrer längerfristigen außenpolitischen Ziele bedeutsam. Die Südtirolfrage spielte dabei ebenso eine Rolle wie der unbeschränkte Waren- und Personenverkehr zwischen Ungarn und Italien sowie Italiens unbehinderter Zugang zum Donaubecken als Wirtschaftsraum.

Die deutsch-österreichischen Beziehungen hatten sich seit der Machtübernahme der Nationalsozialistischen Deutschen Arbeiterpartei (NSDAP) im Jänner 1933 massiv verschlechtert. Ursache dafür waren gewaltsame Aktionen der Nationalsozialisten in Österreich und wirtschaftlicher Druck vonseiten Deutschlands. Beides zielte darauf ab, die Regierung Dollfuß zu destabilisieren und sie in ein Bündnis mit der NSDAP zu zwingen. Ein Instrument zur wirtschaftlichen Schädigung Österreichs war insbesondere die sogenannte „Tausend-Mark-Sperre". Alle deutschen Touristen mussten seit Ende Mai 1933 eine Sondergebühr in dieser Höhe zahlen, um ein deutsches Visum für eine Reise nach Österreich zu erhalten. Diese Maßnahme traf insbesondere den österreichischen Fremdenverkehr schwer.

Auf der Suche nach Verbündeten intensivierte Dollfuß die Beziehungen zu Mussolini, der an der Erhaltung der Selbständigkeit Österreichs gegenüber dem Nationalsozialismus interessiert war. Zugleich nützte Mussolini seine Position als nunmehr wichtigster außenpolitischer Partner und Beschützer der österreichischen Regierung dazu, den Faschisierungsprozess in der Alpenrepublik voran zu treiben. Er setzte dabei auf zwei Strategien: Einerseits auf die persönliche, direkte Beeinflussung Dollfuß'. Andererseits auf die Stärkung besonders radikaler Elemente, namentlich der Heimwehren, die aus Italien beträchtliche finanzielle und militärische Unterstützung erhielten. 1933 gab es einige Treffen zwischen dem Duce und dem österreichischen Bundeskanzler. Dass es bei den Kontakten nicht nur um eine bloße Hilfestellung Italiens für die Regierung Dollfuß ging, wird aus dem später bekannt gewordenen geheimen Briefwechsel der beiden Staatschefs ersichtlich. Mussolini mahnte wiederholt einen energischen Kampf gegen die Sozialdemokratie und die ehebaldige „Reform der Verfassung" ein, worunter er die Beseitigung von Demokratie und Rechtsstaat verstand.

I. Zur Entwicklung des Austrofaschismus

Treffen Musssolini und Dollfuß in Riccione am 19.8.1933

Der Einfluss Roms blieb nicht folgenlos. Das zeigt sich an der Trabrennplatzrede vom 11. September 1933 ebenso wie an der unmittelbar danach erfolgten Regierungsumbildung: Der von den Heimwehren bekämpfte Koalitionspartner Landbund wurde als zu deutschfreundlich ausgeschaltet, die Heimwehren selbst durch Ernennung eines ihrer Führer, Fey, zum Vizekanzler aufgewertet. Die Angriffe auf die Sozialdemokratie wurden verschärft.

Wenn auch Mussolini bei alldem die aktivere Rolle für den politischen Veränderungsprozess in Österreich spielte, blieb die ungarische Regierung nicht untätig. Auch sie unterstützte nach Kräften den italienischen Kurs.

2.3 Ausschaltung bzw. Einschränkung rechtsstaatlicher Einrichtungen

Der Umbruch der politischen Ordnung, der nach der de facto Ausschaltung des Nationalrates im März 1933 einsetzte, wird an einer ganzen Reihe von Maßnahmen ersichtlich. Zunächst bezweckte die Regierung, den Handlungsspielraum der Opposition zu beschränken. Sie beseitigte die Pressefreiheit, verbot politische Demonstrationen und Kundgebungen und lähmte die Gewerkschaften durch das Verbot von Streiks. In einem zweiten Schritt ging es darum, den Betroffenen die Möglichkeit zu nehmen, sich auf rechtlichem Wege gegen die illegale Beschneidung ihrer Rechte zur Wehr zu setzen. Selbst die regierungstreue Mehrheit im Verfassungsgerichtshof hätte gar nicht anders gekonnt als festzustellen, dass Dollfuß und seine Minister die geltende Verfassung brachen. Bevor allerdings ein entsprechendes Gerichtsurteil gegen das praktizierte Notverordnungsregime ergehen konnte, wurde der Verfassungsgerichtshof von der Regierung zur Selbstauflösung gedrängt.

Neuerungen im Bereich des Heeres, der Exekutive und der Gerichte liefen darauf hinaus, diese zu verlässlichen Instrumenten der Regierungspolitik zu machen. In diesem Zusammenhang wurden die sicherheitspolizeilichen Kompetenzen der Landeshauptmänner und speziell des Wiener Bürgermeisters beseitigt und neu geschaffenen Sicherheitsdirektoren übertragen, die in den Bundesländern eingerichtet wurden. Ergebnis dieser Entwicklung war die Konzentration der Sicherheitsagenden im Bundeskanzleramt.

Die Polizei avancierte nun rasch zum wichtigsten Instrument bei der Bekämpfung der politischen Opposition, im Bedarfsfall unterstützt durch das Militär.

Von den massiven Eingriffen in das Justizwesen zeugte nicht nur die Abschaffung der richterlichen Unabhängigkeit, sondern auch ein neues System der Doppelbestrafung, d.h. die Bestrafungen durch Gerichte und Verwaltungsbehörden, und die umfassende gerichtliche Verfolgung von Oppositionellen. Damit einhergehend wurden die Todesstrafe und das Standrecht eingeführt. Die Unterdrückung politischer Gegner erfuhr mit der

Errichtung der „Anhaltelager"[12] eine erhebliche Verschärfung, da in diesen Personen ohne Gerichtsurteil beliebig lange festgesetzt werden konnten. Bezeichnenderweise waren die Vorgänge in den Konzentrationslagern des Dritten Reiches bereits damals so berüchtigt, dass die österreichische Regierung der Presse die Verwendung des Begriffes „Konzentrationslager" für ihre eigenen Lager untersagte.

2.4 Ausschaltung der politischen Opposition

Ungeachtet der Ansage, einen Zweifrontenkrieg gegen Sozialdemokraten und Nationalsozialisten zu führen, verfolgte die austrofaschistische Regierung merkbar unterschiedliche Strategien gegenüber ihren beiden Kontrahenten. Trotz des Verbots der NSDAP unternahm die Regierung Dollfuß wiederholt Verständigungsversuche. In mehreren Verhandlungen mit Vertretern der NSDAP wurden Möglichkeiten einer Zusammenarbeit bis hin zur Bildung einer gemeinsamen Regierung erwogen. Gegenüber der linken Opposition gab es zu keinem Zeitpunkt ein vergleichbares Entgegenkommen. Ungeachtet dessen, dass die Sozialdemokratie mehrfach weitreichende Zugeständnisse anbot und im Gegenzug lediglich verlangte, dass der Partei weiterhin ein legales Arbeiten ermöglicht werden müsse.

Obwohl im Mai 1933 zunächst die Kommunistische Partei und im darauffolgenden Juni auch jede Betätigung der Nationalsozialistischen Partei verboten wurden, blieb aus Sicht des Austrofaschismus die Sozialdemokratie der Hauptgegner. Die Strategie der Regierung zielte eindeutig auf die schrittweise Vernichtung dieses Gegners ab. Soweit wie möglich sollten diesem die Möglichkeiten zur Gegenwehr genommen werden. Eine der ersten Maßnahmen nach Ausschaltung des Nationalrates war die Auflösung des Republikanischen Schutzbundes (März 1933) und die Beschlagnahmung seiner Waffenbestände, soweit man ihrer habhaft werden konnte. Es folgte ein Frontalangriff auf die sozialdemokratischen Hochburgen im staatsnahen Bereich. Die Betriebsratskörperschaften in allen staatlichen Unternehmungen wurden aufgelöst, die Selbstverwaltung der Arbeiterkammern beseitigt. Zu Jahresbeginn 1934 wurde schließlich die letzte Etappe eingeleitet. In weiten Teilen Österreichs wurden sozialdemokratische Parteilokale „durchsucht", Mitgliederverzeichnisse beschlagnahmt und was nicht unmittelbar verwertbar war, zerstört. Zugleich kam es zu einer groß angelegten Verhaftungswelle, die sich insbesondere gegen Funktionäre des einstigen Schutzbundes richtete. Mit diesen Maßnahmen waren die Voraussetzungen für die gewaltsame Ausschaltung der Sozialdemokratie geschaffen. Als Mussolini einmal mehr drängte, die Sozialdemokratie ganz zu zerschlagen, sicherte ihm Dollfuß zu, das Tempo zu beschleunigen. Das waren keine leeren Versprechungen. Am Vortag des 12. Februar 1934 kündigte der für das Sicherheitsressort zuständige Heimwehrführer Fey an: „Wir werden morgen an die Arbeit gehen, wir werden ganze Arbeit leisten."[13]

Die sozialdemokratische Führung auf Bundesebene verharrte angesichts dessen wie gelähmt. Es war der Linzer Schutzbund, der bewaffneten Widerstand leistete. Als in den frühen Morgenstunden des 12. Februar 1934 vor dem Sitz der Landespartei in der Linzer Landstraße Polizei aufzog, wurde sie aus dem Parteiheim beschossen. Der Widerstand galt auch der bevorstehenden Verhaftung sozialdemokratischer Funktionäre. Im Anschluss an die Linzer Ereignisse kam es in den folgenden Tagen zu teils erbitterten Kämpfen, neben Oberösterreich waren davon auch die Steiermark und vor allem Wien betroffen.

Es war von Beginn an ein ungleicher Kampf. Die Führung des Schutzbundes war in den Wochen zuvor fast vollständig verhaftet worden. Der ausgerufene Generalstreik war kaum vorbereitet und wurde nur eingeschränkt befolgt.[14] Der Wiener Straßenbahnverkehr wurde als Signal für den Generalstreik zwar eingestellt, die Eisenbahnen fuhren allerdings weiter, die Zeitungen erschienen in gewohnter Form. Bloß ein Teil der Schutzbündler erschien überhaupt an den Sammelpunkten. Dort gab es sowohl Unklarheiten über die Waffenverstecke als auch darüber, was nun zu tun war. Mangels einer zentralen Kampfleitung blieben die lokalen Schutzbundgruppen meist auf sich allein gestellt und beschränkten sich auf die Verteidigung ihrer unmittelbaren Umgebung gegen herannahende Regierungstruppen.

Demgegenüber setzte die Regierung ohne zu zögern ihr umfangreiches bewaffnetes und militärisches Potential ein und ging gestützt auf Armee, Exekutive und Wehrverbände gegen die Schutzbündler vor. Der bewaffnete sozialdemokratische Widerstand, an dem sich auch illegale Kommunisten beteiligten, war ein Abwehr- und Verzweiflungsakt, mit regional sehr unterschiedlicher Beteiligung und mit ungleichen Waffen. Der Aufstand brach nach wenigen Tagen zusammen, bis dahin verloren zwischen dreihundertfünfzig und dreihundertachtzig Menschen ihr Leben, weit über tausend waren im Zuge der Kämpfe verletzt worden. Der Widerstand gegen den faschistischen Umbau des österreichischen politischen Systems war gebrochen.

Die Regierung Dollfuß schaltete im Zuge der Kämpfe nicht nur ihren politischen Hauptgegner, die Sozialdemokratie, aus. Sie nutzte die Auseinandersetzung im Februar 1934 auch dazu, die geplante Neuordnung des Staatswesens zu beschleunigen. Dies belegen nicht zuletzt die intensivierten Arbeiten an der neuen Verfassung, die dann am 1. Mai 1934 verkündet wurde.

Während die Regierung den Kampf gegen die Linke zielgerichtet und mit aller Härte führte, begegnete sie den österreichischen Nationalsozialisten wesentlich zwiespältiger. Einerseits waren auch die Nationalsozialisten von den repressiven Maßnahmen nach dem 4. März 1933 betroffen, so etwa von der Einschränkung der Pressefreiheit oder dem Versammlungsverbot. Obwohl die NSDAP seit Jänner 1933 das Land mit einer Vielzahl von Gewalttaten bis hin zu Bombenanschlägen und Attentaten überzog, gab es innerhalb der Regierung erhebliche Meinungsverschiedenheiten darüber, ob diese terroristischen Aktivitäten zum Anlass genommen werden sollten, die NSDAP gänzlich zu verbieten. Die Repräsentanten der Heimwehren plädierten dafür, die des Landbundes lehnten ein Betätigungsverbot ab, der Kanzler selbst ergriff zunächst nicht klar für eine Seite Partei. Die Entscheidung für ein Verbot jeder Betätigung der NSDAP fiel schließlich erst, als Nationalsozialisten am 19. Juni 1933 einen Handgranatenanschlag auf eine Assistenzkompanie Christlich-Deutscher Turner im niederösterreichischen Krems verübten. Dabei wurde eine große Anzahl von Turnern schwer verletzt, einer von ihnen starb. Der NS-Terror hatte schon zuvor Tote gefordert, doch der Angriff auf die Turner war ein zu direkter Angriff auf die Christlich-Soziale Partei, als dass die Regierung weiter hätte untätig bleiben können. Der Ministerrat beschloss am 24. Juni 1933 das Verbot jeder Betätigung der Nationalsozialistischen Arbeiterpartei und all ihrer Organisationen, die Auflösung der SA- und SS-Formationen sowie die Aberkennung der politischen Mandate. Zudem wurden aber auch die Maßnahmen in Bezug auf die Pressefreiheit verschärft. Gegen NS-Aktivisten, die sich dem Verbot nicht beugten, wurde scharf vorgegangen. Die Strafen reichten in diesem Fall vom Landesverweis und der Konfiszierung von Vermögen über die Entlassung aus dem öffentlichen Dienst bis hin zu Haft- und Geldstrafen sowie zur Einweisung in „Anhaltelager".

Andererseits unternahm die Regierung wiederholt Anläufe zu Gesprächen und Verhandlungen mit führenden Nationalsozialisten. Über die nationalsozialistischen Forderungen, beispielsweise nach Neuwahlen, nach Ersetzung der Heimwehrvertreter in der Regierung durch Nationalsozialisten und die Aufhebung des Betätigungsverbotes wurde dabei jedoch keine Einigung erzielt.

Ende 1933 begannen die Nationalsozialisten damit, den Druck auf die Regierung zu erhöhen, indem sie alle Teile des Landes mit einer Welle von Anschlägen überzogen. Ungeachtet dessen – und ganz anders als im Fall der Sozialdemokratie, mit der er jeden persönlichen Kontakt strikt vermied – war Dollfuß jedoch zu einem Treffen mit dem Beauftragten Hitlers und Landesinspekteur der österreichischen NSDAP, Habicht, bereit. Die Zusammenkunft scheiterte am heftigen Widerstand der Heimwehren, die davon Kenntnis bekamen. Sie fürchteten durchaus zu Recht, im Fall einer Einigung zwischen dem Kanzler und dem nationalsozialistischen Untergrund ausgebootet zu werden. Ihr Widerstand hinderte die Heimwehren jedoch keineswegs, selbst von Beginn der 1930er Jahre bis zum „Anschluss" 1938 durchgängig das Gespräch mit den Nationalsozialisten zu suchen. Die wiederholte Verhandlungsbereitschaft unterschiedlicher Teile der austrofaschistischen Regierung blieb jedoch „unbedankt". Die Nationalsozialisten spitzten ihren Terror 1934 immer weiter zu, er gipfelte schließlich im sogenannten Juliputsch 1934.

2.5 AUSSCHALTUNG DER PARTEIEN DES REGIERUNGSLAGERS

Die Veränderungen des Parteiensystems bestanden nicht nur im Verbot der oppositionellen Gegner, d.h. der Sozialdemokraten, der Kommunisten und der Nationalsozialisten. In Anlehnung an den italienischen Faschismus und den Nationalsozialismus in Deutschland gründeten die Austrofaschisten im Mai 1933 eine politische Monopolorganisation mit dem Namen „Vaterländische Front" (VF). Ein Jahr später wurde diese auch gesetzlich verankert. Ihre Aufgabe war es, „alle Gruppen, alle Parteiformationen, alle Verbände und Vereine, die dem Vaterland dienen wollen", zu erfassen. Was das für das Parteiensystem insgesamt bedeuten sollte, sprach Dollfuß in der Trabrennplatzrede deutlich an: „Die Zeit der Parteienherrschaft ist vorbei". Diese Ansage betraf auch jene Parteien, die den Kurs der Regierung Dollfuß stützten und den politischen Bruch mit der Demokratie mittrugen. Der Landbund war nicht bereit, sich deshalb auf Gedeih und Verderb den Heimwehren auszuliefern. Er bemühte sich zu verhindern, dass die Regierung den Wehrverbänden zuviel Macht überantwortete. Dies führte wiederholt zu massiven inhaltlichen Differenzen zwischen den Vertretern der Heimwehren und des Landbundes innerhalb der Regierung, so z.B. im Fall des Betätigungsverbots für die NSDAP oder der Errichtung von „Anhaltelagern". Die Heimwehren verstärkten daher gemeinsam mit Mussolini den Druck, den Landbund aus der Regierung auszuschließen. Sie hatten Erfolg: Im Rahmen der Regierungsumbildung vom September 1933 wurden die Vertreter des Landbundes ausgeschieden. Der Landbund löste sich daraufhin im Mai 1934 selbst auf. Die politische Vertretung der Heimwehren, der Heimatblock, vollzog die Selbstauflösung im September 1933. Der Dachverband der Wehrverbände war zuvor geschlossen der VF beigetreten.

Gegen die Auflösung der Christlich-Sozialen Partei regte sich – erfolglos – etwas Widerstand. Der Parteivorsitzende, Carl Vaugoin, wurde zum Rücktritt gezwungen. Seinen Nachfolger, Emmerich Czermak, betraute Dollfuß mit der Liquidierung der einst größten bürgerlichen Partei. Der christlich-soziale Parlamentsklub löste sich im Mai 1934, die Bundesparteileitung im September 1934 auf.

Damit waren alle bürgerlichen Parteien ausgeschaltet, die zuvor selbst die Beseitigung der parlamentarischen Demokratie betrieben hatten.

Mit der Proklamation der Verfassung vom 1. Mai 1934 war der Konstituierungsprozess des Austrofaschismus weitgehend abgeschlossen[15]:
– Das demokratische Parteiensystem war beseitigt. An Stelle der Parteien trat im Mai 1933 die Vaterländische Front als totalitäre Organisation.

- Am 30. April 1934 versammelten sich die regierungsloyalen Abgeordneten erstmals wieder zu einer Nationalratssitzung. Allen oppositionellen Abgeordneten waren zuvor ihre Mandate aberkannt worden. Der einzige Zweck dieser Sitzung war die Annahme eines Gesetzesvorschlages der Bundesregierung: des Bundesverfassungsgesetzes über außerordentliche Maßnahmen im Bereich der Verfassung. Durch dieses Gesetz sollte die Beseitigung der Demokratie nachträglich legitimiert werden. Es brachte formell das Ende des rechtsstaatlich-parlamentarischen Systems, das Ende des National- und Bundesrates war damit besiegelt. Die Befugnisse der Gesetzgebung (inklusive der Verfassungsgesetzgebung) wurden auf die Regierung übertragen. In deren Hand waren nunmehr legislative und exekutive Gewalt vereint. Anstelle des parlamentarisch-demokratischen Prinzips trat das autoritär-hierarchische Prinzip der Herrschaft. Dem Bundeskanzler wurde eine übergeordnete Führungs- und Entscheidungsposition eingeräumt. Der Bundespräsident wurde zwar formal aufgewertet, hatte in der Realität jedoch keinen Einfluss auf die Politik der Regierung. Die Mitbestimmung der Bevölkerung in Form von Wahlen war, von wenigen Ausnahmen wie den Gemeindewahlen in Vorarlberg abgesehen, beseitigt.
- Der Justiz- und Sicherheitsapparat sowie der öffentliche Dienst wurden in die politischen Veränderungen eingebunden. Wo es der Regierung geboten schien, verschaffte sie sich Durchgriffsrechte. Das Prinzip der Unabsetz- und Unversetzbarkeit der Richter wurde de facto beseitigt, der Sicherheitsapparat vor allem durch Einführung der Sicherheitsdirektoren und des Staatspolizeilichen Büros organisatorisch ausgebaut. Zugleich wurden die Kompetenzen der Exekutive erheblich erweitert. Die Regierung hatte sich ein breites Spektrum an Möglichkeiten der Disziplinierung und Unterdrückung der politischen Opposition geschaffen – mit der Einführung des Systems der Doppelbestrafung (Gerichts- und Verwaltungsstrafen), der Todesstrafe und der „Anhaltelager".
- Die Medien wurden weitgehend gleichgeschaltet und die Pressefreiheit beseitigt. Die Regierung griff mit Sanktionen wie Verboten, Geld- und Arreststrafen massiv in das Pressewesen ein.

– Die Möglichkeiten der Beschäftigten, sich gegen die Unternehmensführung zur Wehr zu setzen, wurden beseitigt. Die traditionell ideologisch gespaltenen Interessenorganisationen der Arbeiterschaft wurden entweder gänzlich aufgelöst (wie die Gewerkschaften) oder aber ihre Kompetenzen stark beschnitten (wie die Arbeiterkammern). Die gesetzliche Neuordnung mit Errichtung eines (Einheits-)Gewerkschaftsbundes trat mit dem 1. Mai 1934 in Kraft.

All diese Maßnahmen, die Beseitigung der rechtsstaatlichen Demokratie ebenso wie der Umbau des politischen Systems wurden von den austrofaschistischen Akteuren als ein unumkehrbarer Prozess verstanden, als eine dauerhafte Veränderung, nicht als befristete Krisenlösung.

3 Konsolidierungsphase: Institutioneller Ausbau und Politikgestaltung (Mai 1934 – Juli 1936)

Die Verfassung 1934 und das Verfassungsübergangsgesetz vom Juni des gleichen Jahres steckten den rechtlichen Rahmen des austrofaschistischen Herrschaftssystems ab. Obwohl dessen konkrete Ausgestaltung bis zum „Anschluss" im März 1938 unvollendet blieb, ist im Vergleich mit Italien[16] bemerkenswert, dass seine Errichtung und Durchsetzung ungleich rascher gelang. Die in der Maiverfassung vorgesehenen neuen Institutionen wurden zügig installiert. Dies gilt für die vorberatenden Organe der Bundesgesetzgebung wie auch für die Einrichtung und Organisierung der Länder und Gemeinden. Politische Mandate auf allen Ebenen des politischen Systems wurden ab nun „von oben" besetzt. Das entscheidende Kriterium war dabei Systemloyalität, die von der Vaterländischen Front auch kontrolliert wurde.

Die Vaterländische Front erfuhr in organisatorischer Hinsicht, aber auch bezüglich ihrer Aufgaben- und Tätigkeitsfelder eine beträchtliche Ausweitung. Aufgrund ihres politischen Monopol- und Totalitätsanspruchs kamen ihr wichtige Funktionen zu: Sie wirkte bei Funktionärsbestellungen und im Gesetzgebungsprozess mit. Sie bildete eine wichtige Interventionsinstanz bei wirtschaftlichen Auftragsvergaben und Personalbestellungen in den Behörden. Zugleich sollte sie dazu dienen, nach faschistischem Muster möglichst alle Lebensbereiche der Bevölkerung zu organisieren und dabei politisch zu kontrollieren.

Für den organisatorischen Ausbau der Vaterländischen Front stehen sogenannte Werke wie das „Neue Leben" und Referate wie das Frauenreferat oder das Kulturreferat.[17] Die neu eingeführte Soziale Arbeitsgemeinschaft zielte vor allem auf die Integration der Arbeiterschaft ab, nachdem deren bisherige politische Vertretung zerschlagen worden war. Die Zahl der VF-Mitglieder war mit drei Millionen (März 1938) enorm hoch. Annähernd die Hälfte der Bevölkerung gehörte der Organisation an. Beitritte erfolgten allerdings nicht immer freiwillig, eine Mitgliedschaft bedeutete daher keineswegs immer volle Loyalität.

Der Machtsicherung der Regierung diente der weitere Ausbau des Sicherheitsapparates. Zugleich wurde der Maßnahmenkatalog zur Gängelung politisch Andersdenkender stark erweitert. Zentrale Bedeutung hatte dabei das Staatsschutzgesetz von 1935, das sich gegen illegale politische Aktivitäten richtete. Das Gesetz sah unter anderem die Einführung eines Generalstaatskommissärs für außerordentliche Maßnahmen zur Bekämpfung staats- und regierungsfeindlicher Betätigung in der Privatwirtschaft vor. Darüber hinaus schuf es die Voraussetzungen für den politisch motivierten Entzug von Vermögen und Einkommen.

Der berufsständische Aufbau blieb dagegen in seinen Anfängen stecken. Nach der Schaffung der Einheitsgewerkschaft wurden die Arbeitgeber in jeweiligen Bünden organisiert (Industriellen-, Gewerbe-, Finanz-, Handels- und Verkehrsbund). Die Vollendung des berufsständischen Aufbaues, die in der Errichtung der in der Verfassung genannten sieben Berufsstände hätte bestehen sollen, wurde vertagt. Der verbreitete Begriff „Ständestaat" spiegelt insofern zwar eine Konzeption und das Selbstverständnis der Träger des Austrofaschismus wider, nicht jedoch die politische Realität des Herrschaftssystems. Es wurden formell nur zwei Berufsstände etabliert: jener der Land- und Forstwirtschaft sowie derjenige des Öffentlichen Dienstes. Letzterer war im Grunde jedoch kein Berufsstand im eigentlichen Sinne, weil er nur die Beschäftigten, nicht jedoch den Dienstgeber umfasste. Der Berufsstand der Land- und Forstwirtschaft war hingegen im Wesentlichen die Fortführung der bisher schon bestehenden gemeinsamen

Organisierung von Bauern und Landarbeitern in den Landwirtschaftskammern unter neuem Namen.

Entgegen seinen Behauptungen stand der Austrofaschismus keineswegs „über den Klassen". Die Umgestaltung einzelner Politikfelder und gesellschaftlicher Bereiche erfolgte durchwegs im Sinne der Interessen der Regierenden und ihrer Unterstützergruppen – von den Interessenorganisationen des Finanzkapitals, über Industrie und Gewerbe sowie Bauern bis hin zur Katholischen Kirche. Anschauliche Beispiele für diese interessengeleitete Politik sind die Entlastung der Banken oder Schutzmaßnahmen für Gewerbe und Landwirtschaft. Die bevorzugte Berücksichtigung der Interessen der Katholischen Kirche zeigt sich anhand der Eingriffe in das Bildungswesen, in Medien und Kultur. Demgegenüber kennzeichnet die austrofaschistische Sozialpolitik eine deutliche Schieflage zu Lasten der Arbeiterschaft aus. Dies ist exemplarisch ablesbar an einschneidenden Kürzungen im Bereich der Sozialversicherung und Einschnitten in das Arbeitsrecht wie beispielsweise der Abschaffung der Betriebsräte.

Mit der Ermordung Dollfuß' durch Nationalsozialisten im Juli 1934 wurde der Austrofaschismus seiner unumstrittenen Führerfigur beraubt. Die realpolitischen Folgen waren allerdings überschaubar. Beinahe zwei Jahre blieben die Kräfteverhältnisse innerhalb der Regierungsallianz aus ehemaligen christlich-sozialen Eliten und den Repräsentanten der Heimwehren weitgehend unverändert. Starhembergs Position als Vizekanzler und Minister für das gesamte Sicherheitswesen wurde aufgewertet, er übernahm die Führung der Vaterländischen Front. Sein politischer Einfluss wurde damit allerdings kaum gesteigert. Aufrecht blieb auch das Naheverhältnis zu Italiens Faschisten. Während des nationalsozialistischen Putsches im Juli 1934 hatte Mussolini italienische Truppen an der Brennergrenze aufmarschieren lassen.

Schon Dollfuß hatte sich kaum um andere Verbündete gegen Deutschland bemüht. Gleiches galt dann auch für Schuschnigg nach seinem Amtsantritt. Einerseits war dies auf das Betreiben des faschistischen Italiens zurückzuführen, das keine zusätzlichen Akteure in seinen Einflusszonen dulden wollte. Zudem schwächte die austrofaschistische Regierung ihre eigenen, zaghaften Versuche auch selbst, indem sie ständig den „deutschen

Charakter" Österreichs betonte. Der Konflikt mit Deutschland schien daher für weite Teile der Weltöffentlichkeit eine innerdeutsche Angelegenheit zu sein. Italiens militärischer Überfall auf Abessinien im Herbst 1935 veränderte die außenpolitischen Rahmenbedingungen grundlegend. Denn Schuschnigg weigerte sich, die Sanktionen des Völkerbundes gegen Italiens militärische Aggression mitzutragen und machte damit allfällige Sympathien der britischen und französischen Regierung für das bedrängte Österreich zunichte. Eine Alternative zum bisherigen außenpolitischen Kurs durch Hinwendung zur Kleinen Entente und zum demokratischen Frankreich wurde von der österreichischen Regierung nicht ernsthaft verfolgt.

Die Verbote der oppositionellen Parteien in der Anfangsphase des Austrofaschismus zwangen diese in die Illegalität. Die Polizeigefängnisse und „Anhaltelager" waren mit politischen Gegnern gefüllt. Trotz mehrerer Amnestien änderte sich nichts an der systematischen Bestrafung oppositionellen Verhaltens. Die Arbeit im Untergrund wurde durch diese Repressionspolitik zwar empfindlich eingeschränkt und behindert, jedoch nicht verhindert.

4 Phase der Defensive und des Niedergangs des Austrofaschismus (Juli 1936 – März 1938)

Nach einer relativ stabilen Phase des austrofaschistischen Herrschaftssystems in den zwei vorangegangenen Jahren zeichneten sich seit dem Sommer 1936 weitreichende Veränderungen ab. Den Hintergrund der beginnenden Krise bildeten innen- wie außenpolitische Veränderungen. Im Inneren veränderte sich das Kräfteverhältnis innerhalb der Regierung. Die Heimwehren erlebten einen gravierenden Bedeutungsverlust. Anders als 1933/1934 war ihr militärisches Potential nicht mehr gefragt. Sie waren von einem Stabilisierungsfaktor zu einem permanenten Unsicherheitsfaktor geworden und erschwerten zudem die von Schuschnigg angestrebte Annäherung an NS-Deutschland. Die Wehrverbände wurden zuerst organisatorisch zusammengefasst und als neu gebildete „Frontmiliz" dem Verteidigungsministerium unterstellt. Die Ausschaltung der Heimwehren bewirkte einen erheblichen Machtzuwachs für Schuschnigg. Das reduzierte zwar kurzfristig Konflikte und Spannungen innerhalb des Regierungsbündnisses, konnte die Destabilisierung des Herrschaftssystems aber mittelfristig nicht aufhalten.

War der Austrofaschismus nach seiner erfolgreichen Errichtung 1933/1934 zunächst bestrebt gewesen, Politik und Gesellschaft neu zu ordnen, so zeichnete sich diesbezüglich ab Mitte 1936 eine deutliche Änderung ab: Die Verwirklichung zentraler ideologischer Marksteine wie die berufsständische Ordnung trat in den Hintergrund. Vordringlich wurde demgegenüber die Absicherung des Herrschaftssystems nach außen, die Lösung des sich neuerlich verschärfenden deutsch-österreichischen Konfliktes. Beigetragen zu dieser Entwicklung hat eine massive Veränderung der außenpolitischen Rahmenbedingungen. Italien, engster Verbündeter und zugleich bedeutendste Schutzmacht gegenüber dem feindseligen Dritten Reich, näherte sich an das nationalsozialistische Deutschland an. Weil sich seine eigene Interessenlage verändert hatte, war Mussolini daran interessiert, den Konflikt zwischen dem Deutschen Reich und Österreich zu entschärfen, damit dieser nicht länger die deutsch-italienischen Beziehungen belastete. Aufgrund des italienischen Drängens begann die Regierung Schuschnigg ab Sommer 1936 damit, einen Ausgleich mit dem nationalsozialistischen Deutschland zu suchen.

Aufgrund der Nichtbeteiligung Österreichs an den Sanktionen des Völkerbundes gegen Italien international isoliert, zugleich aber auch nicht bereit, eine fundamentale Gegenposition zu Deutschland einzunehmen und sich neue Verbündete zu suchen, blieb der austrofaschistischen Regierung wenig anderes übrig, als sich Hitlers Wünschen und Forderungen zu beugen. Das zwischen Deutschland und Österreich 1936 abgeschlossene sogenannte Juliabkommen beinhaltete zwar offiziell die Anerkennung der Souveränität Österreichs durch die deutsche Regierung. Zudem findet sich darin offiziell auch die Zusicherung der Nichteinmischung in die inneren Angelegenheiten Österreichs, einschließlich der Frage der österreichischen Nationalsozialisten. Im geheim gehaltenen Zusatzabkommen, dem sog. Gentlemen-Agreement, machte die österreichische Regierung allerdings eine ganze Reihe von Zugeständnissen. Sie reichten von der Zulassung von deutschen Zeitungen (und damit der ungehemmten NS-Propaganda im Inland) über die österreichische Selbstverpflichtung, in außenpolitischen Fragen stets Rücksicht auf die Interessen des Dritten Reiches zu nehmen (was die eigenen außenpolitische Isolation zementierte), bis hin zur großen Amnestie für österreichische NS-Aktivisten und Einbeziehung von NS-Vertrauensleuten in die Regierung. Letztlich liefen diese Zugeständnisse auf eine Infragestellung der österreichischen Souveränität und die Untergrabung des austrofaschistischen Herrschaftssystems selbst hinaus.

Die Regierung Schuschnigg war in der Folgezeit vor allem um die Einlösung der Zugeständnisse bemüht. Neben der Ernennung entsprechender Regierungsmitglieder (Edmund Glaise-Horstenau, Guido Schmidt) sollte das neu gegründete „Volkspolitische Referat" dazu dienen, nationalsozialistisch orientierten Personen eine politische Heimat innerhalb des Austrofaschismus zu geben – bei Aufrechterhaltung des nationalsozialistischen Betätigungsverbotes. Letztlich wurden mit diesen Zugeständnissen breite Spielräume für die Durchdringung Österreichs durch den Nationalsozialismus auf politischem, wirtschaftlichem und kulturellem Gebiet eröffnet. Daran änderte nichts, dass gleichzeitig auf mehreren Ebenen versucht wurde, die Macht des Austrofaschismus zu festigen. Die forcierte militärische Aufrüstung, die Zentralisierung der politischen Macht in den Händen des Bundeskanzlers und „Frontführers" Schuschnigg, die Aktivierung des Führerrates als beratendes Organ des Bundesführers, die Gründung weiterer VF-Institutionen (wie das Österreichische Jungvolk als Gegenstück zur Hitlerjugend und das Traditionsreferat zur stärkeren Einbeziehung von Monarchisten), die Verhängung einer Aufnahmesperre für die Vaterländische Front und die formelle Auflösung der Wehrverbände vermochten den Niedergang des Austrofaschismus nicht aufzuhalten.

Der Kniefall vor Hitler führte weder zur Befriedung der Nationalsozialisten im Innern noch zur Verringerung des deutschen Drucks. Das Volkspolitische Referat wurde nicht zum Integrationsinstrument nach rechts, sondern zu einem Einfallstor für die Unterwanderung und Zersetzung der Vaterländischen Front durch NS-Aktivisten. Nicht zu unterschätzen waren schließlich die Auswirkungen dieser Strategie auf die Moral in den eigenen

Reihen: Unter VF-Aktivisten und Funktionären machten sich Mutlosigkeit, Zweifel und Frustration breit. Die Folge waren häufig Rückzugstendenzen. Zum Niedergang des Austrofaschismus trug ein weiterer Pakt mit Hitler knapp eineinhalb Jahre später wesentlich bei. Das Abkommen von Berchtesgaden vom 12. Februar 1938 enthielt eine Reihe weiterer Verpflichtungen, die in der Summe einer Selbstaufgabe Schuschniggs gleichkamen. Dazu zählte insbesondere die generelle Zulassung gesinnungsmäßiger Nationalsozialisten zur VF und zu anderen politischen Einrichtungen, aber auch die generelle Amnestie für nationalsozialistische Straftäter und das Verbot, in der österreichischen Presse Kritik an der Politik des Dritten Reiches zu üben. Andererseits wurde auf Hitlers Geheiß der Chef des Generalstabes des österreichischen Bundesheeres, Alfred Jansa, entlassen, weil dieser als entschiedener NS-Gegner galt. Nicht zuletzt verpflichtete sich Schuschnigg, einen der prominentesten und wichtigsten Verbindungsmänner zu den Nationalsozialisten, Arthur Seyß-Inquart, in die Regierung aufzunehmen. Mehr noch: Ihm wurde die Verantwortung für die innere Sicherheit übertragen.

Das Abkommen vom Februar 1938 ermöglichte die bis dahin massivste Einmischung Deutschlands in innerösterreichische Angelegenheiten und beschleunigte in den folgenden Wochen den endgültigen Niedergang des Austrofaschismus. Dieser Prozess endete im „Anschluss" Österreichs an das nationalsozialistische Deutschland im März 1938.

4.1 Der „Anschluss"

Mit dem „Bundesverfassungsgesetz über die Wiedervereinigung Österreichs mit dem Deutschen Reich" vom 13. März 1938 wurde die nationalsozialistische Machtübernahme, die in den vorangegangenen Tagen stattgefunden hatte, formal besiegelt. Der „Anschluss" Österreichs im März 1938 kann als ein mehrdimensionaler Prozess verstanden werden:
– als ein innerösterreichischer Vorgang, der längerfristig durch die NS-Infiltration des austrofaschistischen Herrschaftsapparates („Machtübernahme von oben") und kurzfristig durch Aktivitäten von NS-Anhängern, die im März 1938 durch ihre Demonstrationen und Aufmärsche das Stra-

ßenbild völlig beherrschten („Machtübernahme von unten"), gekennzeichnet war;
- als Schluss- und Höhepunkt einer Durchdringung und Gleichschaltung von außen, die das nationalsozialistische Deutschland jahrelang auf politischem, wirtschaftlichem, militärischem und kulturellem Gebiet vorangetrieben hatte;
- beide Prozesse zusammen mündeten in den „Anschluss" im engeren Sinne, der in der Bildung einer nationalsozialistischen Regierung in Österreich, im Einmarsch deutscher Truppen und in der Verabschiedung des eingangs erwähnten Bundesverfassungsgesetzes bestand.

4.1.1 „ANSCHLUSS" VON INNEN

Die nationalsozialistische Infiltration des Austrofaschismus erfolgte teils direkt, teils indirekt auf allen Ebenen des Herrschaftsapparates. Als wesentliche Voraussetzung erwies sich die Einbeziehung von NS-Vertrauensmännern in die Regierung, die zum deutschnationalen Rand des politischen Katholizismus zählten. Die zunächst weitreichende und schließlich völlige Amnestierung von verurteilten Nationalsozialisten verschaffte der NSDAP jenes verlässliche Personal, das sie für ihre Unterwanderungsstrategie benötigte. Sie konzentrierte sich dabei besonders auf die Durchdringung des militärischen und polizeilichen Sicherheitsapparates – mit Erfolg: Am Juliputsch 1934 waren neben Bundesheerangehörigen auch mehrere Exekutivbeamte beteiligt, innerhalb von Heer und Polizei existierten geheime NS-Organisationen. Das Einsickern von Nationalsozialisten betraf auch politische Mandate. Wie das Beispiel der Wiener Bürgerschaft, die politische Gemeindevertretung in der Zeit des Austrofaschismus, zeigt, betrug der NS-Anteil unter den Mandataren 10%.[18]

Auch die Monopolorganisation des Austrofaschismus, die Vaterländische Front, mit ihrer breiten Mitgliederbasis war nationalsozialistisch durchsetzt. Ein klares Indiz dafür, dass dieses Problem auch der Regierung selbst bewusst war, stellt die ab November 1937 geltende Mitgliedersperre ebenso dar wie die angekündigte Überprüfung der politischen Verlässlichkeit der Mitglieder. Die Vaterländische Front schuf jedoch mit dem ebenfalls 1937 eingeführten Volkspolitischen Referat selbst die institutionelle

Voraussetzung für die nationalsozialistische Unterwanderung ihrer Strukturen. Erreicht wurde nicht das von der Regierung angestrebte Ziel der Befriedung der nationalsozialistischen Opposition, sondern die Durchsetzung der Vaterländischen Front mit mehr oder weniger offen deklarierten Nationalsozialisten. Das erleichterte im März 1938 einen raschen Systemwechsel vom Austrofaschismus zum Nationalsozialismus.

Die austrofaschistische Politik versuchte im Umgang mit den heimischen Nationalsozialisten Zuckerbrot und Peitsche zu kombinieren. Einerseits eröffneten diverse Integrationsangebote an vermeintlich „gemäßigte" NS-Sympathisanten (die Regierung sprach von sog. Betont Nationalen) die Möglichkeit zur Mitarbeit im Staat im Rahmen der geltenden Gesetze. Andererseits sollte das formal weiterhin bestehende Verbot nationalsozialistischer Betätigung die Mitwirkung an illegalen Aktivitäten unattraktiv machen. Diese Strategie scheiterte völlig. Die nationalsozialistische Basis machte weiterhin Druck in Richtung beschleunigter Machtübernahme. Nationalsozialistische Demonstrationen, Kundgebungen und Fackelumzüge häuften sich Anfang 1938 in allen Bundesländern, speziell in den Städten. Es kam zu zahlreichen Zusammenstößen von SA- und SS-Formationen mit „vaterländischen" Gruppen. Diese nahmen in der Steiermark schließlich solche Ausmaße an, dass sich die Regierung gezwungen sah, Truppen in steirische Städte zu verlegen. Auch symbolisch waren die Nationalsozialisten stark präsent, landauf, landab wurden provokant Hakenkreuzfahnen gehisst– in Graz am 24. Februar 1938 sogar am Rathaus.

In Reaktion auf den insgesamt enorm gestiegenen nationalsozialistischen Druck kündigte Schuschnigg am 9. März 1938 überraschend eine Volksbefragung über die Selbstständigkeit Österreichs an. Sie sollte bereits vier Tage später, am 13. März, stattfinden. Als Parole gab die Regierung aus: „Für ein freies und deutsches, unabhängiges und soziales, für ein christliches und einiges Österreich." Das Vorhaben stieß auf heftige Ablehnung seitens der nationalsozialistischen Führung in Deutschland und in Österreich. Die deutsche Regierung hatte bis dahin einen „evolutionären" Kurs verfolgt und damit gerechnet, dass die schrittweise Erhöhung der Spannung schließlich zum Zusammenbruch des Austrofaschismus führen würde. Bei aller Distanz und Ablehnung dieses Regimes fürchtete die illegale Linke

Phase der Defensive und des Niedergangs 39

Nationalsozialistische Kundgebung am Grazer Hauptplatz am 20.2.1938

den NS-Terror weit mehr als die bestehende Unterdrückung und machte klar, dass sie ihre Sympathisanten aufrufen würde, für Schuschnigg zu stimmen. Die Führung des Dritten Reiches befürchtete, die Volksbefragung werde womöglich zugunsten des austrofaschistischen Regimes ausgehen und dieses mit neuer Legitimität versehen. Damit wären die bisherigen Destabilisierungsbemühungen hinfällig geworden. Es wurde nunmehr jegliche Zurückhaltung aufgegeben, an Stelle der evolutionären Durchdringung trat die direkte Intervention unter Anwendung militärischer Gewalt von außen und die Eskalation im Innern.

4.1.2 „Anschluss" von aussen

Die deutschen Vorstöße für eine politische Gleichschaltung Österreichs fanden ihren Niederschlag in den beiden bilateralen Vereinbarungen (Juliabkommen 1936, Februarabkommen 1938) samt diversen Nebenabsprachen und in deren Umsetzung. Sie betrafen den Bereich der Außen-, Kultur- und Medienpolitik ebenso wie die Zusammensetzung der Regierung und die Behandlung der nationalen und nationalsozialistischen Opposition.

Die österreichische Regierung erklärte sich im Juliabkommen 1936 dazu bereit, ihre Außenpolitik fortan den deutschen Interessen weitgehend anzupassen. Im Berchtesgadener Abkommen waren ein diplomatischer Gedankenaustausch in außenpolitischen Fragen sowie eine diplomatische und pressepolitische Unterstützung nach Möglichkeit und auf Ersuchen des Deutschen Reiches vereinbart worden. Das Juliabkommen eröffnete neue Propagandamöglichkeiten durch die Zulassung deutscher Zeitungen wie der Essener Nationalzeitung und von Büchern wie Hitlers „Mein Kampf". Die Kritik am nationalsozialistischen Deutschland in Medien wurde unterbunden. Der Gleichschaltung der österreichischen Filmbranche dienten bilaterale Kontingentvereinbarungen und das Filmverkehrsabkommen. Die österreichische Seite akzeptierte dabei schon vor dem Juliabkommen 1936 rassistische nationalsozialistische Forderungen, vor allem den Ausschluss jüdischer oder aus Deutschland emigrierter Filmschaffender. Schwerwiegende Folgen hatte die von Deutschland geforderte und von der österreichischen Regierung gebilligte Amnestie nationalsozialistischer Straftäter. Dies führte zur Enthaftung einer großen Zahl illegal tätiger Nationalsozialisten und schwächte die Abwehr des nationalsozialistischen Vordringens.

Wie von Hitler im November 1937 gegenüber den Befehlshabern der drei Wehrmachtsteile skizziert, waren mit den deutschen Okkupationsplänen militärpolitische und wirtschaftliche Ziele verbunden. Von einer Eingliederung Österreichs versprach sich die deutsche Führung gleich mehrere Vorteile: Neben der Ausdehnung des eigenen Herrschaftsbereiches zählte dazu auch die Verstärkung der Wehrkraft (acht Divisionen), die Verfügungsgewalt über die österreichische Industrie nebst eines großen, zum Teil qualifizierten Arbeitskräftereservoirs und rüstungspolitisch wichtige Ressourcen wie Holz, Eisenerz, Magnesit und Wasserkraft. Keineswegs zu vernachlässigen waren für das infolge seiner Rüstungsanstrengungen zu diesem Zeitpunkt faktisch bankrotte Deutsche Reich außerdem die Gold- und Devisenreserve der österreichischen Nationalbank. Schlussendlich brachte der Anschluss Österreichs einen massiven Ausgangsvorteil für die deutschen Expansionspläne mit sich. Die Tschechoslowakei hatte entlang der Grenze mit Deutschland über Jahre einen militärischen Sperrwall errichtet, den auch der deutsche Generalstab für kaum überwindbar hielt. Mit dem

"Anschluss" Österreichs stand die deutsche Wehrmacht an der ungedeckten Flanke der CSSR. Deren gesamte Verteidigungsbemühungen wären damit praktisch zunichte gewesen.

4.1.3 "ANSCHLUSS" IM ENGEREN SINNE

Die öffentliche Ankündigung der Volksbefragung durch Bundeskanzler Schuschnigg am 9. März 1938 löste eine enorme politische Dynamik aus. Diese gipfelte in der Machtübernahme durch österreichische Nationalsozialisten am 11. März, in der militärischen Besetzung Österreichs durch den deutschen Faschismus am 12. März und schließlich in der rechtlichen Eingliederung Österreichs in das Deutsche Reich durch das Bundesverfassungsgesetz vom 13. März 1938.

Die überraschend angekündigte Volksbefragung forderte Hitler zu einem blitzartigen Handeln heraus. Da die austrofaschistische Regierung keine Vorkehrungen getroffen hatte, um sich internationale Unterstützung für den Fall eines deutschen Angriffs zu sichern, stand er einem weitgehend hilflosen Österreich gegenüber. Hitler verlangte auf diplomatischem Wege am Vormittag des 10. März 1938 von der österreichischen Regierung ultimativ die Absage der Volksbefragung. Seine Entschlossenheit, die Volksbefragung auf jeden Fall zu verhindern, unterstrich seine Weisung an den Chef des Generalstabes des deutschen Heeres, Ludwig Beck, Vorkehrungen für einen Einmarsch in Österreich am 12. März zu treffen. Der Plan zum Einsatz militärischer Gewalt wurde von Göring forciert, der seit 1936 Verantwortlicher für den Vierjahresplan war. Dieser Plan sollte das Deutsche Reich in dieser Zeitspanne kriegsfähig machen. Göring sah in den wirtschaftlichen Ressourcen Österreichs eine notwendige Voraussetzung zur Absicherung des Planzieles. Er erreichte noch am 10. März für die Verbände, die für den Einsatz in Österreich vorgesehen waren, den Mobilisierungsbefehl. In Österreich wurde zur gleichen Zeit die Alarmierung der Frontmiliz verlautbart.

Das Bundesheer erhielt den Befehl, dass am 11. März 1938 ab 7.00 Uhr früh die Kasernen nur auf ausdrücklichen Befehl verlassen werden durften. Am Abend des 10. März besprachen Vertreter der österreichischen nationalsozialistischen Landesleitungen und Gauleiter bzw. deren Beauftragte die Weisungen für den nächsten Tag. In einem Gespräch am 11. März vormittags informierten die beiden dem Nationalsozialismus nahestehenden Minister Seyß-Inquart und Glaise-Horstenau Kanzler Schuschnigg über die unbedingte Forderung Hitlers, die geplante Volksbefragung dürfe am 13. März unter keinen Umständen stattfinden. In einem schriftlichen Ultimatum drängten sie Schuschnigg, die Volksbefragung um vier Wochen zu verschieben und außerdem den Wahlmodus zu verändern. Andernfalls, so drohten sie, würden sie umgehend zurücktreten. Schuschnigg gab dem massiven Druck nach und sagte die Volksbefragung ab. Damit nahm die NS-Machtübernahme endgültig ihren Lauf. Göring verlangte den sofortigen Rücktritt Schuschniggs und die Bildung einer Regierung unter Seyß-Inquart. Diese sollte dann ein Telegramm an die deutsche Reichsregierung richten und um die Entsendung von Truppen zur Wiederherstellung von Ruhe und Ordnung in den österreichischen Städten ersuchen. Schuschnigg erklärte wunschgemäß seinen Rücktritt, obwohl ihn Bundespräsident Miklas von diesem Schritt abzuhalten suchte und sich gegen die Ernennung von Seyß-Inquart zum Bundeskanzler zur Wehr setzte. In seiner Abschiedsrede am Abend des 11. März 1938 betonte Schuschnigg, dass das Bundesheer den Befehl habe, sich im Fall eines Einmarsches ohne Widerstand zurückzuziehen. Ein entsprechender Befehl erging auch an die österreichischen Truppen an der deutsch-österreichischen Grenze. Noch bevor Bundespräsident Miklas am späten Abend dieses Tages letztlich doch Seyß-Inquart zum Bundeskanzler einer nationalsozialistischen Bundesregierung ernannte, hatten Nationalsozialisten bereits in den meisten Bundesländern die politische Macht übernommen. SA und SS besetzten Regierungsgebäude und Einrichtungen der VF, die „vaterländischen" Landesregierungen wurden abgesetzt, nationalsozialistische Funktionäre, meist die illegalen Gauleiter, traten an ihre Stelle und setzten neue Landesregierungen ein. Der Sicherheitsapparat wurde von SA und SS übernommen und die Frontmiliz entwaffnet. Nachdem in Kärnten schon am frühen Abend der Machtwechsel vollzogen worden war, folgten im Lauf des Abends die anderen Bundesländer. In Wien wurden am gleichen Tag am späteren Abend an sämtlichen Polizeikommissariaten und um Mitternacht auch am Rathaus die Hakenkreuzfahnen gehisst.

Der Einmarschbefehl Hitlers erging um 20.45 Uhr. Wilhelm Keppler, der seit Juli 1937 für die Beziehungen zwischen den deutschen und österreichischen Nationalsozialisten zuständig war und sich in Wien aufhielt, sandte um 21.10 Uhr ein Telegramm an die reichsdeutsche Regierung, das der Rechtfertigung des deutschen Einmarsches diente. Die deutschen Truppen überschritten in den Morgenstunden des 12. März 1938 die österreichische Grenze. Mussolini hatte zugestimmt.

Hitler traf während seines Linz-Besuches am 13. März 1938 die endgültige Entscheidung, die Souveränität Österreichs zu beseitigen. An diesem Tag flog der Staatssekretär im Reichsministerium des Inneren, Wilhelm Stuckart, mit dem Text des Anschlussgesetzes nach Wien. Die versammelten Minister unterzeichneten den Entwurf. Der Artikel 1 des „Bundesverfassungsgesetzes über die Wiedervereinigung Österreichs mit dem Deutschen Reich" lautete: „Österreich ist ein Land des Deutschen Reiches." Im Artikel 2 wurde die „freie und geheime Volksabstimmung (...) über die Wiedervereinigung mit dem Deutschen Reich" für den 10. April festgelegt. Durch ein analoges Gesetz in Deutschland wurde die Beseitigung der Souveränität des österreichischen Staates mit gleichem Tag deutsches Reichsgesetz.

Die reichsdeutsche nationalsozialistische Führung hatte damit jenes Ziel erreicht, das sie mit unterschiedlicher Intensität und in unterschiedlicher Weise seit ihrer Machtübernahme im Jahr 1933 verfolgt hatte: die Beseitigung der Eigenständigkeit Österreichs.

II. Konturen des austrofaschistischen Herrschaftssystems: Selbstverständnis – Verfassungsordnung – Akteure

1 Ideologische Dimension und Gestaltungsansprüche

Der Austrofaschismus verfügte ebenso wenig wie der italienische Faschismus über ein detailliertes Programm oder eine in sich schlüssige Ideologie. Ungeachtet dessen lassen sich zentrale Elemente einer Weltanschauung erkennen. Auffallend dabei ist, wie sehr sich darin Traditionen aus der Zeit vor 1933 spiegeln. Der Austrofaschismus hat diese radikalisiert.

In seiner programmatischen Trabrennplatzrede vom September 1933 formulierte Dollfuß einige Eckpunkte des politischen Selbstverständnisses, an denen sich der Umbau des politischen Systems orientieren sollte. Einen zentralen Stellenwert hat dabei die Ablehnung von Parlament und Parteienstaat: „Dieses Parlament, eine solche Volksvertretung, eine solche Führung unseres Volkes wird und darf nie wieder kommen. (...) Die Zeit der Parteienherrschaft ist vorbei."[19]

Ein Kernelement faschistischer Ideologie, das auch den Austrofaschismus kennzeichnete, bestand in der Zurückweisung marxistischer Vorstellungen der Existenz grundsätzlicher gesellschaftlicher Interessengegensätze zwischen Arbeit und Kapital und des Klassenkampfs als deren Folge. Demgegenüber propagierte der Kanzler die ständische Organisierung der gesellschaftlichen Gruppen. In der Zusammenfassung von Arbeit und Kapital, von Bauer und Knecht in gemeinsamen Standesorganisationen sah er die Lösung zur Überwindung dieser Gegensätze. Anders als später oft behauptet war Dollfuß keineswegs Vertreter eines ausschließlich österreichischen Nationengedankens. Er griff eine im bürgerlichen Milieu weit verbreitete Tradition auf, indem er Österreich zu einem Teil der deutschen Nation erklärte: „Wir sind so deutsch, so selbstverständlich deutsch, dass es uns überflüssig vorkommt, dies eigens zu betonen."

Neben der ständischen Grundlage bildete für ihn das Prinzip autoritärer Führung einen wesentlichen Bestandteil der angepeilten politischen Neuordnung. Diese fundiere laut Dollfuß auf einer geänderten Legitimationsbasis: Der beschrittene Weg sei „von oben als Pflicht vorgeschrieben".

Mit dem „Dollfuß-Programm" war ein grober inhaltlicher Rahmen für die politischen und gesellschaftlichen Gestaltungsansprüche des Austrofaschismus abgesteckt. Deren Konkretisierung war der folgenden Entwicklung vorbehalten.

Als bestimmendes Element für den staatlichen Aufbau und das politische Entscheidungssystem wurde das Führer- und Autoritätsprinzip propagiert. Demnach bestünde das Wesen des autoritären Staates in der Einheit und Geschlossenheit hinter dem Führer. Dies allein eröffne die Möglichkeit, dass der Staat zum Wohle aller aktiv werde. Das Führerprinzip sollte für alle Sphären des gesellschaftlichen, insbesondere des politischen und wirtschaftlichen Lebens gelten, in Unternehmen ebenso wie in der Vaterländischen Front. Der Bruch mit dem demokratischen Rechtsstaat ist an der Präambel der Verfassung von 1934 ersichtlich: „Im Namen Gottes, des Allmächtigen, von dem alles Recht ausgeht, erhält das österreichische Volk für seinen christlichen, deutschen Bundesstaat auf ständischer Grundlage diese Verfassung." Wobei „christlich" formal zwar auch andere christliche Konfessionen einschloss, sich in der Realität aber in erster Linie auf das „katholische Christsein" bezog.

Antidemokratische, antiparlamentarische, antiliberale und antimarxistische Anschauungen, die im bürgerlichen Milieu Österreichs in den 1920er Jahren ebenso weit verbreitet waren wie in den faschistischen Nachbarstaaten, bildeten einen festen Bestandteil des austrofaschistischen Selbstverständnisses.

Gleiches gilt für ständisches oder korporatistisches Gedankengut. Wie auch im deutschen und italienischen Faschismus bildete die Überwindung des Gegensatzes von Kapital und Arbeit einen der wichtigsten Ansprüche des Austrofaschismus. Das „Ende des Klassenkampfs" war ein zentrales ideologisches Markenzeichen, das über die Schaffung von Ständen erreicht werden sollte. Die austrofaschistische Regierung berief sich dabei, vor allem auch aus Gründen der Legitimation ihres Staatsstreiches, wiederholt auf die päpstliche Enzyklika „Quadragesimo Anno" (1931). Der angepeilte ständische Aufbau wich allerdings von deren Vorstellungen ab. Während die Enzyklika die Berufsstände als „von unten" aufgebaut verstand, sollte im Austrofaschismus der berufsständische Umbau mit der Neuordnung der Beziehungen zwischen Arbeitgebern und Arbeitnehmern „von oben" erfolgen: dem Staat wurde dabei die zentrale Rolle eingeräumt.

Um Legitimation ging es auch bei der Selbstbezeichnung als „sozialer Staat" und im Rückgriff auf „glorreiche Zeiten" in der Geschichte Österreichs. Die Regierung bemühte ihr soziales Profil insbesondere gegenüber der meist regimekritischen Arbeiterschaft. Die Verklärung von Ereignissen wie der Türkenbefreiung und die Einbettung des Regimes in die „ruhmreiche" österreichische Geschichte zeugen nicht zuletzt von einem großen Rechtfertigungsbedarf des Austrofaschismus.

Die Übernahme der Vorstellung von der gesamtdeutschen Identität Österreichs schlug sich in der wiederholten Betonung nieder, Österreich sei ein deutscher Staat, der eine Mission für das Deutschtum im Donauraum zu erfüllen habe. Österreichs Bestimmung sei es, im Interesse des gesamten Deutschtums als Mittler zwischen Ost und West zu fungieren. Österreich verkörpere das wahre Deutschtum, es habe den Kampf gegen den Nationalsozialismus zu führen, ohne gesamtdeutsche Interessen zu verletzen. Diese Vorstellungen knüpften an die Ideologie eines gesamtdeutschen Reiches an. Ohne das katholische Österreich sei die Erfüllung der Sendung des deutschen Volkes im christlichen Abendland, die Wiedergeburt des wahren Heiligen Reichs, nicht möglich.

Die Bedeutung der Katholischen Kirche für den Austrofaschismus betraf auch dessen ideologische Dimension. Die im katholischen Diskurs verbreiteten Haltungen zu Familie, Weiblichkeit und Geschlechterdifferenzierung bildeten die Basis für diesbezügliche Sichtweisen im Austrofaschismus: „gottgegebene", klar abgegrenzte Geschlechterrollen, Überordnung des Mannes über Frau und Kinder, die Frau als Dienerin und Mutter. Aufgenommen in den austrofaschistischen Diskurs hieß dies: Ungleichstellung von Mann und Frau, Zurückdrängung der Frau aus dem öffentlichen Leben und aus politischen Funktionen, ihre Reduktion auf die „natürliche" Berufssphäre als Gattin und Mutter, auf die Erfüllung ihrer mütterlichen und häuslichen Pflichten. Zur Abwehr des Unterganges des Vaterlandes wurde die Rückkehr zur christlichen Familie als notwendig erachtet.

Bereiche wie Medien, Theater und Film sollten im Sinne des Regimes gleichgeschaltet werden und in die Umgestaltung der Erziehung vor allem auch Aspekte wie die Militarisierung der männlichen Jugend Eingang finden.

Die in Österreich ausgeprägte Tradition des Antisemitismus fand nach 1933 ihre Fortführung. Repräsentanten des Austrofaschismus vermieden in der Öffentlichkeit weitgehend direkte antisemitische Angriffe. Ungeachtet der Distanzierung vom nationalsozialistischen Rassenantisemitismus waren die Übergänge zwischen religiösem und rassistischem Antisemitismus fließend. Organisationen wie das Österreichische Jungvolk, die Heimwehren und weite Teile des christlich-sozialen Gefolges waren deklariert antisemitisch. Die Tradition kirchlicher Judenfeindschaft trug ebenso wie die Stellungnahmen einzelner Bischöfe und die Position der christlichen Arbeiterbewegung zur Verbreitung judenfeindlichen Gedankenguts bei. Umgekehrt bedeutete dies auch einen Beitrag zur Rechtfertigung antisemitischer Verhaltensweisen.

Insgesamt betrachtet beinhaltet die ideologische Dimension des Austrofaschismus einen Mix aus katholischem Dominanzstreben, Sicherung der herrschenden Besitzverhältnisse und der Zuspitzung von Inhalten, die schon lange im Zentrum bürgerlicher Vorstellungswelten bestanden. Die Gestaltungsansprüche bezogen sich auf den politischen Stil und die Struktur des neu etablierten Herrschaftssystems ebenso wie auf die Gestaltung von Politik und Gesellschaft im Sinne der Interessen seiner Trägergruppen.

2 Die neue Verfassung: Norm und Realität

Übereinstimmung bei den entscheidungsrelevanten Akteuren bestand seit Ende März 1933 darüber, dass der politische Veränderungsprozess vor allem auch die Verfassung tangieren sollte. Die Arbeiten an der neuen Verfassung wurden nach der Ausschaltung der Sozialdemokratie im Februar 1934 beschleunigt und fanden wenig später ihren Abschluss. Nach der Genehmigung des Verfassungstextes durch den Ministerrat am 24. April 1934 bestand die Rolle des Parlaments bloß in der Legitimation des Regierungsbeschlusses. In der Sitzung vom 30. April 1934 wurde unter Ausschluss der sozialdemokratischen Mandatare die unterbrochene Nationalratssitzung vom 4. März 1933 fortgesetzt. Kraft ihrer nunmehrigen Verfassungsmehrheit beschlossen die regierungsloyalen Abgeordneten ein Bundesverfassungsgesetz mit einschneidenden Änderungen für das politische System des Landes:

- Beseitigt wurde zunächst die Bestimmung des Bundesverfassungsgesetzes 1929, das für einschneidende verfassungsgesetzliche Änderungen eine Volksabstimmung zwingend vorgesehen hatte.
- Das „Rumpfparlament" bekräftigte den rechtlichen Bestand des am 24. April 1934 genehmigten Verfassungstextes als Bundesverfassungsgesetz und ermächtigte die Regierung zu deren Verlautbarung am 1. Mai 1934.
- Der Nationalrat schuf sich selbst und den Bundesrat im letzten großen Formalakt des Tages ab. Die bisherigen Befugnisse des Parlaments wurden – einschließlich der Verfassungsgesetzgebung – an die Bundesregierung übertragen. Damit war die traditionelle Gewaltenteilung aufgehoben, die Legislative vollständig von der Exekutive übernommen (sog. Ermächtigungsgesetz) und der Bruch mit der Verfassung von 1929 endgültig besiegelt.

Gegliedert in dreizehn Hauptstücke steckte die neue Verfassung in sehr allgemeiner Weise den Rahmen der neuen politischen Struktur ab. Wie aus der Präambel ersichtlich, war die Verfassung an den Grundsätzen christlich, deutsch, föderalistisch und ständisch orientiert. Die grundlegende Änderung der bisherigen demokratischen Legitimationsgrundlage brachte die

Präambel der neuen Verfassung deutlich zum Ausdruck: Hatte es im ersten Artikel der bisherigen Verfassung geheißen: „Österreich ist eine demokratische Republik. Ihr Recht geht vom Volk aus". So war stattdessen nunmehr zu lesen: „Im Namen Gottes, des Allmächtigen, von dem alles Recht ausgeht, erhält das österreichische Volk (...) diese Verfassung". Die Bevölkerung war nun auch rein formal als Machtfaktor ausgeschaltet. Volksabstimmungen sollte es fortan nur noch geben, wenn der Bundestag, der als beschließendes Organ fungierte, Gesetzesvorhaben, die von der Regierung eingebracht wurden, ablehnte. Wahlen waren nur in wenigen Fällen vorgesehen. So sollte etwa der Bundespräsident von allen österreichischen Bürgermeistern gewählt werden. Die Stimme des Wiener Bürgermeisters hätte dabei das gleiche Gewicht wie die eines Bürgermeisters einer kleinen Gemeinde gehabt. Wahlen hätte es auch für die Bürgermeister, die Landeshauptleute und in den Interessenorganisationen geben sollen. All diese verfassungsgesetzlichen Bestimmungen blieben graue Theorie. Weder wurden diese für das Amt des Bundespräsidenten abgehalten, noch fanden sie in den Interessenorganisationen statt. Eine Ausnahme bildeten die Wahlen im Berufsstand Land- und Forstwirtschaft, wo mit einer entsprechend hohen Zustimmung zu den Wahlvorschlägen zu rechnen war. Auch eine Volksabstimmung hat es nie gegeben.

Die politische Herrschaft beruhte im Austrofaschismus nicht auf demokratischer Legitimation, sondern auf autoritären, hierarchisch bestimmten Entscheidungen. Der „stark autoritäre Zug der Verfassung"[20] wird an der darin festgelegten Führungsposition und Rolle des Bundeskanzlers ebenso ersichtlich wie an der Stellung der Regierung in politischen Entscheidungsprozessen.

Der politische Pluralismus war nicht nur dadurch weitgehend ausgeschaltet, dass es keine Wahlen in die Gesetzgebung gab. Am gleichen Tag wie die Verfassung (1. Mai 1934) wurde in einem eigenen Gesetz die politische Monopolorganisation des Austrofaschismus, die Vaterländische Front, verankert.

Der politische Rahmen des neuen Herrschaftssystems wird im Folgenden an zwei Aspekten der Verfassung 1934 näher aufgezeigt: an der Gesetzgebung und an der „berufsständischen Grundlage".

2.1 Gesetzgebung

Für die Gesetzgebung auf Bundesebene unterschied die Verfassung zwischen vorberatenden und beschließenden gesetzgebenden Organen. Lediglich vorberatend tätig werden sollten der Staatsrat, der Länderrat, der Bundeskulturrat und der Bundeswirtschaftsrat. Die Berufung der Mitglieder des Bundeskultur-, des Bundeswirtschafts- und des Staatsrates erfolgte auf Vorschlag des Bundeskanzlers per Ernennung durch den Bundespräsidenten. Der Führer der VF musste bei Mitgliedern der VF der Berufung zustimmen. Die Aufgabe der vorberatenden Organe war es, je nach Sachverhalt Gutachten über die von der Regierung eingebrachten Vorlagen abzugeben. Die Interessenorganisationen waren an der Gesetzgebung durch Vertreter im Bundeswirtschaftsrat, eingeschränkt auch im Bundestag beteiligt.

An der Beschlussfassung sollten unmittelbar der Bundestag und die Bundesversammlung beteiligt sein. Die Beschlussfassung über Gesetze erfolgte im Bundestag. Dieser setzte sich aus einem Teil der Vertreter der vorberatenden Organe zusammen. Die Bundesversammlung, die aus den Mandataren der vier vorberatenden Organe bestand, hatte die Kompetenz, einen Dreiervorschlag für die Wahl des Bundespräsidenten zu erstatten, dessen Eid entgegenzunehmen und über eine Kriegserklärung abzustimmen. Keine dieser Kompetenzen kam bis zum „Anschluss" 1938 zur Anwendung.

Zentral für die Gesetzgebung im Austrofaschismus laut Verfassung war, dass dafür ausschließlich Initiativanträge der Regierung den Ausgangspunkt bildeten. Diese entschied auch selbständig darüber, ob sie Gutachten der vorberatenden Organe zu berücksichtigen wünschte oder nicht. Soweit die verfassungsrechtlichen Bestimmungen. Wie stand es um die Realität des Gesetzgebungsprozesses?

Obwohl sie in den jeweiligen Gremien praktisch keine Opposition zu befürchten hatte, verzichtete die austrofaschistische Regierung vielfach sogar auf ihre verfassungsmäßige Scheinlegitimation. Sie bediente sich stattdessen eines Mittels, das ihr durch die Fortschreibung des Ermächtigungsgesetzes vom 30. April 1934 weiterhin zur Verfügung stand: Sie verabschiedete Gesetze ohne Einschaltung der durch die Verfassung vorgesehenen Organe. Obwohl schließlich selbst aus den Organen Kritik an dieser Vorgangsweise laut wurde, kam der überwiegende Teil der Gesetze so zustande. Die Willensbildung innerhalb des Ministerrates erfolgte vielfach in Ministerkomitees. Doch selbst der Ministerrat büßte hinsichtlich Willensbildung und Entscheidungsfindung an Bedeutung ein. Weitreichende personelle Änderungen wie auch wesentliche politische Vorgänge wurden den Ministern ab dem Juliabkommen 1936 nicht mehr vorgelegt. Die vorberatenden Organe wurden immer mehr auf ihre speziellen Zuständigkeiten beschränkt: Der Bundeskulturrat gab seine Gutachten zu kulturellen, der Bundeswirtschaftsrat zu wirtschaftlichen Angelegenheiten ab. Der Länderrat befasste sich in seinen Gutachten mit Länderthemen.

Die Sitzungen der vorberatenden Organe waren nicht öffentlich und die Debatten vertraulich. Ihre Gutachten wurden erst berücksichtigt, als bereits andere Organisationen wie die Handelskammern oder die neu errichteten Bünde (z.B. Gewerbebund) interveniert hatten. Die Beschlussfassung im Bundesrat erfolgte grundsätzlich ohne vorhergehende Debatte. Dieses Gremium lehnte kein einziges Gesetz ab. Die Möglichkeit der Regierung, eine Volksabstimmung durchzuführen, blieb daher eine rein theoretische. Der Bundestag war ein Zustimmungsinstrument, die vorberatenden Organe konnten in der Realität kaum Einfluss geltend machen.

Auf Länderebene brachte der Landeshauptmann die Gesetzesvorlage in den Landtag ein. Dieser beriet diese und sandte sie mit etwaigen Anmerkungen zurück. Über den neuerlich eingebrachten Entwurf fasste der Landtag den Beschluss der Ablehnung oder Annahme. Auch dieses begrenzte Maß an Mitbestimmung war wenig relevant, denn zum Wirksamwerden des jeweiligen Landesgesetzes bedurfte es der Zustimmung des Bundeskanzlers.

Dass das Autoritätsprinzip ebenso auf Landes- und Gemeindeebene dominierte, zeigt sich auch am Beispiel Wiens. Die Hauptstadt hatte laut Verfassung eine Sonderstellung als bundesunmittelbare Stadt. Vorgesehen war, dass der Bürgermeister aufgrund eines Dreiervorschlags der Wiener Bürgerschaft vom Bundespräsidenten ernannt werden sollte. Auch hier war die Gegenzeichnung des Bundeskanzlers verpflichtend vorgesehen. Das Führerprinzip kam voll zur Geltung: Der Bürgermeister berief die Mitglieder der Bürgerschaft, d.h. des austrofaschistischen Nachfolgers des ehemaligen Wiener Gemeinderates. Er hatte auch die Befugnis, die gesamte Bürgerschaft jederzeit aufzulösen. Der Bürgermeister besaß das alleinige Recht der Gesetzesinitiative, er stand der Verwaltung vor, bestimmte die Personalpolitik und vertrat die Stadt nach außen. Von der Bürgerschaft beschlossene Gesetze bedurften seiner nochmaligen Zustimmung und – einmal mehr – jener des Bundeskanzlers. Die verfassungsmäßig vorgesehene Mitwirkung der Bürgerschaft an der Bestellung des Bürgermeisters kam nicht zustande. Der Bürgermeister wurde realiter vom Bundeskanzler bestimmt

2.2 „Berufsständische Grundlage"

2.2.1 Rahmenkonzeption mit vagen Konturen

In der austrofaschistischen Selbstdarstellung nahmen die Begriffe „ständische Grundlage" und „Ständestaat" breiten Raum ein. Ungeachtet dessen finden sich in der Verfassung von 1934 nur wenige einschlägige Bestimmungen. Die Präambel der Verfassung 1934 spricht von einem „Bundesstaat auf ständischer Grundlage", Artikel 2 von einem ständisch geordneten Bundesstaat. Als ständische Institutionen wurden die Berufsstände genannt, deren Aufgabe die Selbstverwaltung ihrer berufseigenen Angelegenheiten sein sollte. Sie standen analog dem grundlegenden autoritären Prinzip unter Aufsicht des Staates.

Eine ausschließlich berufsständische Zusammensetzung war laut Verfassung für den Bundeswirtschaftsrat vorgesehen. Nur teilweise traf dies auf den Bundestag (mit Vertretern des Bundeswirtschaftsrates) sowie den Landtag (mit Vertretern der Berufsstände des Landes) und den Gemeindetag (mit Vertretern der Berufsstände in der Gemeinde) zu.

Als Berufsständische Hauptgruppen, aus denen Vertreter in den Bundeswirtschaftsrat zu entsenden waren, wurden in der Verfassung angeführt: Land- und Forstwirtschaft, Industrie und Bergbau, Gewerbe, Handel und Verkehr, Geld-, Kredit- und Versicherungswesen, freie Berufe und öffentlicher Dienst.

Die vielpropagierte berufsständische Grundlage sollte durch Ausführungsgesetze konkretisiert werden, die dann allerdings weitgehend ausblieben. Das Verfassungsübergangsgesetz vom 19. Juni 1934 enthielt Übergangsbestimmungen für die Bestellung von Mandataren der vorberatenden Organe der Gesetzgebung, so auch für den Bundeswirtschaftsrat: ihre Berufung erfolgte durch den Bundespräsidenten auf Vorschlag des Bundeskanzlers, der dafür Stellungnahmen der beruflichen Organisationen einholte. Die eigentliche Entscheidungsbefugnis lag also auch hier beim Kanzler.

Auf welchen Vorstellungen basierten nun diese verfassungsrechtlichen Ansätze eines ständischen Aufbaues? Im Kern zielten diese, wie bereits angeführt, darauf ab, Arbeitnehmer und Arbeitgeber in einer Organisation zusammenzufassen und damit den Klassenkampf, konkret den Interessengegensatz zwischen Unternehmern und Beschäftigten, auszuschalten. Sozialminister Neustädter-Stürmer, der mit der Umsetzung betraut war, skizzierte diesbezüglich einen Drei-Etappen-Plan: Als erstes sollten die Arbeitnehmer in einem einheitlichen Gewerkschaftsbund organisiert werden; für die zweite Etappe war die einheitliche Organisierung der Arbeitgeber der verschiedenen Wirtschaftszweige in mehreren Bünden vorgesehen; die dritte Etappe sollte den Endpunkt des ständischen Aufbaues bilden, nämlich die Vereinigung von Arbeitgebern und Arbeitnehmern in den jeweiligen Berufsständen.

Die Repräsentanten des Austrofaschismus beriefen sich in ihrem Eintreten für eine berufsständische Ordnung wiederholt auf die päpstliche Enzyklika „Quadragesimo Anno" aus 1931. Der gemeinsame Nenner mit dieser bestand im Plädoyer für eine Überwindung der gesellschaftlichen Gegensätze zwischen Lohnarbeit und Kapital. Wie diese Gegensätze aber praktisch überwunden werden sollten, darüber gab es abweichende Vorstellungen. Die Enzyklika[21] konzipierte die Gesellschaft auf der Grundlage des Subsidiaritätsprinzips: Was der einzelne oder die kleinere Gemeinschaft aus eigener Kraft leisten könne, dürfe der Staat nicht an sich ziehen. Überforderte eine Aufgabenstellung die unterste, kleinste Einheit, so wandert die Zuständigkeit auf die nächsthöhere Ebene. Erst am Schluss komme der Staat ins Spiel. Dem Subsidiaritätsprinzip der Enzyklika stand das autoritär-hierarchische Prinzip des Austrofaschismus diametral entgegen. Gleiches gilt für die Vorstellungen die Berufsstände betreffend. In der Sicht der Enzyklika erfolgt die Bildung der Stände durch die Angehörigen des gleichen Berufes in Form freiwilliger Vereinigungen. Die Zusammenfassung von Arbeit und Kapital in „Ständen" („wohlgefügte Glieder des Gesellschaftsorganismus") ist als unerlässliche Voraussetzung für die Überwindung der Klassengegensätze gedacht. Der Staat ist auf die notwendige und ausreichende Hilfestellung und Förderung beschränkt. Im Unterschied dazu spielte im Austrofaschismus der Staat nicht nur in der Konzeption, sondern auch realiter bei der Neuregelung der Interessenorganisierung und bei der Etablierung der Berufsstände die zentrale Rolle. Die Enzyklika hatte am italienischen Korporativstaat kritisiert, dass sich der Staat an die Stelle der freien Selbstbetätigung setzte.[22] Angesichts des äußerst engen Naheverhältnisses zwischen der Katholischen Kirche und der österreichischen Regierung unterblieb eine derartige Kritik am ständischen Aufbau im Austrofaschismus, der unübersehbar der Konzeption der Enzyklika widersprach.

Die erste der von Neustädter-Stürmer skizzierten Etappen, die im Zusammenhang mit der Ausschaltung der Sozialdemokratie und der Freien Gewerkschaften im Februar 1934 stand, wurde schon bald realisiert. Ohne jegliche Beteiligung von Gewerkschaftern erfolgte am 2. März 1934 durch autoritären Entscheid der Regierung die Errichtung des (Einheits-)Gewerkschaftsbundes. Dieser ersetzte die bisher frei gebildeten Richtungsgewerkschaften.

Der Aufgabenbereich dieses Gewerkschaftsbundes bestand ausschließlich in der Vertretung der arbeitsrechtlichen, wirtschaftlichen und sozialen Interessen der Arbeiter und Angestellten. Konkret zählte dazu neben dem Abschluss von Tarifverträgen u.a. die Erstattung von Berichten, Gutachten und Vorschlägen an zuständige Behörden und die Verwaltung sozialer Einrichtungen für Gewerkschaftsmitglieder. Er hatte kein politisches Mandat und war zudem staatlicher Aufsicht unterstellt. Aus der anfangs provisorischen Berufung von Spitzenfunktionären durch den Sozialminister wurde ein Dauerzustand. Die Mitgliedschaft war teils freiwillig, teils obligatorisch. Keine gewerkschaftliche Vertretung gab es in der Land- und Forstwirtschaft, im öffentlichen Dienst und bei den österreichischen Bundesbahnen.

Die zweite Etappe der ständischen Organisierung bestand in der Errichtung von vier Unternehmerbünden in den Jahren 1934 und 1935: der Bund der österreichischen Industriellen, der Bund der Gewerbetreibenden, der Bund der Geld-, Kredit- und Versicherungsunternehmen sowie der Handels- und Verkehrsbund. Die Vielfältigkeit, teils auch Gegensätzlichkeit der Interessen und die organisatorische Zersplitterung der Freien Berufe verhinderten eine auf diese Berufsgruppe bezogene gesetzliche Regelung.

Der Bund der österreichischen Industriellen bekam alle wesentlichen Kompetenzen übertragen, die bislang den Kammern für Gewerbe, Handel und Industrie zustanden, so insbesondere den Abschluss von Kollektivverträgen. Das staatliche Aufsichts- und Kontrollrecht durch den jeweils zuständigen Minister galt auch für alle Unternehmerbünde. Ausdruck der autoritären Steuerung der Interessenvertretungen ist, dass der Minister sämtliche Beschlüsse des jeweiligen Bundes aufheben und die Spitzenfunktionäre ernennen konnte. Damit war die Besetzung der wichtigsten Funktionen mit regierungsloyalen Vertretern gesichert. Nach dem bekannten Verfassungsjuristen Merkl räumte die Verfassung „dem Staat die Vorherrschaft über die Vertreter der kulturellen und wirtschaftlichen Interessen ein"[23].

Während also die eigenständige Neuorganisierung der Interessen der Arbeitnehmer und Arbeitgeber zumindest weitgehend realisiert wurde, unterblieb der entscheidende nächste Schritt und krönende Abschluss des berufsständischen Aufbaues weitgehend, nämlich ihre Zusammenfassung in Berufsständen. Die dritte Etappe kam über Ansätze nicht hinaus. Einen Ansatz in diese Richtung stellte der Bundeswirtschaftsrat dar. Dieser setzte sich je zur Hälfte aus über 80 Vertretern selbstständig und unselbständig Erwerbstätiger zusammen. Die sieben wirtschaftlichen Hauptgruppen waren dabei unterschiedlich stark repräsentiert. Ein Viertel der Mitglieder des Bundeswirtschaftsrates war wiederum im beschließenden Organ der Gesetzgebung, dem Bundestag, vertreten.

Der Zusammenarbeit der neu geschaffenen Interessenorganisationen sollten auch die paritätisch besetzten berufsständischen Ausschüsse dienen. Zunehmende Konflikte zwischen Gewerkschaftsbund und Unternehmerbünden wegen der Nichteinhaltung und Verweigerung von Kollektivverträgen bildeten den Hintergrund für deren Einführung. Zu ihren Aufgaben zählte neben der Förderung des Abschlusses und der Überwachung der Einhaltung von Kollektivverträgen die Schlichtung von Kollektivvertragsstreitigkeiten.

Trotz aller Bemühungen, die Konflikte durch Etablierung von Kooperationsinstrumenten zu befrieden, ist die Vollendung des berufsständischen Aufbaues schlicht misslungen: Von den in der Verfassung genannten sieben Berufsständen wurden in den Jahren 1934 und 1935 lediglich zwei eingerichtet: der Berufsstand der öffentlich Bediensteten und der Berufsstand für Land- und Forstwirtschaft. Beide entsprachen dem angestrebten Ziel, die gesellschaftlichen Gegensätze zu überwinden, nur in äußerst eingeschränkter Weise. Der Berufsstand Öffentlicher Dienst erfasste nur Arbeitnehmer, nicht jedoch auch die Arbeitgeberseite dieses Wirtschaftsbereiches. Er war daher kein Berufsstand im eigentlichen Sinne. Seine Funktionäre wurden durch den Bundeskanzler ernannt. Auch hier fanden die gesetzlich vorgesehenen Wahlen nicht statt.

Der Berufsstand Land- und Forstwirtschaft stellte einen Sonderfall in zweifacher Hinsicht dar: Die Landarbeiter waren bisher schon in einige Landwirtschaftskammern und ihre Vertreter in die Landesbauernbünde integriert gewesen. Für die Vertretung der beiden sozialen Gruppen im neu gegründeten Berufsstand war keine Parität, sondern ein Verhältnis von 3:1 zugunsten der Bauern vorgesehen.

Die zweite Besonderheit dieses Berufsstandes bestand darin, dass dies die einzige Standesvertretung war, in der die gesetzlich vorgesehenen Wahlen auch tatsächlich durchgeführt wurden. Die festgelegten Voraussetzungen für die Teilnahme an den 1936 abgehaltenen Wahlen sollten allerdings gewährleisten, dass die Wahlentscheidung im „vaterländischen Sinne" wahrgenommen wurde. Mit Erfolg: Die offiziellen Listen wurden durch den bisherigen Ortsbauernrat aufgestellt. Bei einer Beteiligung von 84% der Wahlberechtigen in Vorarlberg und 81% im Bundesdurchschnitt hielten sich die Wähler durchwegs an die offiziellen Wahlvorschläge.

2.2.2 AUSTROFASCHISMUS – EIN STÄNDESTAAT?

Trotz anderslautender Ankündigungen kam der berufsständische Aufbau über das Vorbereitungsstadium getrennter Interessenorganisationen nicht hinaus. Priorität vor der Realisierung der dritten und damit entscheidenden Etappe dieses Aufbaues räumte die Regierung der Stabilisierung des Herrschaftssystems ein.

Die verfassungsrechtlichen Bestimmungen, mehr noch die Realität des Austrofaschismus, zeichneten ein ganz anderes Bild als das eines Ständestaates: Nicht bloß, dass die intendierte berufsständische Ordnung zu keinem Abschluss kam; schon die zur Vorbereitung etablierten Interessenorganisationen (Bünde) unterlagen so beträchtlichen staatlichen autoritären Eingriffen und Einschränkungen, dass sie niemals im Stande waren, die ihnen ideologisch zugedachte Rolle auch wirklich zu spielen. Was sie von den Interessenorganisationen, die vor 1933 bestanden, unterschied, war ihre stark ausgeprägte Unterordnung, ihre Abhängigkeit von und Loyalität gegenüber der Regierung. Oppositionelle Positionen nahmen sie dagegen nur in äußerst beschränktem Ausmaß ein. Es war dabei keineswegs so, dass sich mit den veränderten Bedingungen sämtliche Konflikte erübrigt hätten. Ihre Austragung war nun allerdings beträchtlich eingeschränkt. Die Unternehmerschaft konnte dies zur Durchsetzung ihrer partikularen Interessen ungleich besser nützen als der Gewerkschaftsbund. Die Proteste gegen oftmalige Übertretungen sozialpolitischer Normen in den Unternehmungen zeitigten nur geringe Erfolge. Das Scheitern der mit viel Aufwand propagierten berufsständischen Ordnung war bereits in der verfassungsmäßig verankerten „Verstaatlichung gesellschaftlicher Interessen" angelegt. Die Praxis austrofaschistischer Herrschaft mit ihrer deutlichen Schieflage zu Lasten der Arbeiterschaft tat dazu noch ein weiteres. Die besondere Machtstellung, die die Verfassung dem Staat, konkret der Regierung einräumte, macht deutlich, dass die Konkretisierung des berufsständischen Aufbaus in Österreich den Vorstellungen der Enzyklika „Quadragesimo Anno" nicht entsprach. Die Berufung auf diese Enzyklika diente der Rechtfertigung für die tiefreichenden autoritären Eingriffe in die Beziehungen von Arbeit und Kapital, die eindeutig zu Gunsten der Unternehmerschaft gingen.

3 Träger und Akteure

3.1 Bundespräsident

Die Verfassung 1934 erweiterte die bereits in der Verfassungsnovelle von 1929 enthaltenen Rechte des Bundespräsidenten. Konkret wurde das Notrecht ausgeweitet, dem Bundespräsidenten ein Mitspracherecht bei der Bestellung von Staatsorganen eingeräumt und sein Amt mit umfassenden Amnestierungsrechten ausgestattet. Seine Amtszeit wurde von sechs auf sieben Jahre verlängert und ein neuer Bestellungsmodus eingeführt: Die Bundesversammlung, die aus den Mitgliedern der vier vorberatenden Organe der Bundesgesetzgebung bestand, sollte einen Dreiervorschlag erstatten, aus dem dann die Bürgermeister aller Ortsgemeinden einen der Vorgeschlagenen zu wählen hatten. Laut Verfassungsübergangsgesetz vom Juni 1934 verlängerte sich die Amtsdauer des im Amt befindlichen Bundespräsidenten bis zum Zeitpunkt einer derart durchgeführten Wahl. Da die Wahl der Bürgermeister nicht stattfand, dauerte dieses Provisorium bis zum Rücktritt von Bundespräsident Miklas im März 1938.

Trotz Aufwertung seiner Stellung hatte der Bundespräsident in der politischen Realität nur eine schwache Position: er nahm weder auf die Bestellung der Staatsorgane noch auf die Gesetzgebung Einfluss. Er war in das politische Tagesgeschäft kaum eingebunden, den Inhalt von Gesetzen erfuhr er erst im Augenblick der Beurkundung, die er vorzunehmen hatte.

Für die Regierung war der Bundespräsident allerdings als Legitimationsfaktor wichtig: Miklas nahm Dollfuß' Rücktrittsangebot im März 1933 nicht an, sprach der Regierung wiederholt das Vertrauen aus (auch angesichts des brutalen Vorgehens der Regierung im Februar 1934) und billigte deren offenen Verfassungsbruch. Zumindest im letzteren Fall hatte Miklas zwar beträchtliche Skrupel, ließ es aber dennoch nicht auf einen Konflikt mit der austrofaschistischen Regierung ankommen und blieb bis zum März 1938 im Amt.

3.2 Bundeskanzler und Bundesregierung

Die Verfassung 1934 bildete die Grundlage für eine autoritäre Herrschaftsform. Sie stattete den Bundeskanzler und die Regierung mit weitreichenden Befugnissen aus und sicherte dem Bundeskanzler die Vormachtstellung. Ihm kam die Führung in der Regierung zu und er bestimmte die Richtlinien der Politik. Gesetzesbeschlüsse der Landtage waren an seine Zustimmung gebunden. Das autoritäre Prinzip fand außerdem Niederschlag in den weitreichenden Ernennungs-, Bestätigungs- und Abberufungsrechten des Kanzlers. Das Verfassungsübergangsgesetz vom Juni 1934 stärkte die Stellung des Bundeskanzlers noch weiter. Demnach erfolgte die Berufung der Mitglieder der Organe der Bundesgesetzgebung (Bundeskulturrat, Bundeswirtschaftsrat, Staatsrat) nur auf seinen Vorschlag hin durch den Bundespräsidenten. Die Mitglieder dieser Organe hatten keine Immunität, sie konnten auf Vorschlag des Bundeskanzlers durch den Bundespräsidenten jederzeit abberufen werden – mit Gegenzeichnung durch den Bundeskanzler. Dessen verfassungsmäßig festgeschriebenes Vorschlagsrecht bei Ernennungen von Mandataren war in der Praxis die Letztentscheidung.

Die autoritäre Komponente zeigte sich auch an der Stellung der Regierung im Gesetzgebungsprozess. Durch das erwähnte Verfassungsübergangsgesetz wurde das Ermächtigungsgesetz vom 30. April 1934 verlängert. Ob dieser autoritäre Weg der Gesetzgebung angewendet wurde, lag im alleinigen Ermessen der Regierung. Sie hat diesen Weg im politischen Alltag häufig beschritten und damit viele, auch verfassungsrelevante Gesetze beschlossen. Das ist umso bemerkenswerter, als der Regierung laut Verfassung 1934 ohnehin das ausschließliche Initiativrecht zukam. Ein Notrecht auf gesetzesändernde Bestimmungen räumte die Verfassung ausschließlich der Bundesregierung und in Bezug auf Verfassungsmaterien dem Bundespräsidenten ein. Die Auflösung der Landtage konnte auf Antrag der Bundesregierung, die Abberufung der Mitglieder der Landesregierungen auf Vorschlag des Bundeskanzlers vom Bundespräsidenten vorgenommen werden. Die Festsetzung der Gesamtzahl der Mitglieder des Landtages bedurfte der Genehmigung durch den Bundeskanzler.

Die autoritäre Struktur des austrofaschistischen Herrschaftssystems wird auch an der Vereinigung von legislativer und exekutiver Gewalt in Händen der Regierung ersichtlich. Dieser hatte die Verfassung zudem weitreichende Eingriffsrechte in die Grund- und Freiheitsrechte eingeräumt.

Der Zentralisierung der politischen Macht bei Kanzler und Regierung entsprach eine Schwächung des Föderalismus. Die Ernennung der Landeshauptmänner durch den Bundespräsidenten bedurfte der Gegenzeichnung durch den Bundeskanzler. Auf Vorschlag des Kanzlers war eine Abberufung von Landeshauptleuten möglich. Landesgesetze benötigten die Zustimmung des Kanzlers, der über ein absolutes Vetorecht verfügte. In puncto Eigenständigkeit räumte die Verfassung der Landespolitik und Landesvollziehung nur einen sehr beschränkten Spielraum ein.

3.3 VATERLÄNDISCHE FRONT (VF)

3.3.1 ENTWICKLUNG

Die Vaterländische Front wurde im Mai 1933 errichtet. Anfangs fungierte sie im Wesentlichen als ein Sammelbecken antiparlamentarischer, antisozialistischer und antinationalsozialistischer Kräfte. Mit dem breiten organisatorischen Ausbau und ihren vielfältigen Aufgaben wurde sie in der Folgezeit zu einer wichtigen Stütze des Austrofaschismus. Nicht zuletzt verschaffte sie diesem mit ihren zahlreichen Mitgliedern eine beachtliche Massenbasis.

In einem eigenen Gesetz vom 1. Mai 1934 wurde der Vaterländischen Front die Stellung als politische Monopolorganisation eingeräumt. Sie war autoritär-hierarchisch strukturiert, an der Spitze stand der Bundesführer (ab 1937 Frontführer), der die uneingeschränkte Befehlsgewalt besaß und der in inhaltlicher und personeller Hinsicht die zentrale Rolle spielte. Bis zu seiner Ermordung im Juli 1934 hatte Dollfuß diese Rolle inne, dann folgte ihm der Heimwehrführer Starhemberg. Nach der Ausschaltung der Heimwehren 1936 übernahm Bundeskanzler Schuschnigg die Führerfunktion.

Bei der Errichtung einer politischen Monopolorganisation hatte der Austrofaschismus Anleihen sowohl beim italienischen Faschismus als auch beim Nationalsozialismus genommen. Die Vaterländische Front spielte eine geringere politische Rolle als die NSDAP, sie hatte allerdings eine große Ähnlichkeit mit der Faschistischen Partei Italiens.[24]

3.3.2 SELBSTVERSTÄNDNIS UND ORGANISATION

Die Vaterländische Front besaß kein eigenständiges Programm. Ihre ideologische Basis bildeten die von Dollfuß in der Trabrennplatzrede propagierten Grundsätze. Laut dem VF-Gesetz von 1934 bestand ihr Ziel in der politischen Zusammenfassung aller Staatsbürger, „die auf dem Boden eines selbständigen, christlichen, deutschen, berufsständisch gegliederten Bundesstaates Österreich stehen". Als politische Monopolorganisation beanspruchte sie einen totalitären Vertretungsanspruch.

An der Spitze der VF standen der Bundesführer bzw. dessen Stellvertreter als oberste Führung, die vom Bundesführerrat beraten werden sollten. Die Spitze der Administration bildeten der Generalsekretär und das Generalsekretariat, das nach Dienstgruppen und Abteilungen gegliedert war. Beim Generalsekretariat waren verschiedene Institutionen angesiedelt: Front-Werke wie das Mutterschutzwerk, selbständige Referate wie das Frauenreferat und berufsständische Organisationen wie der Österreichische Gewerbebund. Analog dem autoritären staatlichen Aufbau galt auch für die VF das strikte Führerprinzip.

Der territoriale Aufbau der Vaterländischen Front sah Landes-, Gau-, Bezirks- und Ortsleitungen vor. An der Spitze standen die neun Landesleitungen. Die Landesleiter wurden vom VF-Führer ernannt. Den Landesleitungen mit ihren verschiedenen Referaten unterstanden auch die Betriebsorganisationen (für den privatwirtschaftlichen Bereich) und die Dienststellenorganisationen (für den öffentlichen Bereich). Als unterste Organisationsebenen fungierten die Bezirks- und die Ortsleitungen.

Das weitverzweigte organisatorische Netzwerk der Vaterländischen Front wird daran ersichtlich, dass es neben der Bundesleitung und den Landesleitungen 31 Gauführungen, 267 Bezirksführungen und 4.740 Orts- und Hauptgruppen gab. Die meisten Funktionäre, Amtswalter genannt, waren ehrenamtlich tätig, ein erheblicher Teil davon war arbeitslos. An die Übernahme einer Funktion knüpften viele die (im Weiteren oft unerfüllte) Erwartung, einen Arbeitsplatz zu erhalten.

Gab es vorerst noch die Möglichkeit des korporativen Beitritts, so sah das VF-Gesetz vom 1. Mai 1934 die individuelle Mitgliedschaft vor. Diese sollte laut Gesetzestext grundsätzlich freiwillig sein. Dies galt beispielsweise nicht für den öffentlichen Dienst: hier gab es eine diesbezügliche Verpflichtung. Nichtmitgliedschaft bedeutete daher in der Praxis Berufsverbot im öffentlichen Dienst. Zu den Pflichten der Mitglieder zählten neben dem Bekenntnis zu den austrofaschistischen Grundsätzen (christlich, vaterländisch, autoritär und berufsständisch) das Tragen des Frontabzeichens und die Entrichtung des Mitgliedsbeitrages. Dieser Beitrag war je nach Einkom-

Erste Sitzung des Führerrates der Vaterländischen Front am 17.9.1936

menshöhe gestaffelt.[25] Die Beitragseinnahmen änderten daran nichts, dass die Finanzierungsprobleme ein Dauerkennzeichen der VF, insbesondere ihrer Teilorganisationen, waren.

Mit dem 1. November 1937 trat eine Mitgliederaufnahmesperre in Kraft. Die „Politik der offenen Tür" sollte damit beendet und die Trennung zwischen jenen, die sich zur neuen Staatsordnung durch die Mitgliedschaft offen bekannten, und jenen, die dazu nach einigen Jahren noch immer nicht gewillt waren, vollzogen werden. Realiter ging es dabei vor allem darum, das Einströmen von illegalen Nationalsozialisten in die Vaterländische Front zu unterbinden. Das Zugeständnis von Kanzler Schuschnigg im Berchtesgadener Abkommen vom Februar 1938, nationalsozialistisch Gesinnte zur VF zuzulassen, konterkarierte jedoch diese Bemühungen.

Die Zahl der Mitglieder der Vaterländischen Front stieg von 2,1 Millionen im April 1936 auf 3,3 Millionen im März 1938. Das bedeutet, dass ca. die Hälfte der österreichischen Bevölkerung Mitglied der VF war, wobei die Mitgliederanteile in den Bundesländern schwankten.

Neben dem zivilen Zweig existierte in der Vaterländischen Front auch eine militärische Formation. Diese firmierte vorerst unter dem Namen „Wehrfront". Sie wurde aus den von der Regierung anerkannten, korporativ der Vaterländischen Front beigetretenen Wehrverbänden gebildet. Per Gesetz erfolgte 1936 die Zusammenfassung aller Wehrverbände in der Frontmiliz, die ein Jahr später Teil des Militärs wurde. Dieser Schritt lief auf die Entmachtung der Heimwehren hinaus. 1937 wurde dann das Sturmkorps als kämpferische Elite in der VF etabliert. Zu den Voraussetzungen der Aufnahme zählte neben körperlichen und altersmäßigen Bedingungen die bedingungslose Gefolgschaft gegenüber dem Sturmkorpsführer Schuschnigg. Dieses Korps sollte vor allem im innenpolitischen Kampf zum Einsatz kommen, es war als elitäre Verfügungstruppe des Bundesführers gedacht.

3.3.3 Front-Werke und Front-Referate

Die Vaterländische Front zielte mit einer Reihe von Teilorganisationen auf die Erfassung und Einbindung möglichst breiter Schichten der Bevölkerung im Dienste des Regimes ab. Teils richteten sich die Integrationsbemühungen auch auf politisch oppositionelle Gruppen.

Zu diesen Organisationen zählten neben dem Mutterschutzwerk und Frauenreferat das Österreichische Jungvolk, das Front-Werk „Neues Leben", die Soziale Arbeitsgemeinschaft, das Arbeiterreferat, das Volkspolitische Referat und das Traditionsreferat. Front-Werke und Referate entfalteten als Bestandteil der Vaterländischen Front zum Teil rege organisatorische Aktivitäten und gaben ihr auf kultureller und gesellschaftlicher Ebene einen aktivistischen Anstrich.

3.3.3.1 Mutterschutzwerk

Das enge ideologische, personelle und organisatorische Naheverhältnis zwischen Katholischer Kirche und dem Austrofaschismus zeigte sich im Besonderen am Mutterschutzwerk und am Frauenreferat. Die personellen Ressourcen der bestehenden Katholischen Frauenorganisation und das Engagement ihrer Funktionärinnen haben die Einrichtung des Mutterschutzwerkes wie auch des Frauenreferates ermöglicht.[26]

Aktivitäten der Katholischen Frauenorganisation zur Vorbereitung junger Frauen auf Geburt und Mutterschaft, die eine Antwort auf die sozialdemokratische Forderung nach Legalisierung des Schwangerschaftsabbruches darstellten, sind schon für die 1920er-Jahren zu verzeichnen. In der Konstituierungsphase des Austrofaschismus gab es Vorstöße zur Ausweitung derartiger Aktivitäten. Unterstützt von Dollfuß wurden Anregungen von der einschlägigen Institution des italienischen Faschismus, dem „Opera nazionale per la maternita ed infanzia", eingeholt. Ende Oktober 1934 erfolgte dann die Eröffnung des Mutterschutzwerkes.

Ideologisch fußte dieses VF-Werk auf Vorstellungen, die in katholischen Organisationen zum Kernbestand des Selbstverständnisses über Geschlechter- und Frauenrollen zählten: die Mutter als Herz der Familie, Schöpferin und Erzieherin künftiger Generationen sowie als Trägerin der Nation und Gestalterin der Zukunft des Volkes.

Vor dem Hintergrund des deutlichen Geburtenrückgangs verfolgte das Mutterschutzwerk bevölkerungspolitische Intentionen.[27] Als dessen Aufgaben galten die Aufklärung über die Mutterschaft und Mütterschulungen, materielle Hilfestellungen für werdende und stillende Mütter und die Verankerung der herausragenden Rolle der Mutter für Staat und Gesellschaft im Bewusstsein der Bevölkerung. Letztlich sollten Mütter als ein loyaler Vorposten des Regimes im Privaten gewonnen werden.

Praktisch umgesetzt wurden diese Aufgaben durch Aktivitäten wie die Aufklärung in Schulungskursen, Abhaltung von Mütterrunden, bei Notlage Versorgung mit Heimplätzen und Lebensmitteln, die Organisation von Kinderkrippen, Mittagstisch-Aktionen und Muttertagsfeiern.

3.3.3.2 Das Frauenreferat

Fanny Starhemberg, Präsidentin der Katholischen Reichsfrauenorganisation Österreichs, war in Gesprächen mit Dollfuß für die Errichtung einer Frauenorganisation innerhalb der VF eingetreten. Diese erfolgte Anfang 1934. Darin spiegelte sich das Bemühen des Austrofaschismus wieder, eine große Bevölkerungsgruppe zur Mitarbeit zu motivieren, der eine soziale Ausgleichsfunktion zugesprochen wurde. Dollfuß betraute Fanny Starhemberg im Sommer 1934 mit der Leitung des Referates.

66 II. Selbstverständnis – Verfassungsordnung – Akteure

Frauenkundgebung in der Wiener Rathaushalle, Begrüßung von Kurt Schuschnigg durch Fanny Starhemberg

Ebenso wie beim Mutterschutzwerk entstammte der überwiegende Teil seiner Funktionärinnen der katholischen Frauenorganisation. In organisatorischer Hinsicht entsprach der Aufbau dem der VF: mit Leitungsfunktionen auf Bundes-, Länder-, Bezirks- und Gemeindeebene.

Das Frauenreferat sollte seinem Anspruch nach der Wahrnehmung der Interessen von Hausfrauen und Müttern in der Öffentlichkeit und innerhalb der VF dienen, die Kontaktnahme mit den bestehenden Frauenorganisationen pflegen und Propaganda für das Regime unter den Frauen betreiben.

Im Konkreten bestand das Tätigkeitsprofil des Frauenreferates in Interventionen bei Gesetzentwürfen und bei der Besetzung von Posten, in der Veranstaltung von Schulungskursen, Versammlungen und diverser anderer Aktionen. Nicht zuletzt war das Referat für die Organisierung des weiblichen Arbeitsdienstes zuständig.

Die Errichtung des Frauenreferates bedeutete formell zwar eine organisatorische Vertretung von Frauen innerhalb der VF. Realiter schloss der Austrofaschismus jedoch eine politische Gleichstellung der Frauen ebenso wie deren relevante Repräsentation im politischen Entscheidungssystem aus. So gab es unter den 213 Mandataren der vorberatenden Organe der Gesetzgebung nur zwei Frauen (im Bundeskulturrat), unter den Regierungsmitgliedern gab es keine. Das Frauenreferat hat daran nichts geändert, dass politische Funktionen im Austrofaschismus fast ausschließlich von Männern wahrgenommen wurden.

3.3.3.3 Österreichisches Jungvolk

Angesichts des Einflusses von Sozialdemokratie und Nationalsozialismus auf Jugendliche bemühte sich der Austrofaschismus schon bald um deren umfassende Organisierung. Im Blickpunkt stand dabei vor allem die außerschulische Jugendarbeit – allerdings mit einer Einschränkung, die das enge Naheverhältnis von austrofaschistischem Staat und Katholischer Kirche verdeutlichte: Mit einer Zusatzklausel zum Konkordat zwischen Österreich und dem Vatikan, das am 1. Mai 1934 kundgemacht worden war, wurden die Katholischen Jugendorganisationen und ihre Mitglieder grundsätzlich vom staatlichen Monopolanspruch auf organisatorische Erfassung der Jugendlichen ausgenommen.

Das Vorbild für die staatliche Jugendorganisation bildeten die Jugendorganisationen des italienischen Faschismus, die Balilla, und des Nationalsozialismus, die Hitlerjugend. Von den Jugendverbänden der Heimwehren und der Ostmärkischen Sturmscharen vorbereitet, erfolgte Ende August 1934 die Beschlussfassung des Gesetzes über die vaterländische Erziehung abseits der Schulen. Die neue staatliche Jugendorganisation wurde als Front-Werk unter dem Namen „Österreichisches Jungvolk" eingerichtet. Sie war gekennzeichnet durch das Prinzip der autoritären Führung, die militärische Orientierung und formell freiwillige Mitgliedschaft. Laut Bericht bei der Landesführertagung Mitte Juli 1937 hatte das Österreichische Jungvolk 18.000 Ortsgruppen und erfasste 120.000 Jugendliche.

Obwohl sie voneinander unabhängige Strukturen bildeten, waren staatliche und katholische Jugendverbände in der Praxis eng verschränkt: Die

Mitglieder der letzteren traten auf Weisung von Bischöfen dem Österreichischen Jungvolk bei.

Neben den katholischen Jugendverbänden gab es auch noch weitere Ausnahmen vom staatlichen Monopol: Dem Evangelischen Jugendwerk war der Weiterbestand gewährleistet. Wegen der antisemitisch fundierten Ablehnung wurden jüdische Jugendliche nicht in das Österreichische Jungvolk aufgenommen. Ihre eigenständige Organisation unterstand allerdings der Bundesführung des Österreichischen Jungvolks, politische Kontrolle war auf diesem Weg sichergestellt.

3.3.3.4 Traditionsreferat

Das Traditionsreferat der VF wurde mit Jahresbeginn 1937 eingerichtet. Seine Aufgabe bestand allgemein in der Förderung der vaterländischen wie auch der Pflege der altösterreichischen, d.h. der monarchistischen, Tradition. Konkret sollte diese Aufgabe durch wissenschaftliche, publizistische und kulturpolitische Aktivitäten sowie die Vermittlung der Traditionspflege innerhalb der VF erfüllt werden. Bei allem Bemühen seines Leiters, Hans Karl Zeßner-Spitzenberg, der sich als Interessenvertreter der legitimistischen Bewegung verstand, ist der eigentliche Zweck dieses Referates jedoch nie ausreichend klar geworden. Der Ausbau ging im Vergleich zum Volkspolitischen Referat[28], zu dem es einen Gegenpol bilden sollte, nur schleppend voran. Im übrigen VF-Apparat stieß die Arbeit des Traditionsreferats auf teils beträchtlichen Widerstand. Letztlich scheiterte es am zwiespältigen Umgang des Austrofaschismus mit dem Legitimismus. Einerseits wurde sehr positiv auf die Monarchie rekurriert, viele Spitzenfunktionäre waren deklarierte Monarchisten. Auf der anderen Seite stand eine Restauration der Habsburgermonarchie realpolitisch nicht auf der Agenda der austrofaschistischen Regierung. Der Bedeutungsverlust der legitimistischen Bewegung in der Endphase des Austrofaschismus wirkte sich negativ auch auf die Entwicklung des Traditionsreferats aus.

3.3.4 Politischer Einfluss der Vaterländischen Front

Gestützt auf das VF-Gesetz von 1934, das die Vaterländische Front zum „einzigen Träger der politischen Willensbildung im Staate" (§ 1) bestimmte, hatte diese im Austrofaschismus eine Reihe wichtiger politischer Aufgaben. Die formell wichtigste Funktion bestand in der *Mitwirkung* bei der Bestellung der politischen Funktionäre. Politische Mandate durften Angehörige der Vaterländischen Front nur mit Zustimmung des Bundesführers übernehmen. Die Vaterländische Front machte Vorschläge bei der Bestellung von Mandatsträgern auf allen einschlägigen Ebenen – sei es bei der Besetzung der vorberatenden Organe der Gesetzgebung, der Landtage, der Gemeindetage oder der berufsständischen Körperschaften. So traf beispielsweise auch der Wiener Bürgermeister die Auswahl der Mitglieder der Wiener Bürgerschaft unter Einbeziehung der VF. Die Bestellung von Funktionären der Arbeiterkammern und des Gewerkschaftsbundes hatte im Einvernehmen mit der zuständigen Landesführung der VF zu erfolgen.

Interventionen der Vaterländischen Front in Form von Anträgen, Gesuchen, Anzeigen oder Beschwerden hatten die Behörden ohne unnötigen Aufschub zu beantworten. Die VF unterstützte Bewerbungen um Posten in der Privatwirtschaft, in staatsnahen Unternehmen und Ministerien ebenso wie Ansuchen um Wohnungen. Einen wichtigen Interventionsbereich stellte die Vergabe öffentlicher Aufträge dar, da dafür die Zustimmung oder Ablehnung durch die VF entscheidend war. Die *wirtschaftliche Kontrollfunktion* kam in besonderer Weise bei derartigen Vergaben zum Tragen. Seitens der Ministerien oder der Österreichischen Bundesbahnen wurde die Vaterländische Front um Überprüfung ersucht, ob gegen die Vergabe von Aufträgen an Firmen oder die Bestellung von Personen ein politischer Einwand erhoben würde. Mit ihrer diesbezüglichen Monopolstellung besaß die VF daher ein bedeutendes wirtschaftliches Druckmittel. Sie schloss mit Firmen auch Vereinbarungen ab, die die Aufnahme oder Entlassungen von Beschäftigten betrafen. Ausschlüsse von Unternehmern aus der Vaterländischen Front hatten die Einstellung öffentlicher Aufträge an diese zur Folge. Überprüft auf politische Verlässlichkeit wurden nicht nur Firmen, sondern im Fall der Bundesbahnen auch das Personal. (Dort brachten diese Überprüfungen im Übrigen zum Vorschein, dass wichtige Funktionen mit illegalen Nationalsozialisten besetzt waren.)

Interventionen und Kontrolltätigkeit der Vaterländischen Front gingen weit über den wirtschaftlichen Bereich hinaus. In zahlreiche Erhebungen über die politische Einstellung einzelner Personen waren alle Ebenen ihrer Organisation involviert: die Orts-, Bezirks- und Landesorganisation sowie außerdem das Generalsekretariat mit seinen verschiedenen Abteilungen. Die VF betrieb vor allem auch zu diesem Zweck einen eigenen Geheimdienst, den „Informationsdienst", der in allen Teilen der Organisation über ein Netz an Zuträgern verfügen sollte – in welchem Ausmaß dieses Ziel auch tatsächlich erreicht wurde, ist allerdings unklar. Der Informationsdienst war darüber hinaus für die Beobachtung der allgemeinen Stimmung in der Bevölkerung zuständig, ebenso für die Gegneraufklärung, also für die Überwachung prominenter Oppositioneller und revolutionärer Kreise. Die Mitglieder der Vaterländischen Front wurden zum Denunzieren angehalten. Mit dem Informationsdienst schuf die VF eine Parallelorganisation zur staatlichen Überwachung und Kontrolle.

Die Dienststellenorganisation der VF richtete ihr Augenmerk in erster Linie auf die „vaterländische Gesinnungstreue" der öffentlich Bediensteten. Sie übte offen Gesinnungsterror aus. Dieser reichte von schriftlichen Verwarnungen wegen Kritik an Regierungsmaßnahmen bis hin zu Entlassungen ehemaliger Schutzbundangehöriger aus dem Öffentlichen Dienst. Die VF überprüfte mit ihrem Apparat die politische Haltung nicht nur denunzierter Personen, sondern auch eigener Funktionäre.

Die Vaterländische Front arbeitete zudem mit den Sicherheitsbehörden zusammen: Sie schuf einen *Ortsschutz* als Selbstwehr der Bevölkerung gegen nationalsozialistische Aktivitäten und zur Unterstützung der Exekutive. Vom Ortsschutz wurden Patrouillendienste, insbesondere in der Nacht, zur Verhinderung von Terroranschlägen und Sabotageakten durchgeführt. Die VF leitete Denunziationen an die Polizei weiter. Im Kontext der gesteigerten Propagandatätigkeit von Nationalsozialisten und Kommunisten wurde sie von der Polizei um Unterstützung ersucht.

3.4 Wehrverbände

Während der 1920er- und Anfang der 1930er-Jahre wurden im bürgerlichen Milieu zahlreiche paramilitärische Wehrverbände gebildet. Die größten unter diesen zählten später im Austrofaschismus zu den regierungsloyalen Verbänden: die Heimwehren, die Ostmärkischen Sturmscharen, der Freiheitsbund, die militärischen Abteilungen der Christlich-Deutschen Turnerschaft Österreichs, die Burgenländischen Landesschützen und die Bauernwehr. Letztere firmierte dann unter dem Namen Grüne Front bzw. Grüne Wehr und war Teil des Landbundes. Aufgrund der Teilnahme von Abteilungen dieser Formation am Juliputsch 1934 wurde dieser Wehrverband aufgelöst. Die Burgenländischen Landesschützen stellten eine katholisch-konservative Abspaltung der Heimwehren dar.

Unter den genannten Verbänden waren die *Heimwehren* am bedeutsamsten. Nach einer Hochblütephase in den Jahren 1927 bis 1929 und einer schweren Krise 1930/31 erlangten die Heimwehren ab 1932 vorübergehend erneut große politische Bedeutung. Ihre parteipolitische Organisation, der Heimatblock, verhalf der Regierung Dollfuß zu einer hauchdünnen parlamentarischen Mehrheit. Die Heimwehren wurden so zu einem wesentlichen politischen Bestimmungsfaktor. Sie waren sowohl an der Beseitigung der parlamentarischen Demokratie als auch an der Etablierung und Stabilisierung des austrofaschistischen Herrschaftssystems beteiligt. Ihre Bedeutung resultierte auch daraus, dass sie vom italienischen Faschismus und ungarischen Horthy-Regime mit Waffen und Geld unterstützt wurden. Die Annäherung zwischen Italien und Deutschland 1935/36 hatte für die Heimwehren allerdings den Verlust ihres Schutzpatrons Mussolini zur Folge. Daraus resultierte – neben diversen anderen Gründen – ein massiver Bedeutungsverfall als Trägergruppe des Austrofaschismus. Das Ende der Heimwehren bildete schließlich der Beschluss der Regierung Schuschnigg vom Oktober 1936, die bisher bestehenden regierungsloyalen Wehrverbände formell aufzulösen.

Die Heimwehren dürften Ende 1933 eine Mobilisierungsstärke von etwa 40.000 bis 50.000 Mann gehabt haben. Diese Mannstärke lag erheblich über derjenigen des Bundesheeres, das im Vertrag von Saint-Germain auf 30.000 Mann beschränkt worden war, jedoch auch diese Zahl in der Praxis nie erreichte. Die dezentral organisierten Heimwehrverbände waren Zeit ihrer Existenz von internen Rivalitäten, abweichenden politischen Positionen und unterschiedlichen Auffassungen darüber gekennzeichnet, was die Kernaufgabe der Milizen sein sollte. Ungeachtet dessen gab es seit Ende der 1920er-Jahre einen Gleichklang in wesentlichen Fragen: Ein Kernpunkt bildete die Beseitigung der parlamentarischen Demokratie und der

Parteien. Sie waren strikt antimarxistisch und antisemitisch orientiert, propagierten das Führerprinzip und die ständische Gestaltung der Beziehungen von Lohnarbeit und Kapital. Obwohl ihrerseits gelegentlich Vorbehalte gegen den allzu italienischen Terminus „Faschismus" geäußert wurden, sahen sich die Heimwehren unzweifelhaft als österreichische Variante jener Bewegungen, die in Italien und Deutschland die Macht erobert hatten. Die Heimwehren hatten seit 1928 auf die Errichtung einer Diktatur gedrängt und beschleunigten den politischen Umbruch nach der Ausschaltung des Nationalrates im März 1933.

Vertreter der Heimwehren (wie Neustädter-Stürmer) waren an der inhaltlichen Gestaltung der neuen Verfassung von 1934 beteiligt. Ihr politisches Gewicht wurde nicht zuletzt an den Funktionen auf Regierungsebene und in der Vaterländischen Front ersichtlich: Heimwehrführer fungierten als Vizekanzler, Staatssekretäre und Minister, bevorzugt im Bereich des Sicherheitswesens und der Sozialpolitik. In den vorberatenden Organen der Gesetzgebung waren die Heimwehren ebenso wie in den Landesregierungen und Landtagen vertreten. Ihr Anteil war beispielsweise in Salzburg mit über 46% sehr hoch. Nicht zuletzt hatten Heimwehrführer zentrale Funktionen in der Vaterländischen Front, sei es als Stellvertreter des Bundesführers oder als Bundesführer selbst (Starhemberg). Sie waren zudem in allen Länder-, Bezirks- und Ortsorganisationen der Vaterländischen Front vertreten.

Die Ostmärkischen Sturmscharen wurden vom christlich-sozialen Politiker und späteren Bundeskanzler Schuschnigg im Jahr 1930 gegründet. Die Gründung war einerseits mit dem Ziel der Erneuerung des Vereinskatholizismus verbunden, andererseits eine Reaktion auf fortgesetzte Intrigen aus den Reihen der Heimwehren. Der Allgemeine Deutsche Katholikentag im September 1933 bot den Ostmärkischen Sturmscharen eine prächtige Bühne für ihren ersten großen öffentlichen Auftritt.

Die Ostmärkischen Sturmscharen stützten sich vor allem auf katholische Jugend-, Gesellen- und Lehrerorganisationen. Ebenso wie die anderen regierungsloyalen Wehrverbände kamen die Ostmärkischen Sturmscharen in den Februarkämpfen 1934 zum Einsatz.

Während die Zusammenarbeit mit den christlich orientierten Wehrverbänden funktionierte, gab es wiederholt Konflikte zwischen den Ostmärkischen Sturmscharen und den Heimwehren. Der Auflösungsbeschluss vom Oktober 1936 betraf auch die Ostmärkischen Sturmscharen. Sie wurden formell in eine Kulturbewegung umgewandelt.

Im Jahr 1927 gründete der christlich-soziale Politiker Leopold Kunschak den *Freiheitsbund* als militärische Vereinigung im Rahmen der christlichen Arbeiterbewegung. Sein Hauptzweck bestand darin, zu verhindern, dass radikalisierte Angehörige der christlichen Gewerkschaften zu den Heimwehren abwanderten. Im Februar 1934 kämpfte diese Wehrformation auf Seiten der Regierung. Die christliche Arbeiterbewegung positionierte sich selbst zwar als Gegnerin des Nationalsozialismus. Ungeachtet dessen erhielt der Freiheitsbund jedoch finanzielle Zuwendungen seitens des deutschen Gesandten Franz von Papen, durch die speziell die antisemitische Propaganda des Freiheitsbundes unterstützt werden sollte. Der Freiheitsbund, der enge Kontakte mit den Ostmärkischen Sturmscharen pflegte, hatte den politischen Umbruch mitgetragen und blieb trotz gelegentlicher Kritik bis zu seiner Auflösung im Oktober 1936 der austrofaschistischen Regierung gegenüber loyal.

Das Verhältnis zum größten Wehrverband war von Spannungen geprägt. Die Konflikte spitzten sich 1935/36 zu. Es gab blutige Zusammenstöße und Gegendemonstrationen, die den Anlass zur Auflösung der Wehrverbände bildeten.

3.5 Justiz – Sicherheitsexekutive – Militär

3.5.1 Justiz und Sicherheitsexekutive

Der Austrofaschismus stellte die Justiz gezielt in den Dienst seiner Machtsicherung. Zu diesem Zweck wurde im Zuge der Errichtung des Regimes eine Reihe von Maßnahmen getroffen. Ein erster Eingriff betraf die Geschworenengerichte. Sie wurden verkleinert und in paritätisch von Richtern und Laien besetzte Schwurgerichte umgewandelt. Das Schöffenamt war nun außerdem nur mehr „Vaterlandstreuen" vorbehalten. Einen Schritt zur Einbindung der Berufsrichter in das neue Regime stellte die Verpflichtung zur Leistung eines Richtereides mit einer neuen Eidesformel dar. Von besonderer Bedeutung war die Ausschaltung des Verfassungsgerichtshofes Ende Mai 1933. Einsprüche beim Verfassungsgerichtshof, wie sie beispielsweise die Stadt Wien gegen Notverordnungen der Regierung im Frühjahr 1933 eingebracht hatte, waren damit hinfällig. Weil das Regieren auf Basis des Kriegswirtschaftlichen Ermächtigungsgesetzes von 1917 offenkundig rechtswidrig war und der Verfassungsgerichtshof kaum anders gekonnt hätte als dies festzustellen, schuf erst seine Ausschaltung die Möglichkeit für ein längerfristiges Notverordnungsregime. Die Regierung hob darüber hinaus die Autonomie der ordentlichen Gerichte auf. Obwohl die Verfassung von 1934 die Unabsetzbarkeit und Unversetzbarkeit der Richter garantierte, wurde deren Geltung durch das Verfassungsübergangsgesetz vom Juni 1934 ausgesetzt. Dieses Provisorium dauerte bis zum „Anschluss" Österreichs an.[29] Maßregelungen von Richtern bestanden konkret beispielsweise aus strafweisen Ruhestandsversetzungen, häufig aus Versetzungen an einen anderen Dienstort, der Strafe des disziplinarrechtlichen Verweises und zeitweiligen Internierungen nach der Anhalteverordnung.[30] Der Justizminister konnte direkt auf politisch unbequeme Richter zugreifen.

Die Instrumentalisierung der Justiz für politische Zwecke ist auch an der Schaffung von Sondergerichten ersichtlich. Für die Ahndung von Delikten, die nunmehr mit der Todesstrafe bedroht waren (zunächst Mord, Brandstiftung, öffentliche Gewalttätigkeit), wurde im November 1933 das standrechtliche Verfahren eingeführt. Im Zusammenhang mit den Februarkämpfen 1934 erfolgte die Ausweitung des Standrechtes auf Fälle von „Aufruhr". Aufständische hatten ab diesem Zeitpunkt für jedwede bewaffnete Beteiligung an den Auseinandersetzungen die Todesstrafe zu gewärtigen. Die Regierung nahm überdies Einfluss auf die Auswahl der Richter. Mit Erfolg: Die Justiz assistierte der austrofaschistischen Regierung willig bei der gewaltsamen Ausschaltung der Sozialdemokratie und der Unterdrückung oppositionellen Widerstands. Todesurteile wurden durch Standgerichte ausgesprochen und in neun Fällen auch verhängt.

In Reaktion auf den Putsch von illegalen Nationalsozialisten im Juli 1934 wurde ein weiteres Sondergericht, der Militärgerichtshof, eingerichtet, der neben dem Verhandlungsleiter und einem Berufsrichter mit drei Offizieren zusammengesetzt war. Aufgrund der vielen NS-Sympathisanten in der Justiz hatte die Regierung offenbar in diesem Fall kein Zutrauen zur zivilen Standgerichtsjustiz. Zuständig für Delikte wie Hochverrat, Aufruhr, Mord, Totschlag und Raub verhängte dieses Sondergericht dutzende Todesurteile, von denen dreizehn vollstreckt wurden.

Nicht zuletzt von Relevanz für die politisch motivierte Rechtsprechung im Austrofaschismus war die Einführung des Systems der Doppelbestrafung für das gleiche Delikt. Haftstrafen wurden gleichzeitig mit Geldstrafen verhängt, Strafen der Polizei mit gerichtlich verfügten Strafen kombiniert.

Neben der Justiz kam besonders der *Sicherheitsexekutive* im Austrofaschismus eine zentrale Rolle bei der Bekämpfung oppositioneller Aktivitäten zu. Der Ausbau sowie die Zentralisierung der Sicherheitsexekutive zählten zu den wichtigsten Vorhaben der austrofaschistischen Regierung seit dem März 1933. Ebenso wie das Bundesheer nutzte die Regierung Polizei und Gendarmerie zur Absicherung des politischen Umbruchs. Die verfassungsrechtlichen Bestimmungen von 1934 verschafften der Regierung weitreichende Möglichkeiten, auf Polizei und Gendarmerie unbehindert zugreifen und diese direkt lenken zu können. In den allermeisten Fällen war dies freilich nicht notwendig. Der Sicherheitsapparat war nicht nur Vollstrecker, er war Partner des Staatsstreiches.

Während des Jahres 1933 wurde der Sicherheitsapparat maßgeblich durch zwei Institutionen ausgeweitet: die Sicherheitsdirektoren und das Staatspolizeiliche Büro. Die neu geschaffenen Sicherheitsdirektoren in allen Bundesländern waren direkt dem Bundeskanzleramt unterstellt. Den Sicherheitsdirektoren wiederum unterstand die gesamte Exekutive im betreffenden Bundesland, wenn es um sicherheitspolizeiliche Angelegenheiten wie die Aufrechterhaltung der öffentlichen Ruhe und Ordnung oder das Presse- und Sprengmittelwesen ging. Durch Ermächtigung des Bundeskanzlers konnten Sicherheitsdirektoren außerdem politisch Missliebige in „Anhaltelager" einweisen. Durch die neue Behörde wurden nicht nur

Kräfte gebündelt, es handelte sich zugleich um eine Einschränkung der Sicherheitsagenden der Landeshauptmänner.

Einen weiteren Schritt zur Zentralisierung des Sicherheitswesens stellte das im November 1933 errichtete Staatspolizeiliche Büro dar. Dem Innenminister direkt unterstellt fungierte das Büro als zentraler staatlicher Nachrichtendienst sowie als Instrument der Überwachung und Bekämpfung politisch oppositioneller Gruppierungen. Innerhalb des Büros gab es je eigene Referate für Kommunisten, Sozialdemokraten und Nationalsozialisten. Diese Referate legten die Strafhöhe und -dauer fest und entschieden über eine etwaige Einweisung in ein „Anhaltelager". Seinem Zweck (nicht seiner Methode) nach war das Büro dem Geheimen Staatspolizeiamt, der vorgeordneten Behörde der Gestapo im Dritten Reich, vergleichbar.

Zur Unterstützung von Polizei und Gendarmerie in Fällen, in denen diese nicht ausreichten, wurde im Juli 1933 das Freiwillige Schutzkorps eingeführt. Diese militärische Formation wurde aus Freiwilligen der Wehrverbände gebildet.

Die Bedeutung der Sicherheitsexekutive für den Austrofaschismus zeigte sich überdies an der massiven Ausweitung ihrer Kompetenzen. Kernpunkt dieser Erweiterung war die Ausweitung der Ahndungs- und Strafbefugnisse bezüglich politischer Delikte. Das Verwaltungs- und Polizeistrafrecht wurde zu diesem Zweck stark ergänzt: Der Umfang des strafbaren Unrechts wurde ausgeweitet, das Strafmaß erhöht und der Rechtsschutz gegen Verurteilungen eingeschränkt. Das Spektrum von Polizeistrafen betraf gleichermaßen Terrorakte, das Singen illegalen Liedgutes, das Verteilen von Flugblättern, Verstöße gegen das Verbot illegaler Betätigung oder gegen das Streikverbot. Wie bereits erwähnt war dabei die Kombination von gerichtlichen und polizeilichen Strafen, von Haft- und Geldstrafen das Kennzeichen der austrofaschistischen Strafpraxis. Ein weiteres Charakteristikum bestand in der deutlichen Anhebung des Strafausmaßes. So betrug dieses nunmehr etwa bei einem Verstoß gegen das Streikverbot bis zu 2.000 Schilling und bis zu sechs Monaten Arrest. Die Härte der Geldstrafe wird ersichtlich, wenn diese mit der Höhe der Arbeitslosenunterstützung verglichen wird. Diese betrug durchschnittlich wöchentlich vierzehn Schilling. Noch deutlich höhere Strafen drohten bei Verstößen gegen das Bundesgesetz zur Bekämpfung staatsfeindlicher Druckwerke. Diese konnten bis zu 10.000 Schilling betragen. Zugleich wurden die Berufungsmöglichkeiten gegen solch drakonische Strafen erheblich eingeschränkt.

Nicht zuletzt liefen die Aktivitäten der Regierung darauf hinaus, die Sicherheitsexekutive zu einem verlässlichen und loyalen Instrument zu formen. Diesem Zweck diente auch die Neuvereidigung im Mai 1933. Verweigerungen, die den Amts- und Pensionsverlust zur Folge gehabt hätten, kamen nicht vor.

Die Regierung war um die Eindämmung bzw. die Verhinderung nationalsozialistischer Infiltration des Exekutivapparates bemüht. Zu diesem Zweck wurde im Jänner 1934 ein Bundeskommissär für Personalangelegenheiten bestellt. Laut einer Auswertung von Statistiken betreffend die Gendarmerie konnte die Infiltration allerdings nur teilweise verhindert werden. Der Anteil von illegalen Nationalsozialisten unter den Gendarmen wurde auf 10 bis 20 % geschätzt.

3.5.2 Militär und Bundesheer

Das österreichische Heer wurde bereits vor 1933 wiederholt zu Assistenzleistungen herangezogen – so beispielsweise beim Aufmarsch der Heimwehren und des Schutzbundes in Wiener Neustadt am 7. Oktober 1928 oder im Zusammenhang mit dem Pfrimerputsch im September 1931. Nicht zuletzt kam das Bundesheer auch beim Eisenbahnerstreik am 1. März 1933 zum Einsatz.

Obwohl der Republikanische Schutzbund bereits geschwächt war, blieb er für die Regierung und die rechten Wehrverbände ein ernst zu nehmender Gegner. Die Regierung war deshalb auf die politische Loyalität des staatlichen Gewaltapparates, der Sicherheitsexekutive wie des Heeres, zwingend angewiesen. Zu diesem Zweck wurden unmittelbar nach der Ausschaltung des Nationalrates rechtliche Änderungen vorgenommen. Zunächst wurde eine neue Eidesformel eingeführt: Hatten die Soldaten den Eid nach dem Wehrgesetz von 1925 „als Mann, als Bürger der Republik Österreich und als Soldat zur Verteidigung des Vaterlandes" abgelegt, so lautete die Eidesformel nunmehr: „Ich schwöre bei Gott dem Allmächtigen einen feierlichen Eid ..." Zudem wurde die moralische Eignung als neue Aufnahmebedingung eingeführt. Nicht nur die Aufnahme neuer, auch die Entfernung politisch verdächtiger Soldaten konnte fortan damit begründet werden, dass nur vaterlandstreuen österreichischen Bürgern eine Aufnahme in die bewaffnete Macht möglich war. Die bereits bestehenden Bestimmungen über die Einschränkung der politischen Rechte von Militärpersonen wie das Verbot der Zugehörigkeit zu politischen Vereinen oder der parteipolitischen Betätigung wurden noch verstärkt: Selbst die Mitgliedschaft in nichtpolitischen Vereinen war an die Freigabe seitens des Vorgesetzten gebunden und eine außerdienstliche Teilnahme an Aufmärschen nur für solche der Vaterländischen Front gestattet. In Rückgriff auf die militärische Tradition der k. u. k. Monarchie erfolgte die Einführung der vorrepublikanischen Rangabzeichen und Uniformaufschläge (in den Regimentsfarben).

Die Möglichkeiten, das Heer für Interessen der Regierung zu instrumentalisieren, wurden erweitert. Behörden und Organe des Bundes, der Länder und Gemeinden konnten die Mitwirkung des Heeres zum Zweck der Aufrechterhaltung von Ordnung und Sicherheit im Innern nunmehr unmittelbar in Anspruch nehmen.

Schritte zur Verstärkung des Militärs und dessen Aufrüstung wurden schon bald mit der Einführung des Militärassistenzkorps (Mai 1933) gesetzt. Wie beim Freiwilligen Schutzkorps wurden dafür auch hier Mitglieder der regierungsloyalen Wehrverbände eingesetzt. Die Assistenzkörper sollten laut Regierungsverordnung zur Unterstützung des Bundesheeres beitragen. Zweck des Schutzkorps war die Unterstützung in Fällen, in denen Polizei und Gendarmerie nicht reichten. Eine außerordentlich wichtige Maßnahme in der Sicherheitspolitik des Austrofaschismus stellte die Einführung der Allgemeinen Dienstpflicht im Jahr 1936 dar, obwohl diese einen klaren Verstoß gegen die Bestimmungen des Friedensvertrages von Saint Germain bildete. Die Dienstpflicht galt fortan für alle wehrfähigen männlichen Bundesbürger vom vollendeten 18. bis zum vollendeten 42. Lebensjahr.

In der politischen Praxis diente das Bundesheer bis ins Jahr 1934 vornehmlich innenpolitischen Zielen: Vorrangig war dies im Verbund mit Polizei, Gendarmerie und Wehrverbänden die Unterdrückung der politischen Opposition. Das Bundesheer und sein Waffenarsenal kamen in den Februarkämpfen 1934 ebenso wie im nationalsozialistischen Juliputsch 1934 zum Einsatz.

Die Beteiligung des Bundesheeres an der austrofaschistischen Repressionspolitik war aber nicht auf derartige Einsätze beschränkt. Belege dafür sind die Unterstützung bei Überwachungstätigkeiten, Hausdurchsuchungen sowie der Einsatz bei Demonstrationen und Unruhen.

Der Präsenzstand des Bundesheeres wurde im Austrofaschismus de facto über den laut Staatsvertrag von Saint-Germain zulässigen Höchststand von 30.000 Mann erhöht. Gab es im Jahr 1928 knapp über 22.000 Militärpersonen, so war ihre Zahl bis 1938 auf über 59.000 angewachsen. Die politische Prioritätensetzung der Regierung Schuschnigg wird daran ersichtlich, dass die Mittel für die Landesverteidigung vor allem im Gefolge der Einführung der Allgemeinen Dienstpflicht einen deutlichen Anstieg verzeichneten, während gleichzeitig die Sozialausgaben beträchtlich gekürzt wurden.

Ab 1935 wurde der Fokus des Heeres vom Einsatz im Inneren zur Abwehr möglicher Invasionen, insbesondere seitens Deutschlands, verlagert. Verantwortlich für die diesbezüglichen Pläne war Generalstabschef Alfred Jansa. Dessen Ablöse erfolgte auf Druck Hitlers im Februar 1938, die Planung wurde eingestellt.

Auch das Bundesheer war von illegalen Nationalsozialisten infiltriert, seine Zuverlässigkeit wurde letztlich in der Praxis nicht geprüft. Laut Schuschnigg sollte im März 1938 kein deutsches Blut vergossen werden.

3.6 Katholische Kirche

Die Stellung der Katholischen Kirche erfuhr 1933/1934 einen einschneidenden Wandel. Ihr Verhältnis zum neuen Regime war durch äußerste Nähe gekennzeichnet. Begünstigt wurde dies durch beträchtliche ideologische Schnittmengen: Antiparlamentarismus, Antimarxismus, Antisemitismus und Antimodernismus bildeten ein gemeinsames geistiges Fundament. Die Katholische Kirche mit ihrer autoritär-hierarchischen Entscheidungsstruktur war grundsätzlich auch dem Führerprinzip aufgeschlossen. Katholische Kirche und Austrofaschismus waren zugleich Nutznießer voneinander und Nutzenbringer füreinander.

Die Unterstützung des Austrofaschismus durch die Katholische Kirche war eine bewusste politische Entscheidung und bewegte sich auf mehreren Ebenen. Der österreichische Episkopat äußerte sich zustimmend zum Marsch der Regierung Dollfuß in den Austrofaschismus und zu dessen Ausbau. Einen Monat nach Lahmlegung des Nationalrates stellte Kardinal Innitzer in einer Massenversammlung katholischer Männer fest: „Hinter einer solchen Regierung müssen wir uns geschlossen stellen."[31] In einem vertraulichen Schreiben an den Vatikan attestierten die österreichischen Bischöfe der Regierung eine vollkommen legale und korrekte Handlungsweise bei der Durchführung des politischen Umbruchs. Der Allgemeine Deutsche Katholikentag im September 1933 eignete sich bestens zur Unterstützung des neu errichteten austrofaschistischen Herrschaftssystems. Dollfuß verkündete am Rande des Katholikentages beim Generalappell der VF sein politisches Umbauprogramm („Trabrennplatzrede"). Der Katholikentag selbst bot dem Kanzler die Bühne, seine enge Verbindung zu Papst und Katholischer Kirche eindrücklich zu zelebrieren. Bei den Bischöfen stieß dies auf äußerst positive Resonanz.

Einer der wichtigsten Schritte der Regierung im politischen Umbruchprozess war die Ausschaltung des Parteiensystems. Die Kirche leistete dazu einen ganz wesentlichen Beitrag. Auf Beschluss der Bischofskonferenz Ende November 1933 erfolgte der Rückzug der Priester von allen politischen Funktionen und Mandaten aus dem Nationalrat und Bundesrat, aus den Landtagen und Gemeinderäten. Auf diese Weise wurden gezielt jene christlich-sozialen Landesorganisationen geschwächt, die zuvor Widerstand gegen den Dollfuß-Kurs hatten erkennen lassen. Die Katholische Kirche unterstützte nicht nur den Staatsstreich, sondern half aktiv dem rechten Parteiflügel der Christlich-Sozialen Partei dabei, sich seiner innerparteilichen Gegner zu entledigen.

Ereignisse, die für die Entwicklung des Austrofaschismus wichtig waren, fanden die Zustimmung der österreichischen Bischöfe: Das galt für das brutale Vorgehen der Regierung im Februar 1934 ebenso wie für den Abschluss des Juliabkommens 1936. Im Zusammenhang mit Letzterem schrieb Kardinal Innitzer an Bundeskanzler Schuschnigg: „Am Herzschlag des deutschen Volkes von Österreich ist über diese Friedenstat aufrichtige und ehrliche Freude zu spüren."[32]

Die Unterstützung des Austrofaschismus durch die Katholische Kirche erfolgte auch auf organisatorischer Ebene, wobei sie ihr Vorgehen dezidiert als zweite Gegenreformation begriff. Geistliche assistierten der Regierung Dollfuß dementsprechend nicht nur legitimatorisch im Vorfeld der Februarkämpfe, sondern waren auch anschließend aktiv in die Beseitigung von Einflüssen der Sozialdemokratie involviert. Vielerorts waren Priester mit der Zerschlagung der sozialdemokratischen Kulturbewegung betraut, lösten Arbeiterbibliotheken auf, übernahmen Kinder- und Jugendeinrichtungen ebenso wie Kinos und richteten in den eroberten Gemeindebauten „Notkapellen" ein, um die Arbeiterschaft auf den rechten Weg zu führen. Katholische Verbände wurden Mitglied der VF und hielten vaterländische Versammlungen ab. Katholische Frauenorganisationen bildeten die Basis für die Institutionen des Mutterschutzwerks und des Frauenreferats. Die außerordentliche Bischofskonferenz vom Februar 1934 empfahl Organisationen, die in der Katholischen Aktion zusammengeschlossen waren, ihre Mitglieder zum Beitritt zur Vaterländischen Front anzuhalten. Die Begründung dafür lautete: der Beitritt sei Ausdruck der religiösen Pflicht der Treue zur staatlichen Autorität. Die Mitglieder der Katholischen Jugend traten aufgrund von Verträgen zwischen Bischöfen und der Bundesleitung des VF-Werkes Österreichische Jungfront dieser staatlichen Jugendorganisation bei. Pfarrer fungierten als Vertrauensmänner und Sozialreferenten der Sozialen Arbeitsgemeinschaft.

Die Katholische Kirche leistete auch visuelle Unterstützung: Die faschistische Inszenierung öffentlicher Veranstaltungen wurde mit kirchlichen Ritualen verknüpft, der katholische Ritus in die staatliche Repräsentation integriert. Beispiele dafür sind Feldmessen bei Massenveranstaltungen, Messen in Amtsgebäuden, Fahnenweihen und hunderte Prozessionen und Wallfahrten im ganzen Land.

Unterstützung erfuhr der Austrofaschismus aus Italien nicht nur durch Mussolini, sondern auch seitens des Vatikans. Während Mussolinis Unterstützung vor allem in materieller Hinsicht von Bedeutung war, hatte der päpstliche Zuspruch für den Austrofaschismus enormen legitimatorischen

Wert. Der Heilige Stuhl gab wiederholt seinen Sanktus zu Aktivitäten der austrofaschistischen Regierung und überhäufte diese gegenüber österreichischen Pilgern mit Lob. Den Rückzug der Priester von politischen Mandaten sah der Vatikanische „Osservatore Romano" als Ausdruck des Vertrauens des Episkopates in die katholische Regierung. Die von der Regierung Dollfuß betriebene Instrumentalisierung der päpstlichen Enzyklika „Quadragesimo Anno" zu Legitimationszwecken für das Regime stieß beim katholischen Episkopat auf keine Kritik, obwohl damit eine erhebliche Umdeutung der päpstlichen Vorstellungen einherging.

Beispielhaft zeigte sich die vatikanische Schützenhilfe für den Austrofaschismus an der Reaktion auf das Ersuchen des österreichischen Bundespräsidenten um den vertraulichen Rat des Papstes Ende 1933. Miklas war aufgrund seiner wiederholten Akzeptanz verfassungswidriger Maßnahmen der Regierung Dollfuß in Gewissensnöte geraten. Der Vatikan wirkte auf den Bundespräsidenten ein, den politischen Veränderungsprozess in Österreich nicht durch politische Skrupel oder seinen Rücktritt zu gefährden. Papst und Kurie brachten letztlich kein Verständnis für Miklas' Anliegen auf.

Ebenso wie der österreichische katholische Episkopat legitimierte der Vatikan das harte Vorgehen der austrofaschistischen Regierung in den Februarkämpfen. Der Papst interpretierte die Haltung der Regierung als „heilsame Härte"[33], der päpstliche Nuntius in Wien sah darin ein vorzügliches Zeichen der Güte Gottes und erachtete es nicht einmal für notwendig, an die Regierung zu appellieren, im Fall der standrechtlich zum Tod verurteilten Februarkämpfer Milde walten zu lassen.

Aufgrund der Tatsache, dass annähernd 90% der österreichischen Bevölkerung formell Mitglieder der Katholischen Kirche waren, verfügte diese über eine für das Regime überaus relevante breite Basis. Die wiederholte Unterstützung durch die Katholische Kirche blieb seitens der Regierung nicht ohne Gegengabe. Sie sicherte deren kirchenpolitische und materielle Interessen ebenso wie ihren Einfluss auf Politik und Gesellschaft.

Schon bald nach Ausschaltung des Nationalrates hob die Regierung den sog. „Glöckel Erlass" von 1919 auf, der in der Ersten Republik von der Katholischen Kirche sehr heftig bekämpft worden war. Der Unterrichtsminister und spätere Wiener Stadtschulratspräsident Otto Glöckel hatte verfügt, dass auf Kinder und Jugendliche keinerlei Druck ausgeübt werden durfte, um sie zur Teilnahme an religiösen Übungen zu bewegen. Er schloss zudem den Einfluss der Nichtteilnahme an religiösen Übungen auf die Beurteilung von Schülern aus. Die Aufhebung des Erlasses war daher auch ein wichtiger symbolischer Schritt zur Rekonfessionalisierung der österreichischen Schule. Der Religionsunterricht wurde zum Zweck der Schule und damit zur Pflicht für katholische Schüler erklärt.

Gleiches galt für die Teilnahme an religiösen Übungen wie dem Schulgebet und Schulgottesdiensten. Ein weiteres Symbol für das Entgegenkommen gegenüber katholischen Interessen stellte die Auflösung des sozialdemokratischen antiklerikalen Freidenkerbundes im Juni 1933 und die Zensur antiklerikaler Töne in der sozialdemokratischen Presse dar.

War 1933 der Rücktritt der Priester von Mandaten auf allen Ebenen des politischen Systems seitens der Kirche verfügt worden, so waren Priester nach Inkrafttreten der Maiverfassung 1934 in zwei der neu eingerichteten vorberatenden Organe (im Bundeskulturrat und Staatsrat) vertreten. Der Austritt aus einer Kirche wurde erschwert. Obwohl ganz allgemein formuliert zielte die diesbezügliche Verordnung auf die gestiegenen Austritte aus der Katholischen Kirche ab. Die Diskriminierung des Austritts wird im Besonderen anhand der Bestimmung deutlich, dass sich die Behörde über den Geistes- und Gemütszustand von Austrittswilligen zum Zeitpunkt der Abgabe der diesbezüglichen Erklärung zu vergewissern hatte. In Salzburg bestrafte die Sicherheitsdirektion einen „demonstrativen Austritt" mit sechs Wochen Arrest.

Am Offensichtlichsten jedoch zeigte sich das Entgegenkommen der austrofaschistischen Regierung gegenüber der Katholischen Kirche am Konkordat, das am 5. Juni 1933 in Rom unterzeichnet wurde. Nach den Februarkämpfen 1934 und der endgültigen Eliminierung der Sozialdemokratie als politischer Faktor wurde das Vertragswerk nochmals zugunsten der Katholischen Kirche nachgebessert. Die Ratifizierung erfolgte am 30. April 1934 im Rahmen der „Rumpfnationalratssitzung", kundgemacht wurde der Vertrag am gleichen Tag wie die neue Verfassung, am 1. Mai 1934. Mit der gleichzeitigen Kundmachung von Verfassung und Konkor-

Notenaustausch am 1.5.1934 nach Abschluss des Konkordates: Bundeskanzler Dollfuß, Bundespräsident Miklas, Päpstlicher Nuntius Sibilia

dat wurde die Nähe zwischen Austrofaschismus und Katholischer Kirche ebenso unterstrichen wie durch das Faktum, dass zudem wichtige Inhalte des Konkordates in die neue Verfassung aufgenommen wurden. Teilweise waren die Inhalte zwar nicht neu (z.B. Recht der Religionsausübung, Kirche als Person öffentlichen Rechts, Modus der Ernennung der Bischöfe), in Summe unterstrichen sie aber die privilegierte Stellung der Katholischen Kirche. Ablesbar war diese an Bestimmungen wie der rechtlichen Bindung der kirchlich geschlossenen Ehe, an der Anerkennung der von der Katholischen Kirche festgesetzten Feiertage, der staatlichen Besoldung des katholischen Klerus und der Anerkennung des beweglichen und unbeweglichen kirchlichen Vermögens. Nicht zuletzt wurde damit die volle Organisations- und Betätigungsfreiheit für all jene Vereinigungen gewährleistet, die vornehmlich religiöse Zwecke verfolgten, einen Bestandteil der Katholischen Aktion bildeten und als solche der Gewalt der Diözesanbischöfe unterstanden. Das bezog sich speziell auf die katholischen Jugendorganisationen. Damit verzichtete die Regierung formell auf das staatliche Gesamtmonopol auf die Organisierung Jugendlicher, was aber vor allem symbolische Bedeutung hatte. Denn in der Realität waren die staatliche Jugendorganisation und katholische Jugendverbände eng verbunden.

Ganz anders gestaltete sich das Verhältnis zwischen Austrofaschismus und *Evangelischer Kirche*. Die Beziehungen waren durch gegenseitiges Misstrauen geprägt. Regierung und Vaterländische Front hegten den Verdacht, dass evangelische Pfarrer mit dem Nationalsozialismus sympathisierten und Einrichtungen der Evangelischen Kirche in Wirklichkeit als nationalsozialistische Plattformen dienten. Das Misstrauen der Evangelischen Kirche gründete in der unübersehbaren Präferenz der Regierung für das „Katholische" und die damit verbundene Privilegierung der Katholischen Kirche. Dieses Misstrauen wurde durch Maßnahmen wie die bereits angesprochene Kirchenaustrittsverordnung verstärkt. Die Evangelische Kirche, die ab 1933 einen beträchtlichen Zustrom an Mitgliedern verzeichnen konnte, empfand die mit dem Austritt verbundene Diskriminierung als eine gezielte, auf sich gemünzte Diskriminierung.

Obwohl es keinen formellen Zwang zum Beitritt evangelischer Lehrer zur VF gab, wurde realiter der Druck in diese Richtung verstärkt. Nicht ohne Erfolg: Der Beitrittsempfehlung des evangelischen Oberkirchenrates leistete ein Großteil der evangelischen Pfarrer Folge. Der Sprecher der Superintendenten, Heinzelmann, hatte seitens der Evangelischen Kirche eine Loyalitätserklärung für das austrofaschistischen Herrschaftssystem abgegeben.

Entwürfe zu einer Neuregelung der Kirchenverfassung der Evangelischen Kirche wurden vorgelegt und diesbezügliche Verhandlungen mit der Regierung auch geführt. Während das Konkordat mit der Katholischen Kirche bereits im Mai 1934 kundgemacht worden war, stand das vergleichbare Abkommen mit der Evangelischen Kirche beim „Anschluss" im März 1938 erst kurz vor der Unterzeichnung.

3.7 CHRISTLICHE ARBEITERBEWEGUNG

Ungeachtet ihrer vergleichsweise geringen politischen Bedeutung ist auch die christliche Arbeiterbewegung zu den Unterstützern des Austrofaschismus zu zählen. Sie grenzte sich von der illegalen linken Opposition ab und versuchte (mit höchst überschaubarem Erfolg) die „verführten, braven Arbeiter", die zuvor Anhänger der Linken gewesen waren, für dieses Regime zu gewinnen. Innerhalb dessen verstand sie sich als Vertretung der Interessen der Arbeiterschaft. Da sie in dieser Rolle kaum materielle Erfolge vorzuweisen hatte, betonte und setzte sie in ihrer Strategie auf den traditionell von ihr vertretenen Antisemitismus.

Die Veränderungen im Bereich der Interessenorganisierung betrafen auch die beiden bisherigen „Äste" der christlichen Arbeiterbewegung: Die christlichen Gewerkschaften wurden ebenso wie die christlichen Arbeitervereine formell in kulturelle, „unpolitische" Vereinigungen umgewandelt. Erfolgreicher als in ihren Bemühungen um die Vertretung von Interessen der Arbeiterschaft war die christliche Arbeiterbewegung bei der Besetzung wichtiger Positionen sowohl im neu errichteten Gewerkschaftsbund als auch in der Sozialen Arbeitsgemeinschaft der VF. Diese Arbeitsgemeinschaft sollte als Integrationsangebot und Integrationsinstrument für die Arbeiterschaft fungieren. Bei aller gelegentlichen und punktuellen Kritik an der Regierungspolitik blieb die Loyalität der christlichen Arbeiterbewegung zum Austrofaschismus ungebrochen.

3.8 LEGITIMISMUS

Die legitimistische Bewegung, die für die Wiederherstellung der Habsburgermonarchie als rechtmäßige Herrschaftsform eintrat und die austrofaschistische Regierung unterstützte, nahm ab 1933 einen Aufschwung. Zur Führungselite des Austrofaschismus gehörte eine Reihe deklarierter Legitimisten, der prominenteste Fall war Bundeskanzler Schuschnigg. Die Regierung gewährleistete den Fortbestand bestehender monarchistischer Organisationen wie des „Reichsbundes der Österreicher" oder des „Eisernen Rings". Eine der wesentlichen Forderungen der legitimistischen Bewegung war es, die Habsburgergesetze aus den Anfangsjahren der Republik zu revidieren. Es gelang ihr auch tatsächlich, dass 1935 die Landesverweisung der Habsburger zurückgenommen wurde. Auch jene Teile des kaiserlichen Vermögens, die von der Republik eingezogen worden waren, wurden der Familie Habsburg zurück erstattet. Unerfüllt blieb hingegen die Kernforderung nach Wiedereinführung der Habsburgermonarchie. Aus Sicht der Legitimisten hätte dies (wenn auch wenig wahrscheinlich) einen Schutzfaktor gegen die zunehmende nationalsozialistische Bedrohung der Unabhängigkeit Österreichs bilden können.

Ungeachtet dessen, dass über eintausend österreichische Gemeinden Otto Habsburg die Ehrenbürgerschaft verliehen und der Austrofaschismus in vielfältiger Weise an Traditionen der Monarchie anknüpfte: Seitens der Regierung wurde die Propaganda für eine unmittelbare Restauration der Habsburger abgelehnt und diese Frage für nicht aktuell erklärt. Restaurationsbestrebungen stießen international, nicht nur in den Ländern der Kleinen Entente (Tschechoslowakei, Jugoslawien, Rumänien), sondern auch bei den Westmächten auf breite Ablehnung.

3.9 Politische Opposition

3.9.1 Die Kommunistische Partei Österreichs (KPÖ)

Die Kommunistische Partei Österreichs, die seit ihrer Gründung nur über eine äußerst schmale organisatorische Basis verfügte, war als erste der Oppositionsparteien im Mai 1933 verboten worden. Ihre Bedeutung erhöhte sich mit zunehmender Polarisierung innerhalb der Sozialdemokratie seit Anfang der 1930er und besonders nach den Februarkämpfen 1934, an denen auch Kommunisten teilgenommen hatten. Zustrom verzeichnete die Partei von ehemaligen Sozialdemokraten, Schutzbündlern, sozialdemokratischen Funktionären der mittleren und unteren Ebene.[34]

Die Kommunistische Partei Österreichs wurde zu einem wesentlichen Widerstandsfaktor gegen den Austrofaschismus, ihre Aktivisten wurden mit Geldstrafen, Verhaftungen und Internierung in „Anhaltelagern" sanktioniert. Die illegalen Tätigkeiten reichten von Propagandaaktivitäten (Flugblättern, Streuzetteln, Transparenten) und vom Ausbau eines Netzes von Organisationen (z.B. Betriebszellen) bis hin zur Arbeit in den illegalen

Gewerkschaften und innerhalb offizieller Organisationen – konkret im Gewerkschaftsbund, in den Werksgemeinschaften und der Sozialen Arbeitsgemeinschaft. Nach der Abwendung der Kommunistischen Partei von der sogenannten Sozialfaschismustheorie, wonach die Sozialdemokratie eine Variante des Faschismus darstellte, erfolgte seit dem VII. Weltkongress im Sommer 1935 eine inhaltlich-strategische Neuorientierung: Über die Einheitsfront mit den Revolutionären Sozialisten hinausgehend verfolgte die Kommunistische Partei die Strategie der Volksfront. In der Volksfront sollten alle demokratisch orientierten Kräfte zur Verteidigung der Demokratie vereinigt werden. Kampf gegen Nazifaschismus, gegen Kriegsgefahr und für ein unabhängiges, demokratisches Österreich waren zentrale Punkte ihres Selbstverständnisses. Ungeachtet der Zusammenarbeit in den illegalen Gewerkschaften und in Bündnissen mit den Revolutionären Sozialisten (1934, 1936) gab es beträchtliche inhaltliche wie taktische Differenzen zwischen Kommunisten und Sozialdemokraten. Das gegenseitige Verhältnis war stark von Misstrauen und Rivalität geprägt.

3.9.2 Sozialdemokratische Arbeiterpartei (SDAPÖ)

Die Regierung Dollfuß hatte, wie angeführt, bereits vor den Februarkämpfen umfangreiche repressive Maßnahmen gegen die Sozialdemokratie ergriffen – ablesbar an der behördlichen Auflösung des Republikanischen Schutzbundes und des Freidenkerbundes, am Verbot sozialdemokratischer Versammlungstätigkeit (Maiaufmarsch und Republiksfeier 1933), an Pressezensur, konstantem behördlichen Druck durch Hausdurchsuchungen, Gängelung von Aktivisten und regelmäßigen Drohgebärden sowie auch an der Ausschaltung der Betriebsräte in öffentlichen Unternehmen. Ungeachtet dessen gab es von Seiten der Sozialdemokratie wiederholt Verständigungsversuche mit dem Regime. Innerparteilich drängte vor allem der rechte Flügel darauf, eine gewaltsame Konfrontation zu vermeiden. Die Regierung hatte allerdings auch im Fall der Sozialdemokratie keinerlei Interesse an Kompromisslösungen. Die Konsequenzen der andauernden politischen Defensive waren für die Sozialdemokratie fatal: weite Teile der Anhänger und Funktionäre verfielen im Lauf des Jahres 1933 in Apathie oder wandten sich überhaupt von der Partei ab. Die Bewegung stand Anfang 1934 faktisch vor der Spaltung.

Die sozialdemokratische Führung setzte trotz der enorm gestiegenen Pressionen seitens der Regierung weiterhin strategisch auf Zuwarten und Vermeidung einer militärischen Auseinandersetzung mit der Staatsgewalt. Die Taktik der Regierung bestand ihrerseits darin, einen sozialdemokratischen „Erstschlag" zu provozieren, um einen Anlass zur Zerschlagung der Sozialdemokratie zu haben. Letztlich mit Erfolg: Entgegen ausdrücklichen Weisungen des Parteivorstands in Wien leistete der Linzer Schutzbund am frühen Morgen des 12. Februar 1934 bewaffneten Widerstand gegen die polizeiliche Durchsuchung des oberösterreichischen Parteihauptquartieres. Dies löste weitere Kämpfe in anderen Landesteilen aus. Zu gewaltsamen Auseinandersetzungen mit insgesamt dreihundertundfünfzig bis dreihundertundachtzig Todesopfern und über tausend Verletzten kam es in den folgenden Tagen in Oberösterreich (hier vor allem in Linz, Steyr, Attnang-Puchheim), in der Steiermark (besonders in Graz und Umgebung sowie in der Mur-Mürz-Furche) und in Wien. In der Bundeshauptstadt tobten heftige Kämpfe in den Bezirken Floridsdorf, Meidling, Favoriten, Ottakring, Simmering und Döbling. Nur punktuelle Kampfhandlungen gab es hingegen in den anderen Bundesländern, vor allem in Niederösterreich.

Die Regierungsstrategie der schrittweisen Ausschaltung der Sozialdemokratie kam mit den Februarkämpfen 1934 zum Abschluss. Jegliche oppositionelle Betätigung wurde verboten, die Freien Gewerkschaften und alle bestehenden sozialdemokratischen Organisationen aufgelöst, ihr Vermögen eingezogen und den gewählten sozialdemokratischen Repräsentanten ihre Mandate aberkannt. Im Zusammenhang mit den Februarkämpfen gab es Massenverhaftungen, das Standgericht kam gegen 128 Schutzbündler zum Einsatz, 20 Todesurteile wurden gefällt und neun vollstreckt. Unter den rund zehntausend verhafteten Sozialdemokraten befanden sich auch 25 National- und Bundesräte sowie zwölf Wiener Bezirksvorsteher. Mehrere Tausend Schutzbündler und sozialdemokratische Spitzenfunktionäre (wie z.B. Otto Bauer, Julius Deutsch) waren außer Landes geflüchtet, viele von ihnen wurden durch die austrofaschistische Regierung ausgebürgert.

Ennsleite in Steyr im Artilleriefeuer des Bundesheeres am Vormittag des 13.2.1934

Die Ausschaltung der Sozialdemokratie und ihre Abdrängung in die Illegalität im Februar 1934 traf eine Partei, die auf eine solche Situation nicht vorbereitet war. Ein Teil der Aktiven, besonders aus den Reihen der Jugendorganisation und des Schutzbundes, trat der KPÖ bei. Der rechte Flügel der Partei wie auch große Teile der verbliebenen Anhängerschaft zogen sich ins Privatleben zurück und beteiligten sich nicht an der Untergrundarbeit. Die illegale Organisierung erfolgte vorerst in Initiativen diverser kleiner Gruppen. Ihr gemeinsamer Nenner bestand in der Abwendung vom bisherigen Kurs der SdAP und in der linken ideologischen Orientierung.

Die zunächst vorherrschende Einschätzung, das austrofaschistische Herrschaftssystem sei äußerst instabil und werde durch eine revolutionäre Massenbewegung bald beseitigt werden, erwies sich im Lauf des Jahres 1934 als falsch. Als Konsequenz dessen änderte sich die Untergrundarbeit grundlegend. Statt Massenagitation setzte der sozialdemokratische Untergrund, der sich selbst schließlich den Namen „Revolutionäre Sozialisten" gab, nun auf den Aufbau einer illegalen Kaderorganisation. Mit finanzieller

Unterstützung des sozialdemokratischen Exils wurde versucht, der Regimepropaganda in Österreich durch Aufklärungsarbeit entgegenzutreten und besonders in den Betrieben ein organisatorisches Netzwerk aufzubauen. Das austrofaschistische Regime verfolgte die illegale Tätigkeit der linken Opposition mit ihrem gesamten Unterdrückungspotential. Am massivsten bedroht wurde es allerdings von seinem faschistischen Konkurrenten, dem Nationalsozialismus – in und außerhalb Österreichs.

3.9.3 Nationalsozialisten (NSDAP)

Die Nationalsozialisten setzten in ihrem Kampf gegen den Austrofaschismus vor und nach ihrem Verbot im Juni 1933 auf massiven Gewalteinsatz und terroristische Methoden mit Sprengstoffanschlägen und Attentaten. Beispielsweise wurden bei einer Anschlagsserie im Juni 1933 innerhalb von dreizehn Tagen 48 Personen verletzt und vier getötet. Der Angriff auf Christlich-Deutsche Turner am 19. Juni 1933 hatte unmittelbar das Verbot jeglicher nationalsozialistischen Betätigung zur Folge. Das führte allerdings zunächst ebenso wenig wie die Verhandlungsbereitschaft der austrofaschistischen Regierung zu einer Änderung der gewalttätigen NS-Aktivitäten.

Druck wurde nicht nur von österreichischen Nationalsozialisten ausgeübt. Die deutsche Regierung peilte den Sturz der österreichischen Regierung an, unter anderem mit wirtschaftlichen Mitteln wie der bereits erwähnten „Tausend-Mark-Sperre". Darüber hinaus unterstützte die nationalsozialistische Reichsregierung die österreichischen Nationalsozialisten großzügig mit Waffen, Sprengmittel und Geld.

Die Reaktion der austrofaschistischen Regierung auf die nationalsozialistische Opposition war eine ambivalente. Neben bereits erwähnten Versuchen, eine Verhandlungslösung zu erzielen (eine Option, die im Umgang mit der linken Opposition nie im Raum gestanden hatte), ging die Regierung gleichzeitig hart gegen NS-Aktivisten vor. Auch sie waren von Verhaftungen, Verwaltungsstrafen, Ausbürgerungen, Vermögensentzug und der Aberkennung von politischen Mandaten betroffen. Spätestens der NS-Putsch bewies das Scheitern der Verhandlungsstrategie der austrofaschistischen Regierung. Durchaus mit Kenntnis und Zustimmung Hitlers unternahmen SS-Angehörige am 25. Juli 1934 einen Putsch in Wien: die Regierung sollte gestürzt und durch eine neue mit NS-Nähe ersetzt werden. Der Plan scheiterte am entschlossenen Widerstand des Regimes. Bei der Besetzung des Bundeskanzleramtes wurde Kanzler Dollfuß ermordet. Im Gefolge der Wiener Ereignisse brach in einigen Bundesländern ein schlecht koordinierter nationalsozialistischer Aufstand los, der anders als in Wien vor allem von der SA getragen wurde. Auch diese Aufstände wurden durch Sicherheitsorgane und Militär mühelos niedergeschlagen. Ein eigens eingesetzter Militärgerichtshof verhängte anschließend dutzende Todesurteile gegen die Aufrührer, von denen dreizehn hingerichtet wurden. In vielen Fällen erhielten Angeklagte langjährige Kerkerstrafen. Kurzfristig waren im Zusammenhang mit dem Putsch 13.000 – 15.000 Personen verhaftet worden. Die Gesamtzahl der Todesopfer, einschließlich der dreizehn Hingerichteten, betrug zwischen 215 und 221 Personen und lag damit deutlich unter jener der Februarkämpfe.

Die Konsequenzen des gescheiterten Putsches waren für die illegale NSDAP schwerwiegend. Ihre Struktur wurde durch Massenverhaftungen und die Flucht weiter Kaderteile nach Deutschland ausgedünnt. Ihre Handlungsfähigkeit war in Folge stark beeinträchtigt. Zudem änderte die deutsche Reichsregierung ihren politischen Kurs gegenüber Österreich. Anstelle der kurzfristigen, gewaltsamen Putschstrategie setzte sie fortan auf eine „evolutionäre" Durchdringungsstrategie. Dollfuß' Nachfolger Schuschnigg versuchte, dem Vorgehen seiner Gegner mit einer Spaltungsstrategie zu begegnen: Sanktionen gegen die illegale NSDAP auf der einen, Gespräche mit und Einbindung von Repräsentanten der sog. Betont Nationalen auf der anderen Seite. Vorderhand verbuchte Kanzler Schuschnigg damit einige Erfolge. Der radikale Flügel der österreichischen NSDAP, der jegliche Verständigungsversuche abgelehnt hatte, fühlte sich besonders durch das Juliabkommen 1936 desavouiert.[35] Ungeachtet des Abkommens gab es deshalb auch weiterhin Gewaltakte und Anschläge.

Die Zugeständnisse der Regierung Schuschnigg im Rahmen des inoffiziellen Teils des Juliabkommens vergrößerten aber sowohl den deutschen Einfluss auf Österreich als auch die nationalsozialistischen Durchdringungsmöglichkeiten auf allen Ebenen des politischen Systems. Trotz

Festhalten der Regierung Schuschnigg am Betätigungsverbot der NSDAP verschwamm die von ihr gezogene Trennlinie zwischen „gemäßigten" und „radikalen" Nationalsozialisten in der Praxis immer mehr– ein Prozess, der durch das Berchtesgadener Abkommen vom Februar 1938 nochmals massiv verstärkt wurde. Das formelle Betätigungsverbot der NSDAP war nun endgültig bedeutungslos geworden, wie die Aktionen der österreichischen Nationalsozialisten in den folgenden Wochen bis zum „Anschluss"[36] zeigen sollten.

III. Politikbereiche und interessengeleitete Politikgestaltung

Ungeachtet des knappen Zeitraumes von fünf Jahren wurden im Austrofaschismus einschneidende Veränderungen durchgeführt, die die Politik und Gesellschaft Österreichs maßgeblich prägten. Die Zielvorstellungen und Interessen der herrschenden politischen und gesellschaftlichen Akteure fanden in unterschiedlichen Politikfeldern ihren Niederschlag.

1 Repressionspolitik

1.1 Instrumente und gesetzliche Regelungen

Ein Kernpunkt der Machtsicherungspolitik des Austrofaschismus bestand in einer breiten Palette repressiver Maßnahmen zur gewaltsamen Unterdrückung und Ausschaltung politischer Gegner. Als diesbezügliche Instrumente dienten Verwaltungsstrafen der Polizei und politischen Bezirksbehörden, Urteile von Gerichten, Doppelbestrafungen mit Geld- und Haftstrafen, Einweisungen in „Anhaltelager", Entzug der Staatsbürgerschaft und wirtschaftliche Sanktionen. Den rechtlichen Rahmen dafür bildeten meist Notverordnungen der Regierung. Diese basierten vorerst auf dem Kriegswirtschaftlichen Ermächtigungsgesetz aus 1917, später auf dem Ermächtigungsgesetz vom 30. April 1934. Die diversen einschlägigen gesetzlichen Bestimmungen wurden im Ordnungsschutzgesetz von 1937 zusammengefasst. Vor dem Hintergrund des Juliabkommens von 1936 sah dieses Gesetz Abmilderungen bestehender Strafbestimmungen vor. So sollte beispielsweise die Möglichkeit der Doppelbestrafungen nur noch für schwerwiegende Verfehlungen gelten. Die Strafgesetzgebung wurde damit allerdings nicht insgesamt milder. Denn der neu eingeführte Ordnungsschutz beinhaltete auch Verschärfungen wie die Möglichkeit der Erhöhung der Strafsätze. Zudem wurde der Verstoß gegen das Parteienverbot auf jede Form der Werbung für eine verbotene Partei und Förderungen ihrer Bestrebungen ausgeweitet.

Wichtige Voraussetzungen für die Realisierung repressiver Politik bildeten Ausbau und Umgestaltung von Exekutive und Justiz. Die Zentralisierung des Sicherheitsapparates erfolgte, wie bereits ausgeführt, in der Generaldirektion für öffentliche Sicherheit im Bundeskanzleramt. Dieser waren auch die in den Bundesländern neu eingeführten Sicherheitsdirektoren unterstellt. Ein weiteres Novum stellte das Staatspolizeiliche Büro als zentraler staatlicher Nachrichtendienst und als Instrument zur Bekämpfung oppositioneller Organisationen dar. Einer effektiven Repressionspolitik sollte auch die Erweiterung der Kompetenzen von Polizei und Gendarmerie dienen.

Die Justiz wurde für die Machtsicherungsinteressen der austrofaschistischen Regierung instrumentalisiert, der Verfassungsgerichtshof ausgeschaltet, die Autonomie der Gerichte aufgehoben, die Todesstrafe und Standgerichtsbarkeit neu eingeführt. Exekutive und Justiz bildeten das wichtigste Instrument zur Bekämpfung der politischen Opposition. Sie arbeiteten diesbezüglich eng zusammen.

1.2 Repressionspolitik gegen oppositionelle Parteien und illegale politische Betätigung

Nach dem Betätigungsverbot der Kommunistischen Partei und der NSDAP im Mai bzw. im Juni 1933 wurde die Sozialdemokratie in den Februarkämpfen 1934 endgültig ausgeschaltet. Dass nur ein Teil der vom Standgericht verhängten Todesurteile tatsächlich vollstreckt und das Standrecht für „Aufruhr" am 21. Februar 1934 aufgehoben wurde, hing mit Protesten und Interventionen der Regierungen von Frankreich, England und der Tschechoslowakei zusammen.

Auf illegale nationalsozialistische Aktivitäten reagierte das Regime mit Strafen wie Landesverweisen, Konfiszierungen, Entlassungen aus dem öffentlichen Dienst und nicht zuletzt mit temporärer Strafhaft und Einweisung in „Anhaltelager"[37]. Eine Zuspitzung erfuhr die Strafpolitik der austrofaschistischen Regierung gegen die nationalsozialistische Opposition im Zusammenhang mit dem Putsch vom 25. Juli 1934, an dem ca. 20.000 nationalsozialistische Parteigänger beteiligt waren.[38]

Von der Einweisung in „Anhaltelager" waren im Zeitraum 1933–1938 schätzungsweise insgesamt 12.000 – 14.000 politisch Oppositionelle betroffen.[39] Annähernd drei Viertel davon waren Nationalsozialisten, ein Viertel Sozialdemokraten und Kommunisten.

Eine teilweise Änderung in der Bekämpfung der politischen Opposition brachte das Abkommen zwischen der österreichischen und deutschen Regierung vom Juli 1936. Die austrofaschistische Regierung hatte sich darin zu einer weitgehenden Amnestie jener verpflichtet, die wegen politischer Vergehen inhaftiert waren. Neben Nationalsozialisten umfasste das auch Sozialdemokraten und Kommunisten. Im Rahmen des Abkommens vom Februar 1938 wurde dann eine Generalamnestie für alle wegen strafbarer politischer Delikte Verurteilten erlassen.

Die Haftbedingungen in den austrofaschistischen „Anhaltelagern" unterschieden sich wesentlich von denen in nationalsozialistischen Konzentrationslagern. Deutliche Ähnlichkeiten zeigen sich allerdings mit der Praxis des italienischen Faschismus bis Ende der 1930er Jahre. Ebenso wie die Verbannung politisch Oppositioneller in Italien hatte die Anhaltung in Österreich beträchtliche negative materielle, soziale und psychische Konsequenzen für die Betroffenen und ihre Familien: Ungewissheit über die Dauer der Anhaltung, soziale Isolierung der Inhaftierten, Besuchssperren als Strafe, teilweise Zwangsarbeit, zwangsweise Eintreibung der Haftkosten unter Familienangehörigen, Entfall jeglichen Einkommens und zugleich Verlust der Arbeitslosenunterstützung. Der Inhaftierung folgte bei jenen, die davor noch in Beschäftigung gewesen waren, der Verlust des Arbeitsplatzes. Die wirtschaftliche Diskriminierung setzte sich auch nach der Haftentlassung fort, denn die Vermittlung ehemaliger Anhaltelagerhäftlinge durch die Arbeitsämter war realiter ausgeschlossen.

Eine Erweiterung des Spektrums der Sanktionsmaßnahmen stellte die Ausbürgerung aus politischen Gründen dar. Unter den insgesamt mehr als 10.000 Betroffenen befanden sich überwiegend österreichische Nationalsozialisten, die nach Deutschland geflohen waren, aber auch zahlreiche sozialdemokratische und kommunistische Februar- und Spanienkämpfer. Sammlungen für politische Wohltätigkeitsorganisationen wie die „Rote Hilfe", das Verteilen von Flugzetteln, das Steigenlassen von Luftballons mit politischen Emblemen oder die Abhaltung illegaler politischer Versammlungen wurden rigide bestraft, der bloße Besitz und die Weitergabe illegaler Druckwerke mit hohen Strafen geahndet. Für Vergehen wie das Singen der Internationale, des Kampfliedes der linken Arbeiterbewegung, drohten 28 Tage Arrest nebst einer Geldstrafe von 28 Schilling. Für andere illegale Tätigkeiten konnten die Geldstrafen bis zu 500 Schilling betragen. Die Schwere derartiger Strafe wird nachvollziehbar, wenn man sich etwa die Höhe der Arbeitslosenunterstützung vergegenwärtigt. Diese betrug für Arbeitslose im Familienverband wöchentlich höchstens 12 Schilling und 60 Groschen.

Ökonomische Repressionsmaßnahmen mit wirtschaftlichen Folgen trafen vor allem Beschäftigte im öffentlichen Dienst. Die Strafen konnten im Amtsverlust oder in der Kürzung des Gehalts und der Pensionsleistungen bestehen. Zur Bekämpfung staats- oder regierungsfeindlicher Betätigungen in der Privatwirtschaft wurde (befristet) ein eigener Generalstaatskommissär eingesetzt. Er konnte im Einvernehmen mit dem zuständigen Minister Unternehmern wegen Staatsgefährlichkeit (z.B. wegen Förderung illegaler Aktivitäten) die Berechtigung zu ihrer Unternehmenstätigkeit entziehen und die Sperre ihrer Betriebe anordnen. Zudem bestand für ihn die Möglichkeit, die Vergabe von Lieferungen und Arbeiten an solche Unternehmer zu unterbinden. Sanktionen betrafen auch den Wohnbereich – konkretisiert in Form der Auflösung von Mietverhältnissen und des Verlustes von Gemeindewohnungen.

Kontrollen und Sanktionen waren nicht nur einzelne Personen, sondern auch oppositionelle Vereine und Medien unterworfen. Zahlreiche Vereine wurden aufgelöst, das Vermögen verbotener Parteien eingezogen. Für die gesamte Fremdenverkehrssaison im Sommer sowie um die Weihnachtszeit galt ein generelles Versammlungsverbot mit Ausnahme von Kundgebungen der Vaterländischen Front und der Wehrverbände.

Verfolgung und Unterdrückung aller Formen oppositioneller Medien, seien es von Zeitungen, Flugblättern und Streuzetteln, waren wesentlicher Bestandteil staatlicher Repressionspolitik. Die diesbezüglichen Maßnahmen umfassten die (anfängliche) Vorzensur ebenso wie das Verbot der Verbreitung und die Beschlagnahme von Druckwerken. Hohe Kerkerstrafen hatten Journalisten für „Aufrufe zu Hochverrat" sowie für alles zu gewärtigen, was als Störung der öffentlichen Ruhe oder als Aufwiegelung interpretiert werden konnte.

Auch Universitäten und Schulen standen im Blickpunkt politischer Überwachung. Verordnungen bildeten die gesetzliche Basis für das breit gefächerte Spektrum von Disziplinierungen für Professoren und Assistenten. Diese reichten von Beurlaubungen und Versetzungen bis hin zu Dienstenthebungen. An der Wiener Hochschule für Bodenkultur, die ein besonderes Betätigungsfeld illegaler nationalsozialistischer Studenten war, wurde ein Bundeskommissär eingesetzt, die Hochschule für einige Zeit sogar gesperrt. Stärker als an anderen Hochschulen kam es hier auch zu personellen „Säuberungen".[40]

Der Verbleib von Professoren, die vor Inkrafttreten des Gesetzes betreffend Maßnahmen an Hochschulen vom August 1934 berufen worden waren, war von der Bestätigung des zuständigen Bundesministers abhängig. Wer diese Bestätigung nicht erhielt, wurde (vielfach mit Leistungseinbußen verbunden) zwangspensioniert.

Nicht nur Professoren, auch Studenten waren von politischen Zwangsmaßnahmen betroffen. Das Sanktionsinstrumentarium für Studierende umfasste Verwarnungen, Rügen, Ausschluss von Prüfungen und vom Studium überhaupt. Verbüßten Studierende im Wintersemester 1933/1934 eine gerichtliche oder eine polizeiliche Freiheitsstrafe von mehr als einer Woche oder befanden sie sich in einem „Anhaltelager", so hatte dies den Verlust dieses Semesters zur Folge.[41] An der Universität Wien waren beispielsweise in den Studienjahren zwischen 1933/34 und 1936/37 aufgrund oppositioneller Aktivitäten 679 Studierende straffällig geworden. Acht davon erhielten eine Kerkerstrafe, 90 wurden für immer von ihrer Universität verwiesen.

Im Fall von Lehrern umfasste das Spektrum von Disziplinierungen für oppositionelle Einstellungen und Verhaltensweisen Sanktionen wie Gehaltskürzungen, den Ausschluss von der Gehaltsvorrückungen, die Versetzung auf eine andere Dienststelle, den schriftlichen Verweis bis hin zur Entlassung aus dem Schuldienst. Sanktionen betrafen auch Direktoren und Schulverwaltung. Im Jahr 1934 wurden von insgesamt 500 Schulleitern in Wien mehr als 100 des Dienstes enthoben und die Schulverwaltung personell „gesäubert". Der Präsident des Wiener Stadtschulrates, Otto Glöckel, wurde verhaftet und im „Anhaltelager" Wöllersdorf interniert.

Oppositionelles Verhalten von Schülern wie Verstöße gegen das Demonstrationsverbot hatte Strafen bis hin zu Schulausschlüssen zur Folge. Im Schuljahr 1933/34 beispielsweise wurden 1.340 Schüler wegen nationalsozialistischer, 49 wegen sozialdemokratischer und kommunistischer Aktivitäten bestraft. Über 25 Schüler wurde der allgemeine und über 150 Schüler der lokale Schulausschluss verfügt.

2 Medienpolitik zwischen Unterdrückung und Gleichschaltung

Die Lenkung der öffentlichen Meinung sollte auf dem Weg der Gleichschaltung sämtlicher Medien erreicht werden. Diese erfolgte durch Unterdrückung und Ausschaltung oppositioneller Medien und Journalisten zum einen, durch Indienstnahme der verbliebenen systemloyalen Medien und der darin tätigen Journalisten und Herausgeber zum anderen.

Schon wenige Tage nach der Ausschaltung des Nationalrates startete die Regierung im März 1933 ihre Eingriffe in das Pressewesen. Mit einer breiten Palette von Verordnungen und Gesetzen legte sie in den beiden ersten Jahren die Grundlagen austrofaschistischer Mediensteuerung.

2.1 Ausschaltung oppositioneller Medien

Zeitungen und Druckereien wurden der Vorzensur unterworfen. In den Jahren 1933/34 traf es 52 von insgesamt 85 Wiener Zeitungen. Mit dem Verbot der Betätigung der KPÖ, der NSDAP und der Sozialdemokratischen Partei ging das ihrer Medien einher. Sämtliche reichsdeutschen Zeitungen wurden verboten. Im Gefolge der Februarkämpfe 1934 wurde das Verlagshaus des sozialdemokratischen Vorwärtsverlages enteignet. Die Verwaltungs- und Aufsichtsorgane des Verlages wurden entfernt und ersetzt, 74% des Redaktionspersonals entlassen. Einige ehemalige sozialdemokratische Medien wurden politisch „umgefärbt" und im „neuen Kleid" weiter geführt. Ein Jahr nach Ausschaltung des Nationalrates waren alle Zeitungen der politischen Opposition erfolgreich ins Exil getrieben oder in die Illegalität gezwungen worden. Die Eingriffe sind exemplarisch an der Wiener Medienlandschaft ersichtlich: Gab es 1930 noch 28 Tageszeitungen, so waren es im Jahr 1936 nur noch 18.

Die Gleichschaltung des Rundfunks erfolgte auf dem Weg der Auflösung des Aufsichtsrates und der Abschaffung des Rundfunkbeirates. Zudem wurden Angestellte, die als Sozialdemokraten oder Nationalsozialisten galten, entlassen. Der Rundfunk fungierte fortan als reines Sprachrohr des neuen Staates. Neben Presse und Rundfunk waren auch Theater und Kino von Zensurmaßnahmen betroffen. So wurden sämtliche sozialdemokratischen Kinos geschlossen oder übernommen.

Polizei und Justiz unterdrückten (zumindest bis zur Umsetzung des Juliabkommens 1936) jegliche Form medialer Gegenöffentlichkeit. Verstöße ahndeten sie mit Geld- und Arreststrafen. Die politische Linie der noch bestehenden Blätter wurde von Regierungskommissären kontrolliert. Rechtlich gab es die Möglichkeit des Verbreitungsverbots von Zeitungen, des Entzuges der Gewerbeberechtigung und Bewilligung zur Herausgabe von Blättern. Vor allem illegale Flugblätter und ausländische Zeitungen wurden beschlagnahmt. Diese Eingriffe bedeuteten eine schwere wirtschaftliche Schädigung der betroffenen Zeitungen. Wegen der Förderung der verbotenen Betätigung einer Partei konnte Zeitungsherausgebern die Gewerbeberechtigung darüber hinaus ohne vorherige Warnung dauerhaft entzogen werden.

Die politischen Eingriffe und Veränderungen betrafen im Austrofaschismus also alle wesentlichen Ebenen des Medienwesens: die Zulassung, den Betrieb von Medienunternehmen sowie die Gestaltung und Verbreitung von Medienprodukten.

Das Abkommen mit Deutschland vom Juli 1936 blieb auch für den Medienbereich nicht ohne Folgen. Denn die österreichische Regierung sagte zu, dass sich die österreichische Presse jeder politischen Einwirkung auf die Verhältnisse in Deutschland enthalten werde. Das Presseabkommen vom Juli 1937 durchbrach das bis dahin bestehende Verbot nationalsozialistischer Zeitungen aus Deutschland. Vereinbart wurde die Zulassung von fünf deutschen Zeitungen in Österreich, darunter eines NS-Parteiorgans, der Essener-National-Zeitung.

2.2 Kontrolle – Anpassung – Gleichschaltung

Die verantwortlichen Schriftleiter von Zeitungen, die mindestens einmal in der Woche erschienen, waren verpflichtet, darin die jeweils aktuellen Verlautbarungen der Amtlichen Nachrichtenstelle zu veröffentlichen. Bei Zuwiderhandeln drohten Geld- oder Arreststrafen. Selbst die Schriftgröße und der Schriftgrad der Mitteilungen aus der Tagesgeschichte und von Aufsätzen über Tagesfragen waren vorgegeben. Die Herausgabe einer wenigstens monatlich erscheinenden Zeitung bedurfte einer besonderen Bewilligung, die durch den betreffenden Landessicherheitsdirektor nach freiem Ermessen erteilt oder verweigert wurde. Verstöße dagegen wurden mit Geldstrafen bis zu 10.000 Schilling oder Arrest mit bis zu sechs Monaten sanktioniert. Als Strafmaß für Verlag und Verbreitung staatsfeindlicher Druckwerke waren bis zu fünf Jahren Arrest vorgesehen.

Der Instrumentalisierung des Mediensektors sollte vor allem die Einrichtung einer Pressekammer dienen. Zu ihren Aufgaben zählte zum einen die Vertretung der Standesangelegenheiten und der sozioökonomischen Interessen der Branche. Zum anderen diente die Pressekammer aber der Kontrolle von Herausgebern, Redakteuren und freiberuflichen Journalisten. Deren Zulassung wurde neu geregelt, die Pressekammer konnte diese jederzeit entziehen. Die Kammer leistete einen Beitrag zur Steuerung des Pressewesens auch durch ihr Votum bei der Bewilligung zur Herausgabe von Tages- und Wochenzeitschriften. Die Sicherheitsbehörde bezog sie in ihre presserelevanten Entscheidungen ein.

Neben der Pressekammer verfügte der Austrofaschismus über einige weitere Institutionen, denen die mediale Selbstinszenierung des Regimes oblag. Der Bundespressedienst, der nunmehr im Bundeskanzleramt angesiedelt war, war für die gesamte Öffentlichkeitsarbeit der Regierung verantwortlich. Er bildete zugleich das Zentrum der staatlichen Presselenkung. Die „Amtliche Nachrichtenstelle", die „Wiener Zeitung" und die Staatsdruckerei waren ihm unterstellt.

Als Propagandainstitution fungierte vorerst der nach der Ausschaltung des Nationalrates im Rahmen der VF eingerichtete Heimatdienst, der zu diesem Zweck Broschüren, Flugschriften und Merkblätter produzierte. Mit der Zusammenlegung von Bundespressedienst und Heimatdienst im Jahr 1936 wurde die Pressepolitik der VF direkt mit der staatlichen Propagandaaktivität verbunden. Trotz wachsender Bedeutung des Werbe- und Propagandadienstes verzichtete die austrofaschistische Regierung jedoch im Unterschied zu Italien und Deutschland auf die Errichtung eines eigenen Propagandaministeriums. Dessen ungeachtet wurde aber gezielt versucht, die Reichweite der staatsoffiziösen Propaganda zu erhöhen. Ein Vorschlag des Generaldirektors der Radio Verkehrs AG (RAVAG) nahm in diesem Zusammenhang beim nationalsozialistischen Nachbarn Anleihen: alle Gendarmerieposten und -kommanden, Gemeindevorstehungen, Schulen und Turnsäle sollten mit Radioempfangsanlagen ausgestattet werden. Der Vorschlag scheiterte jedoch an dem im Austrofaschismus allgegenwärtigen Geldmangel.

Neben den staatlich eingerichteten Institutionen agierte auch die Vaterländische Front im Feld der Publizistik. Als Publikationsorgane, die eine möglichst einheitliche Außenkommunikation gewährleisten sollten, dienten der „Rednerdienst der VF" bzw. der „Informationsdienst der VF". Inhaltlich konzentrierten sich diese auf Informationen über die Aktivitäten und offiziellen Erklärungen der Regierung, des Frontführers der Vaterländischen Front und ihrer Organisationen. Ein wichtiges Thema bildeten außerdem Berichte über die politischen Gegner und über Deutschland.

Bei allem Bemühen um Propaganda für das Regime und Gegenpropaganda vor allem zum Nationalsozialismus führten Werbung und Propaganda im Austrofaschismus ein vergleichsweise bescheidenes Dasein. Die Pressefreiheit wurde zwar beseitigt, die Verbreitung illegaler Medien konnte allerdings nur höchst unzureichend unterbunden werden.

3 Kultur als Instrument

Ihrem Selbstverständnis nach hat die austrofaschistische Regierung dem Kulturbereich große Bedeutung beigemessen. Er sollte einen Grundpfeiler des neuen Österreich bilden und für die Bestands- und Legitimationsinteressen des Regimes instrumentalisiert werden.

Eine wichtige Funktion des offiziellen Kulturbetriebes bestand darin, dem Herrschaftssystem eine Bühne für seine Selbstdarstellung zu bieten. Mysterienspiele, wie sie beispielsweise im Rahmen des Allgemeinen Deutschen Katholikentages vom September 1933 aufgeführt wurden („St. Michael führe uns"), dienten der Vermittlung der herrschenden Ideologie von Führertum, Überwindung des Klassenkampfes und gottgewollter Ständeordnung. Die „Österreich"- Ideologie wurde künstlerisch inszeniert. Ausdruck dafür ist der verbreitete Dollfußkult in Form von Denkmälern, Büsten und Zeremonien. Dollfuß' Bild war omnipräsent und schmückte viele Herrgottswinkel in Bauernhäusern. Der ermordete Kanzler wurde zum personifizierten Inbegriff für „Österreich" stilisiert. Die glorreiche österreichische Vergangenheit wurde mit Rückgriffen auf Heroen der österreichischen Geschichte wie Prinz Eugen und mit Massenveranstaltungen wie der Türkenbefreiungsfeier im Mai 1933 in Wien erinnert. Paraden, Weihestunden, Appelle und Kundgebungen dienten der Mobilisierung der Bevölkerung. Dem Austrofaschismus gelang es, Veranstaltungen mit hunderttausenden Teilnehmern auch nach der Anfangszeit zu organisieren. Beispiele dafür sind die Trauerkundgebung der VF nach Dollfuß' Tod 1934 oder der Frontappell 1936. Großereignisse wie der Allgemeine Deutsche Katholikentag vom September 1933 wurden zu Manifestationen austrofaschistischer Massenästhetik.

Kirchliche Rituale wie die Fronleichnamsprozession mit Teilnahme politischer Funktionäre sind ein Beleg für die enge Verbindung von Katholischer Kirche und austrofaschistischem Herrschaftssystem. Durch die Verknüpfung politischer und kirchlicher Rituale wurde die Katholische Kirche zur wichtigen Stütze der Massenmobilisierung.

Die Maifeiern, traditioneller Bestandteil der sozialdemokratischen Kultur, wurden für den Zweck der Selbstdarstellung des Austrofaschismus umfunktioniert. Das Programm war vielfältig: Festgottesdienst in allen Pfarreien, im Dom St. Stephan mit Beteiligung des Bundespräsidenten, des Bundeskanzlers und der gesamten Regierung, Massenfestspiele mit Kinderhuldigung im Wiener Stadion, Huldigungsumzug der „Stände" vor dem Wiener Rathaus und Abschluss mit einem Volksfest. Der propagandistisch verkündete „ständische" soziale Ausgleich war wiederholt Thema kultureller Veranstaltungen. Diese dienten auch dazu, die missliche soziale Realität zu verklären.

Ein wesentliches Ziel austrofaschistischer Kulturpolitik bestand in der Beseitigung des einst großen Einflusses der Sozialdemokratie auf die Kultur, insbesondere im Volksbildungsbereich. Die breite kulturelle Infrastruktur der Sozialdemokratie wurde von der Vaterländischen Front und anderen Organisationen, teilweise auch von der Katholischen Kirche, enteignet. Sozialdemokratische Büchereien wurden liquidiert, Sperrlisten für Bücher eingeführt. Das kulturpolitische Vakuum, das durch die Ausschaltung der Sozialdemokratie entstanden war, wurde von verschiedenen Organisationen zu füllen versucht, fallweise auch durch die Weiterführung sozialdemokratischer Gründungen. So trat etwa die Soziale Arbeitsgemeinschaft für den Weiterbestand der Wiener Arbeiterbüchereien ein, weil sie um deren Popularität wusste und diesen Zweig der Wiener Volksbildung daher als bedeutsam für die angestrebte Integration der Arbeiter in den neuen Staat einschätzte.

Die kulturpolitischen Aktivitäten beschränkten sich aber nicht darauf, dem Austrofaschismus eine Bühne zur Selbstdarstellung zu bieten. Sie hatten wesentlich auch eine Kontroll- und Indoktrinierungsfunktion – ablesbar an Zensurmaßnahmen im Bereich Presse, Rundfunk, Theater und Kino. Ungeachtet dessen betonten Repräsentanten des Austrofaschismus, dass es auf kulturellem Gebiet nicht um Gleichschaltung ginge. Realiter kam es zu einer solchen jedoch sehr wohl, allerdings mit den Interessen des Nationalsozialismus, wie das Filmverkehrsabkommen von 1935 und das Juliabkommen 1936 belegen. Ausdruck dafür war die vom Nationalsozialismus geforderte und von der österreichischen Regierung übernommene Verpflichtung zum Ausschluss jüdischer Regisseure und Schauspieler.

Der Austrofaschismus versuchte zudem, sich durch Errichtung spezieller Institutionen kulturell zu legitimieren und diese Einrichtungen zugleich als Mobilisierungsinstrument zu nutzen. Innerhalb der Vaterländischen Front wurden das Kulturreferat und das Frontwerk „Neues Leben" eingerichtet. Der Aktivitätsradius des Kulturreferats umfasste Unterhaltungsabende mit Pflege des Volksliedes, mit Volkstanz, Dichterlesungen und Filmvorführungen. Es wirkte mit an der Förderung des österreichischen Schrifttums, und unterstützte die Werbung für Vorträge heimattreuer vaterländischer Autoren. Das Kulturreferat ging letztlich in einer Paradeeinrichtung des Austrofaschismus, im Frontwerk „Neues Leben", auf. Analog zu den Einrichtungen im italienischen und deutschen Faschismus handelte es sich beim „Neuen Leben" um eine große Freizeitorganisation.[42] Kulturelle Angebote hatten zu unterhalten, zu zerstreuen, zu gefallen und die österreichische Identität nach Art des Austrofaschismus zu unterstützen. Strikt ausgeschlossen waren Sozial- und Systemkritik.

Ähnlich den Kampfliedern bei den faschistischen Nachbarn (Horst-Wessel-Lied „Die Fahne hoch", „La Giovinezza" in Italien) durfte es daran auch in Österreich nicht fehlen. Der Leiter des Kulturreferates, Rudolf Henz, verfasste nach der Ermordung Dollfuß' im Auftrag von Kanzler Schuschnigg das Lied „Ihr Jungen schließt die Reihen". Dieses wurde häufig im Anschluss an die Bundeshymne gesungen.

Aufgrund des durch die Kleinheit des Landes begrenzten wirtschaftlichen und politischen Potentials Österreichs ist es nicht überraschend, dass der Austrofaschismus machtpolitisch keinen generellen Imperialismusanspruch wie der italienische und deutsche Faschismus stellte. Anders verhielt es sich mit dem kulturellen Bereich. Für diesen reklamierten Spitzenvertreter des austrofaschistischen Herrschaftssystems eine herausragende Stellung Österreichs. Wobei dies wohl mehr auf die Musik und Wissenschaft um die Jahrhundertwende als auf die Realität des Austrofaschismus in den 1930er Jahren zutraf. In Worten des Kulturfunktionärs Henz: „Wohl jeder weiß, daß die Geltung Österreichs in der Welt, daß die Achtung, die man dem Österreicher in der Welt entgegenbringt, vor allem in der kulturellen Leistung des Österreichers begründet ist. Österreichische Musik und Kunst, österreichische Forschung geben dem kleinen Staate an der Donau den Rang einer Großstadt der Kultur. Für Österreich bedeuten Kunst und Wissenschaft entscheidende, ja lebenswichtige Güter seines Volkstums, die Pfeiler seiner Weltgeltung."[43] Der spezifische kulturimperialistische Anspruch des Austrofaschismus wurde auch von Kanzler Schuschnigg betont: Österreich könne man einen machtpolitischen Imperialismus nicht unterstellen, allerdings auf kulturpolitischem Gebiet eine Großmachtbedeutung nicht absprechen. Österreich habe „eine ungeheure kulturelle Aufgabe über den Kreis derer hinaus (...), die unsere Muttersprache sprechen", ja mehr noch: „Wir wissen aber auch, (...) dass ohne dieses katholische Österreich die Erfüllung der Sendung des deutschen Volkes im christlichen Abendland, die Wiedergeburt des wahren heiligen Reiches und damit die Befriedung des aus tausend Wunden blutenden Mitteleuropas nicht möglich ist."[44]

4 SCHULE UND JUGEND ALS ADRESSATEN AUSTROFASCHISTISCHER POLITIK

In der Ersten Republik waren Fragen des Verhältnisses zwischen Schule, Staat und Religion heftig umstritten. Der Austrofaschismus brachte diesbezüglich eine Klärung, die weitgehend im Sinne der Katholischen Kirche war.

Schon eine der ersten Maßnahmen während seiner Etablierungsphase war schulpolitischer Art: die Beseitigung des „Glöckel – Erlasses". Dieser Bescheid von 1919 untersagte jeglichen Zwang zur Teilnahme an religiösen Übungen in Schulen. Obwohl von der Christlich-Sozialen Partei abgelehnt und bekämpft, „überlebte" dieser Erlass bis zum März 1933. Seine umgehende Beseitigung stieß insbesondere beim katholischen Episkopat auf große Zustimmung. Dem Ziel der Rekatholisierung der Schule diente auch die Einführung des verpflichtenden Religionsunterrichtes und religiöser Übungen. Doch der Umbau des Schulbereiches war damit längst nicht abgeschlossen.

Der Austrofaschismus griff sowohl in die Organisation und Aufgabenstellung des Schulwesens als auch in dessen inhaltliche und personelle Ausgestaltung ein. Organisatorisch wurden die Unterschiede zwischen den Schultypen, zwischen Volks-, Haupt- und Mittelschulen verstärkt. Selektion im Bildungssystem hieß konkret die Einführung der Aufnahmeprüfung für die Mittelschulen und die Erschwerung des Übertritts von der Hauptschule zur Mittelschule. Das Schulgeld für die Mittelschule wurde erhöht. Einsparungen an personellen und finanziellen Ressourcen trafen den Pflichtschulbereich Volksschule, nicht die Mittelschulen. Die Förderung der katholischen Privatschulen ging zu Lasten der staatlichen Bildungsinstitutionen. Die forcierte Selektion lief auf Eliteförderung und soziale „Auslese" hinaus. Zugleich wurden damit die sozialdemokratischen Versuche, das Bildungssystem für Kinder aus ärmeren Schichten der Bevölkerung durchlässiger zu machen, eliminiert.

Nicht nur in sozialer, auch in geschlechterpolitischen Hinsicht drehte der Austrofaschismus die Uhr zurück. Die besonders von der Katholischen Kirche geforderte Geschlechtertrennung wurde durch Errichtung je eigener Schulklassen für Buben und Mädchen durchgesetzt, die Koedukation weitgehend beseitigt. Die Umgestaltung der Lehrpläne folgte der vom Austrofaschismus propagierten Vorstellung unterschiedlicher Geschlechterrollen. So zählten beispielsweise an den neu eingeführten Oberlyzeen und Frauenoberschulen Nadelarbeit, Schneidern und Kochen zu den verbindlichen Lehrfächern. Im Unterschied dazu gab es für Jungen eine vormilitärische Erziehung. Nicht zuletzt erfolgte eine organisatorische Differenzierung aufgrund einer Verordnung des Wiener Stadtschulrates durch Einführung separater jüdischer Parallelklassen.

Die propagierten Erziehungsziele der Schule lauteten: sittlich-religiös, vaterländisch und sozial-volkstreu. Die inhaltliche Prägung der Schüler sollte nicht bloß punktuell, sondern ganzheitlich erfolgen und die ideologische ebenso wie die physisch-körperliche Ebene einschließen.

Das Bemühen um die Gleichschaltung der Schule mit den Interessen der Träger des Austrofaschismus fand seinen Niederschlag in den Inhalten, die in der Schule konkret vermittelt wurden. Die Schulbücher sollten dazu beitragen, die Heranwachsenden im systemkonformen Sinne zu bilden und aus ihnen loyale Träger des neuen Staates zu machen. Die Umsetzung dieses Vorhabens konnte allerdings aufgrund der beschränkten finanziellen Mittel nur eingeschränkt erfolgen. Für neue Schulbücher fehlte es an Geld.

Im Unterricht sollten daher aus den Schulbüchern nur passende Abschnitte verwendet, „überholte" Inhalte richtiggestellt werden.

Ein Novum in den Lehrplänen stellte die Verankerung der vormilitärischen Erziehung für Schüler dar. Im Turnunterricht wurde straffe Disziplin vermittelt, es wurden Kommandos geübt und Geländemärsche veranstaltet. In den beiden oberen Klassen der mittleren Lehranstalten waren Schießübungen vorgesehen.

Die austrofaschistische Feier- und Festkultur erhielt in der Schule einen festen Platz mit Heldenfeiern, feierlichem Fahnengruß, Treuegelöbnissen, Sportfesten und Fackelumzügen: „Ganz aufs Emotionale abgestellt, dominierten das Soldatische, Uniformen und Rangzeichen, militärische Bewegungs- und Befehlsformen, strenge hierarchische Gliederungen, Führerverehrung, feierliche Dank- und Gedenkgottesdienste, Erinnerungen an die großen Gestalten aus der österreichischen Vergangenheit und Treuebekenntnisse zu Österreich und dessen Führern."[45]

Von den Gleichschaltungsbemühungen waren neben Schülern auch Lehrer betroffen. Für Lehrer gab es den Zwang zum Beitritt zur Vaterländischen Front. Bei Verweigerung des Beitritts war mit der Nichtaufnahme in den Bundes- und Landesdienst zu rechnen.

Die organisatorische Erfassung der Jugendlichen erfolgte, wie im Abschnitt zur Vaterländischen Front ausgeführt, im Austrofaschismus auf zwei Ebenen: im Rahmen von Jugendverbänden, die dem katholischen Episkopat unterstanden, und im Rahmen des Österreichischen Jungvolkes, der Jugendorganisation der Vaterländischen Front. Während die Katholische Kirche in ihrem Einflussbereich freie Hand hatte, war die staatliche Jugendpolitik vor allem an drei Zielsetzungen orientiert:
– die Sicherung des Einflusses auf die Jugend durch deren organisatorische Erfassung mit dem Ziel der Kontrolle, Einordnung und Gleichschaltung,
– die Abwehr staatsfeindlicher Tätigkeiten durch Ausschluss des Einflusses oppositioneller, illegaler Parteien sowie
– die Militarisierung und Disziplinierung der männlichen Jugend.

Diese Ziele wurden nur teilweise erreicht. Das in der Vaterländischen Front eingerichtete Österreichische Jungvolk erfasste zusammen mit den katholischen Jugendverbänden, der sog. Konkordatsjugend, immerhin ein Viertel der insgesamt 1,2 Millionen österreichischen Kinder und Jugendlichen im Alter von sechs bis achtzehn Jahren. Weniger erfolgreich war das Österreichische Jungvolk dabei, die österreichischen Jugendlichen außerhalb der Schule zu vaterlandstreuen Staatsbürgern im Sinne des Regimes heranzubilden. Der Einfluss der illegalen Opposition auf die Jugend konnte nicht ausgeschaltet werden. Große Teile der Jugendlichen blieben gegenüber den Organisationsangeboten des Austrofaschismus indifferent. Unübersehbar leisteten die österreichischen Schulen, die Hochschulen und das Österreichische Jungvolk einen Beitrag zur Wehrhaftigkeit der österreichischen Jugend, auch wenn diese erst unter den Bedingungen nationalsozialistischer Herrschaft konkret zum Einsatz kam.

5 Wirtschafts- und Budgetpolitik

5.1 Zur wirtschaftlichen Entwicklung

Das Zusammenfallen einer durch den Börsenkrach von 1929 in New York ausgelösten internationalen Agrar- und Industriekrise mit einer Finanz- und Kreditkrise, zu der die Wiener Creditanstalt (CA) den Anstoß lieferte, zeitigte einschneidende Folgen. Sinkende Nachfrage und protektionistische Maßnahmen, die international in Reaktion auf die Wirtschaftskrise ergriffen wurden, trafen die außenhandelsabhängige Volkswirtschaft Österreichs schwer. Der Außenhandel schrumpfte um zwei Drittel, das Bruttonationalprodukt erfuhr zwischen 1929 und 1933 eine Reduktion um mehr als 22%.

Der bevorstehende Zusammenbruch der größten Bank Mitteleuropas, der Creditanstalt, im Jahr 1931 hatte die Wirtschaftskrise verschärft. Die CA verlor 85% ihres Eigenkapitals, der Verlust betrug 140 Millionen Schilling, eine Kapitalflucht setzte ein. Zusammen mit dem beträchtlichen Rückgang des Konsums hatte diese Entwicklung verheerende Auswirkungen auf Investitionen: Das Volumen der Investitionstätigkeit sank um mehr als die Hälfte, die allgemeine Geschäftstätigkeit um 41%. Der industrielle Produktionsausstoß verringerte sich um 38%.

Unweigerlich hatte diese Entwicklung auch beträchtliche Auswirkungen auf das staatliche Budget. Trotz verschiedener Abgabenerhöhungen sanken die Staatseinnahmen um 10%. Zugleich explodierten aufgrund der staatlichen Rettungsaktion für die schwer angeschlagene CA die Staatsausgaben. Die Folgen waren enorme Belastungen für das Budget, denen die Regierung ihrerseits durch Stellenabbau, Einschnitte in Gehälter und Sozialleistungen zu begegnen trachtete.

Rasch erfasste die Negativspirale auch den Arbeitsmarkt. Die Zahl der Arbeitslosen stieg von 192.000 im Jahr 1929 auf über 400.000 Betroffene im Jahr 1933. Sie erreichte damit ihren Höhepunkt. Die Arbeitslosenrate erhöhte sich von 8, 8% (1929) auf 26% (1933).

Auf die sinkende Nachfrage reagierten die Betriebe neben massenhaften Kündigungen mit einschneidenden Kürzungen von Löhnen und Gehältern. Im Jahr 1934 lag das Lohnniveau nur noch bei 70% des Standes von 1929, was wiederum empfindliche Auswirkungen auf den Konsum hatte.

Die wirtschaftliche Entwicklung in der Zeit des Austrofaschismus zeigt ein ambivalentes Bild. Entsprechend den politischen Prioritäten verfügte Österreich über eine stabile Währung und zeitweise auch über ein ausgeglichenes Budget. Branchen wie etwa die Landwirtschaft erlebten durch protektionistische Maßnahmen einen Aufschwung.

Auf der anderen Seite dauerten die wirtschaftlichen Probleme an. Der Außenhandel lag trotz steigendem Anteil unter dem Niveau von 1929. Die Investitionstätigkeit blieb weiter hinter den Werten der 1920er-Jahre zurück. Aufgrund der niedrigen Masseneinkommen sank die Nachfrage in Bereichen wie der Konsumgüterindustrie und Lebensmittelherstellung.

Das Bruttonationalprodukt stagnierte vorerst, lag dann trotz leichten Anstiegs gegenüber 1933 noch deutlich unter dem Niveau von 1929. Im Unterschied zu einer Reihe anderer Industriestaaten trat in den 1930er-Jahren keine umfassende Erholung ein. Die Arbeitslosigkeit unterschritt zwar den Höchststand von 1933, blieb aber auch in den folgenden Jahren auf einem hohen Niveau. Das Pro-Kopf-Einkommen je Arbeitnehmer sank ebenso wie der Anteil der Löhne und Gehälter am Volkseinkommen (1933: 58,4%; 1937: 54, 2%). Das hieß freilich nicht, dass es nicht auch Gewinner gegeben hätte: Analog zur sinkenden Lohnhöhe stieg der Anteil der Einkommen aus Besitz und Unternehmung bzw. der unverteilten Gewinne.

Diese Entwicklung war keine Naturgesetzlichkeit. Im Gegenteil: die von der austrofaschistischen Regierung betriebene Wirtschafts- und Budgetpolitik hat maßgeblich dazu beigetragen, dass Wachstumsimpulse vielfach ausblieben.

5.2 Prioritäten und Massnahmen

Der Austrofaschismus hielt an der von den bürgerlichen Regierungen in der Wirtschaftskrise vertretenen Doktrin von den „Selbstheilungskräften des Marktes" fest. Das Credo, das seine Politik bis zum „Anschluss" 1938 anleitete, lautete: Sicherung eines ausgeglichenen Budgets und der Stabilität der Währung. Im Konkreten lief die Umsetzung dieser Prioritäten vor allem auf die Senkung der Staatsausgaben und den Abbau der Staatsschulden, die staatlich teilfinanzierte Sanierung des Bankenapparates, die Reduktion der Lohnkosten und Sozialausgaben sowie die Vergrößerung des Handlungsspielraumes der Betriebe durch niedrigere Steuern hinaus. Maßnahmen zur Ankurbelung der Wirtschaft durch eine aktive Konjunkturpolitik waren damit ausgeschlossen. Angesichts der tiefgehenden Erschütterung der kapitalistischen Wirtschaft sollte die austrofaschistische Wirtschafts-, Budget- und Sozialpolitik den Interessen ihrer Trägergruppen dienen.

Die Sanierung des Bankensektors, die einen wesentlichen Bestandteil der Krisenlösungspolitik in den Jahren 1931/32 bildete, stand auch 1933/34 ganz oben auf der wirtschaftspolitischen Agenda. Die Regierung übernahm Ausfallshaftungen für die Industrieholdinggesellschaft der Bank und fusionierte 1934 die Creditanstalt mit dem Wiener Bankverein und anderen Geldinstituten. Der Konzentrationsprozess im Bankensektor war damit abgeschlossen. Neben der nunmehrigen Großbank „Creditanstalt-Bankverein" bestanden nur noch fünf mittelgroße Banken.

Das staatliche Engagement für die österreichischen Banken hatte eine enorme Belastung des Budgets zur Folge. Der Schuldendienst betrug 10,2% des Budgets im Jahr 1933, 10,6% im Jahr 1934 und 8,7% im Jahr 1937. Mehr als die Hälfte der Erlöse der aufgelegten Anleihen kamen der Bankenrettung zugute. Allein die Kosten für die Bankensanierung im Jahr 1934 waren so hoch wie der Gesamterlös der sogenannten Trefferanleihe von 1933.

Darüber hinaus unterstützte die austrofaschistische Regierung die Banken auch dadurch, dass sie mittels Verordnungen massiv in die Dienstverhältnisse der Bankangestellten eingriff. Die Aufhebung der Kollektivverträge ermöglichte Kürzungen bei Löhnen und Gehältern ebenso wie bei den Ruhens- und Versorgungsgenüssen. Zur Entlastung des Budgets wurden Entlassungen von öffentlich Bediensteten forciert.

Neben den Banken kamen Landwirtschaft und Gewerbe in den Genuss protektionistischer Maßnahmen. Eingriffe in den Markt zugunsten der Agrarproduzenten sind etwa an der eingeführten rigiden Festsetzung von Höchstmengen (Kontingentsystem) für die Milcherzeugung und -verarbeitung ersichtlich. In der Milchwirtschaft zeichneten sich damit, entgegen dem sonstigen wirtschaftsliberalen Kurs, deutliche planwirtschaftliche Elemente ab. Die österreichische Landwirtschaft wurde generell durch Zollschranken vor ausländischer Konkurrenz geschützt. Durch die Festlegung der Preise wurde das Preisniveau künstlich hochgehalten, vor allem zulasten der heimischen Konsumenten.

Der Protektionismus kam allerdings nicht allen Gruppen in der Landwirtschaft in gleichem Maße zugute, die Bevorzugung war keine generelle: Die austrofaschistische Politik nützte vor allem bäuerlichen Großbetrieben und der Agrarindustrie. Das zeigte sich nicht zuletzt auch daran, dass in dieser Zeit sehr viele Bauerngehöfte von Exekutionen betroffen waren. Von 1933 bis einschließlich 1937 kamen insgesamt 71.135 Betriebe „unter den Hammer", ohne dass ihnen staatlicherseits Unterstützung zugekommen wäre.

Zugunsten der Gewerbetreibenden, die ebenso wie die Bauern eine zentrale Gruppe in der sozialen Basis des Austrofaschismus bildeten, wurden schon in den ersten Tagen nach der Ausschaltung des Nationalrates eine Reihe protektionistischer Maßnahmen ergriffen. Die Gewerbeordnung kam nunmehr auch auf die Erwerbs- und Wirtschaftsgenossenschaften (wie z. B. Konsumvereine) zur Anwendung – womit der Verlust steuerlicher Begünstigungen verbunden war. Dies war eine alte Forderung des Gewerbes gewesen, um sich der unliebsamen Konkurrenz durch sozialdemokratisch geleitete Konsumvereine zu entledigen. Die Beschränkung von Gewerbeantritt und Gewerbeausübung bildete ebenso eine Schutzmaßnahme für das alteingesessene Gewerbe, die sich speziell gegen Menschen richtete, die in der Krise ihren Arbeitsplatz verloren hatten und nun versuchten, ihren Lebensunterhalt als selbstständige Handwerker zu bestreiten. Die einschneidendste Maßnahme stellte die sogenannte Gewerbesperre dar, die in der Folgezeit wiederholt verlängert wurde. Der Schutz des ortsansässigen Gewerbes vor zugewanderter oder nachwachsender Konkurrenz lief auf die Beseitigung der letzten Reste der Gewerbefreiheit hinaus.

Das Gewerbe wurde darüber hinaus ebenso wie der Bankensektor zum Nutznießer von Eingriffen in die Arbeitsbedingungen: Kollektivverträge wurden außer Kraft gesetzt, durch Zwangsschlichtung für die Beschäftigten nachteilige Bedingungen geschaffen, Überstundenzuschläge reduziert und der Achtstundentag durch Ausnahmeregelungen ausgehöhlt.

Im Unterschied zu den staatlichen Eingriffen in den Bankensektor, in die Landwirtschaft und das Gewerbe waren industriepolitische Maßnahmen eher ambivalenter Art. Der Ausschluss einer gezielten und aktiven Konjunkturpolitik entsprach durchaus auch den Vorstellungen industrieller Interessenvertreter. Danach sollte der staatliche Beitrag zur Krisenbewältigung in erster Linie Entlastungen für die Betriebe bringen: Einen Kernpunkt dabei bildete die Entlastung von Abgaben und eine Reduktion von Lohn- und Sozialkosten. Die Abgabenentlastung erfolgte in Form von Steuer- und Gebührenbegünstigungen für Investitionen sowie von zusätzlichen Abschreibungsmöglichkeiten. Wirtschaftlichen Nutzen zog die Industrie zudem aus dem Verbot von Streiks, der Abschaffung der Betriebsräte, aus der Auflösung und Abänderung von Kollektivverträgen zulasten der Beschäftigten, nicht zuletzt aus der Kürzung von Löhnen und Sozialleistungen. Punktueller Protektionismus zugunsten der Industrie zeigte sich auch an der Einfuhrsperre bestimmter ausländischer Produkte wie z.B. von Röhren oder der Einführung eines Konzessionszwanges (für Erzeugung von Glas und Glaswaren).

Allerdings zeitigte die austrofaschistische Wirtschaftspolitik für die Industrie auch negative Folgen: Die staatliche Investitionspolitik verblieb nach der Wirtschaftskrise auf einem sehr niedrigen Niveau, was den Niedergang der Infrastruktur zur Folge hatte. Die Hartwährungspolitik verschlechterte die Exportmöglichkeiten der österreichischen Industrie, was einen Ausgleich durch finanzielle Unterstützungen aus dem Budget erforderlich machte. Kürzungen der Löhne und Sozialleistungen, obwohl im Interesse der Industrie, schwächten die Konsumnachfrage – mit negativen Folgen für einschlägige industrielle Branchen. Die Belastung mit Abgaben wie dem Krisenzuschlag zur Warenumsatzsteuer wurde nicht verringert. Insgesamt lief diese Wirtschaftspolitik darauf hinaus, den kleinen österreichischen Binnenmarkt noch zusätzlich einzuschränken, während sie eine Kompensation des Mankos durch forcierten Export verunmöglichte.

Neben dem Protektionismus als einem wesentlichen Kennzeichen austrofaschistischer Wirtschaftspolitik gab es auch Ansätze der Kontrolle und Repression. Der 1934 eingeführte Generalstaatskommissär zur Bekämpfung staats- und regierungsfeindlicher Bestrebungen in der Privatwirtschaft hatte weitreichende Befugnisse: Er konnte den Entzug der Berufsberechtigung, die Sperre des Betriebes oder die Auflösung von Dienstverhältnissen ebenso anordnen wie, im Fall der „Staatsgefährlichkeit" eines Unternehmers, die Vergabe von Arbeiten und Lieferungen untersagen. Der Effekt dieses Repressionsinstruments lag weniger im Umfang der verfügten Sanktionen als vielmehr in der Abschreckung und Vorbeugung. Nach Beendigung der Agenden des Generalstaatskommissärs wurden diese dem Minister für Sicherheitswesen übertragen. Über einen nur äußerst beschränkten Handlungsspielraum verfügte hingegen der 1936 installierte „Bundeskommissär für die Preisüberwachung". Dieser war eingeführt worden, nachdem die Abwertung der Währung bei einer Reihe von österreichischen Handelspartnern negative Folgen für die Preisgestaltung in Österreich bewirkt hatte.

Die Regierung tat wiederholt kund, dass die Wirtschaft nicht durch neue steuerliche Maßnahmen belastet würde. Dem widersprach allerdings die Realität der Steuerpolitik. Steuern auf Gebrauchsgüter wurden ebenso erhöht wie eine Reihe von Gebühren. Die steuerliche Belastung war ungleich verteilt. Während die indirekten Steuern ein hohes Niveau erreichten, verminderte sich das Ertragsvolumen der Vermögenssteuer deutlich. Eine fallende Tendenz zeichnete sich ebenfalls bei der Erwerbs- und Einkommenssteuer ab.

Das ursprünglich anvisierte Vorhaben, ein ausgeglichenes Budget ausschließlich durch ausgabenseitige Maßnahmen zu erreichen, gelang nicht.

Vor allem in der Anfangszeit des Austrofaschismus kam es zu Ausgabensteigerungen. Verantwortlich dafür waren in erster Linie die Kosten der Bankensanierung und Bankenfusion, die direkte und indirekte Subventionierung der Landwirtschaft und die Kosten der Aufrüstung im Zusammenhang mit den Kämpfen im Februar 1934.

In den Folgejahren blieb das Niveau der Staatsausgaben weitgehend konstant. Erst 1936 konnte annähernd ein Budgetgleichgewicht erzielt und im Folgejahr das Budgetdefizit auf niedrigem Niveau gehalten werden. Für 1938 war eine Fortsetzung des restriktiven Kurses vorgesehen.

Die Auswirkungen der restriktiven Budgetpolitik zeigten sich insbesondere an der Entwicklung der staatlichen Investitionen. Der Anteil der Investitionsausgaben in Prozent der gesamten Ausgaben des Bundes betrug im Jahr 1933 2,1%, 1935 5% und 1937 3,4%. Werden die Investitionen für die Landesverteidigung berücksichtigt, so lag dieser Anteil bei 6,2%, 11% bzw. 15%. Dies entsprach 41% der Investitionsausgaben in den Jahren 1923 bis 1930. Eine deutliche Steigerung der staatlichen Ausgaben gab es nur in der Landesverteidigung, im Jahr 1937 betrug ihr Anteil mehr als 11% an den Gesamtausgaben des Bundes.

Großes Gewicht legte die Regierung auf den stabilen Außenwert des Schilling, ungeachtet dessen, dass 1934 eine reale Abwertung erfolgte. Solide Finanzen galten als eine wesentliche Voraussetzung für den harten „Alpendollar". Dies hatte positive Auswirkungen auf das Budget. Durch die Stabilität des österreichischen Schilling und der Währungsabwertung in anderen Ländern wurden die Forderungen ausländischer Kreditgeber entwertet. Der Zins- und Tilgungsdienst wurde damit erleichtert. Davon profitierten auch im Ausland verschuldete industrielle Großbetriebe. Andererseits war die Exportindustrie von der Hartwährungspolitik negativ betroffen, da österreichische Produkte im Ausland teurer wurden.

Die Priorität eines ausgeglichenen Budgets galt nicht nur auf Bundesebene, sondern ebenso auf jener der Länder und Kommunen. Die Folgen waren ähnlich: Auch hier kam die Investitionstätigkeit der öffentlichen Hand weitgehend zum Erliegen. Beispielsweise versuchte die Linzer Stadtregierung den steuerlichen Einkommensausfall durch eine Erhöhung der steuerlichen Belastung der Bevölkerung zum einen, durch die Einschränkung der Investitionen zum anderen auszugleichen. Die Stadt, die der Vermeidung neuer und der Tilgung alter Schulden Vorrang einräumte, investierte nur im zwingend notwendigen Ausmaß. Sie kürzte die Mittel der sozialen Fürsorge, reduzierte ihre Ausgaben für das öffentliche Straßennetz und stellte auch Vorhaben wie den Ausbau des Hafens und den Bau einer neuen Donaubrücke zurück, die für eine wirtschaftliche Erholung bedeutsam gewesen wären.

Insgesamt entwickelte sich die wirtschaftliche Lage in der Zeit des Austrofaschismus zu Gunsten der Unternehmer und zu Lasten der Arbeitnehmer. Die Schieflage in der Einkommensverteilung verschärfte sich. Während von 1933 bis 1937 das Pro-Kopf-Einkommen je Arbeitnehmer um 1,6% und der Umsatz der Verbrauchsgüter um 8% schrumpften, stieg die ausbezahlte Dividendensumme um 45% und der Kursindex von 34 Industrieaktien um 117%.

Die nachteiligen Konsequenzen der Maxime eines ausgeglichenen Budgets für die Arbeitnehmerschaft und damit die breite Mehrheit der Bevölkerung war neben den Leistungskürzungen vor allem an der Arbeitsmarktentwicklung ersichtlich. Im Kontext der enorm gestiegenen Arbeitslosigkeit hatte die Regierung Dollfuß nur zaghaft und selektiv eine aktive Beschäftigungspolitik betrieben. Auch hier galt das Prinzip, die eigene Klientel zu bevorzugen. So sollten im Freiwilligen Arbeitsdienst, der bei Arbeiten im Bereich der Flussregulierung und des Siedlungsbaues sowie beim Straßenbau eingesetzt wurde[46], vor allem vaterländisch gesinnte Arbeiter zum Zug kommen (1933: 17.493, 1934: ca. 20.000 Arbeitsdiensttätige). Im März 1934 wurden Betriebe mit mindestens 25 Arbeitnehmern verpflichtet, arbeitslose abgerüstete Schutzkorpsangehörige einzustellen. Allerdings trugen diese Maßnahmen ebenso wie vereinzelte Subventionen für die Neueinstellung von Arbeitslosen nur zu einem geringen Teil zum Abbau der massenhaften Arbeitslosigkeit bei.

Die Arbeitsbeschaffung blieb damit im Austrofaschismus ein nachrangiges politisches Vorhaben. Mittel dafür sollten in erster Linie auf dem Weg von Anleihen beschafft werden. Tatsächlich konnten auf diese Weise auch einige arbeitsintensive Prestigeprojekte im Straßen- und Brückenbau realisiert werden, so die Reichsbrücke in Wien, die Wiener Höhenstraße und die

Großglockner Hochalpenstraße. Insgesamt allerdings schloss der Austrofaschismus aufgrund seiner wirtschafts- und budgetpolitischen Ausrichtung nachhaltige und offensive Maßnahmen zur Bekämpfung der Arbeitslosigkeit aus. Dies wird vor allem an der Verwendung der finanziellen Mittel deutlich, die aufgelegte Anleihen erbrachten.

Von den Mitteln der Trefferanleihe vom Oktober 1933 wurde ein Drittel für produktive Zwecke (im Straßen- und Wasserbau, bei Elektrifizierungsarbeiten) verausgabt. Der überwiegende Teil der Erlöse diente jedoch der Sanierung der Banken und der Verringerung der Bundesschulden. Auch die 1934 aufgelegte Konversionsanleihe zielte auf die Entlastung des Staatshaushaltes statt auf eine Linderung der Arbeitslosigkeit.

Schuschnigg hatte 1935 mit großem propagandistischem Aufwand eine „Arbeitsschlacht" angekündigt. Allerdings trug auch diese nur wenig zur Verbesserung der Arbeitsmarktsituation bei. Denn ein weiteres Mal wurde ein beträchtlicher Teil des Anleiheerlöses, nämlich insgesamt 55%, zur „Festigung der Staatsfinanzen", d. h. zur Rückzahlung von Bundesschulden eingesetzt. Selbst der für den Zweck der Arbeitsbeschaffung verbleibende kleinere Teil der Anleihe wurde nicht voll ausgeschöpft.

Auch arbeitszeitbezogene Maßnahmen brachten keine Besserung der Arbeitsmarktsituation. Neue Feiertage wurden eingeführt, auf der anderen Seite jedoch durchlöcherten Ausnahmebestimmungen den Acht-Stunden-Tag. Kurzarbeit wurde gesetzlich gefördert, eine generelle Arbeitszeitverkürzung allerdings strikt abgelehnt. Eine Arbeitszeitverkürzung würde – so die Einschätzung von Sozialminister Odo Neustädter-Stürmer – die Konkurrenzbedingungen der österreichischen Wirtschaft im Vergleich zu anderen Ländern verschlechtern.

Eine geschlechtsspezifische Diskriminierung beinhaltete das Doppelverdienerverbot. Ein erster Schritt zur Umsetzung dieser in der (männlichen) Bevölkerung und bei Politikern populären Regelung wurde Mitte Dezember 1933 gesetzt: Das Verbot traf realiter verheiratete Frauen im Bundesdienst, deren Ehemänner in einem Dienstverhältnis zum Bund, Land, zur Gemeinde oder einer sonstigen öffentlich-rechtlichen Körperschaft standen und deren Einkommen einen bestimmten Höchstbetrag überstieg. Neben dem Abbaugebot enthielt die Verordnung auch ein absolutes

Aufnahmeverbot verheirateter Frauen in ein öffentlich-rechtliches Dienstverhältnis. Mit ihrer Verheiratung endete das Dienstverhältnis. Das Eingehen einer Lebensgemeinschaft galt als ein Dienstvergehen.

Die Beschränkung auf den Bundesdienst reduzierte den tatsächlichen Effekt des Doppelverdienerverbots auf den Abbau der Massenarbeitslosigkeit. Dies wurde in der Öffentlichkeit wiederholt kritisiert und die Regelung als unzureichend eingeschätzt. Wegen des geringen Erfolges dieser Maßnahme forderten verschiedene Organisationen eine Verschärfung des Verbots und dessen Ausweitung auf private Betriebe. Dies lag auf Linie mit der verbreiteten Forderung nach einer unbedingten Zurückdrängung der Frauenarbeit.

Ausdruck der weitgehenden beschäftigungspolitischen Untätigkeit und Selektivität der Politik im Austrofaschismus ist die Tatsache, dass die Arbeitslosenrate, die 1931 bei 15,4% und 1933 bei 26% lag, im Jahr 1937 noch immer annähernd 22% betrug. Im Unterschied dazu verringerte sich die Arbeitslosenrate in Ländern wie Großbritannien (von 21,5% im Jahr 1931 auf 11,3% im Jahr 1937) und Schweden (von 17,2% im Jahr 1931 auf 10,8% im Jahr 1937) massiv. Der deutliche Rückgang der Arbeitslosigkeit im nationalsozialistischen Deutschland (von 23,3% im Jahr 1931 auf 4,6% im Jahr 1937) steigerte dessen Attraktivität für Teile der Arbeiterschaft und der Arbeitslosen.

6 Soziale Lage und sozialpolitische Gestaltung

Die interessenpolitische Ausrichtung der Sozial- und Geschlechterpolitik des Austrofaschismus lief auf eine unübersehbare Schieflage zulasten der Arbeiterschaft und von Frauen im Allgemeinen hinaus. Daran änderte auch eine Regierungspropaganda nichts, die behauptete, die Arbeiterschaft stünde im Zentrum des „neuen Österreich", und die bei jeder Gelegenheit die große Bedeutung der Frau für die Gesellschaft betonte. Die Realität sah in beiden Fällen ganz anders aus.

III. Politikbereiche und Politikgestaltung

6.1 Soziale und materielle Lage der Arbeiterschaft

Die soziale Lage der Arbeiterschaft war bis zum Ende des Austrofaschismus durchgängig prekär, wie die Entwicklung der Löhne, die Krise des Arbeitsmarktes und der einschneidende Sozialabbau belegen.

Lohnsenkungen im Kontext steigender Arbeitslosigkeit und der neu abgeschlossenen Kollektivverträge führten zu beträchtlichen Einkommenseinbußen. Die Ausweitung der gesetzlich verordneten Feiertage erfolgte teilweise ohne Bezahlung und kam so einer Reallohnkürzung gleich. Weitere Einbußen resultierten aus der Einführung der dreitägigen Karenzfrist für den Bezug des Krankengeldes und der Kürzung des Überstundenentgeltes. Die rückläufige Lohnentwicklung änderte nichts an den traditionellen Einkommensunterschieden zwischen Angestellten und Arbeitern sowie zwischen Arbeiterinnen und Arbeitern.

Zur Verschärfung der materiellen Situation der Lohnabhängigen trug zudem der beträchtliche Anstieg der Lebenshaltungskosten bei. Die Preiserhöhungen bei einzelnen lebenswichtigen Artikeln machten bis zu 20% aus. Die bekannte Studie über Marienthal[47] belegte eindrücklich, wie stark sich Menschen, die in Folge der Krise über kein geregeltes Einkommen verfügten, beim Essen einschränken mussten, besonders bei Fleischprodukten, Eiern und Genussmitteln.

Wie erwähnt verschärfte sich das Dauerproblem der 1920er-Jahre, die Arbeitslosigkeit, im Gefolge der Wirtschaftskrise. Jeder vierte unselbständig Erwerbstätige war arbeitslos. Das Problem reichte tief hinein in die Funktionärsschicht des Austrofaschismus und betraf viele Mitglieder der Vaterländischen Front. Die soziale Lage der betroffenen Arbeitslosen verschlechterte sich aus mehreren Gründen: Änderungen des Arbeitslosenversicherungsgesetzes beschränkten den Zugang zu den Leistungen und verringerten deren Niveau. Durch verschärfte Bedingungen für den Bezug des Arbeitslosengeldes und der Notstandsaushilfe verloren zunehmend mehr Arbeitslose den Anspruch auf diese Leistungen, sie wurden aus dem Bezug von Sozialleistungen „ausgesteuert". Der Anteil jener Arbeitslosen, die keine Unterstützung erhielten, erreichte schließlich schwindelerregende Höhen: Seit 1935 erhielt nur mehr jeder zweite Arbeitslose eine Unterstützung, der Rest der Betroffenen (und ihre Familien) waren sich selbst und der Hilfsbereitschaft ihrer Mitmenschen überlassen. Vor diesem Hintergrund nimmt es kaum Wunder, dass Verbitterung und Verzweiflung unter Ausgesteuerten um sich griffen.

6.2 Organisierung der Arbeiterschaft

Der Umbau der Interessenorganisierung der Arbeiterschaft war wesentlicher Bestandteil des politischen Kurses des Austrofaschismus und erfolgte auf allen einschlägigen Ebenen. Anfangs ging es um die Beschränkung des gewerkschaftlichen Handlungsspielraumes. So wurde ein Streikverbot erlassen, die Betriebsräte wurden in allen staatlichen Unternehmen beseitigt. In der Folge wurden mit den oppositionellen Parteien (KPÖ im Mai 1933, Sozialdemokratie Februar 1934) auch deren Gewerkschaftsorganisationen ausgeschaltet. An Stelle der traditionell ideologisch zersplitterten Gewerkschaften installierte die Regierung Dollfuß den (Einheits-)Gewerkschaftsbund. Dieser fungierte zwar als kollektivvertragliche Monopolinstanz, verfügte allerdings über keine Autonomie. Der Sozialminister hatte bezüglich der Funktionäre das Ernennungs- und Abberufungsrecht. Die Gewerkschaftsspitze war von der Regierung abhängig. Die Führungsfunktionen lagen überwiegend in Händen ehemaliger Christlicher Gewerkschafter.

Neben der Beseitigung der gewerkschaftlichen und politischen Interessenvertretung der Arbeiterschaft betraf der gezielte Umbau der Gesellschaft auch die betriebliche Ebene. Das Werksgemeinschaftsgesetz von 1934 schaffte das bestehende Betriebsratssystem ab, an Stelle der Betriebsräte wurden sogenannte Vertrauensmänner installiert. Zudem kam es zur Einführung einer neuartigen politischen Organisationsform, der Sozialen Arbeitsgemeinschaft. Diese wirkte nicht nur innerhalb der Vaterländischen Front, sondern auch auf Ebene der Dienststelle (im öffentlichen Dienst) bzw. der Betriebsstelle (in der Privatwirtschaft). Hier zeigt sich, dass der Austrofaschismus durchaus Mühe auf die Integration der arbeitenden Bevölkerung verwandte.[48] Ihr Erfolg war allerdings bescheiden. Die Gründe dafür sind in der andauernden prekären sozialen Lage der Arbeiterschaft ebenso wie in der Politik der sozialen Schieflage zu ihren Lasten zu suchen.

Wie die Entwicklung der Sozialpolitik deutlich macht, konnte im Austrofaschismus von der propagierten „Sorge um Arbeit und Brot für den kleinen Mann" in der Praxis keine Rede sein.

6.3 SOZIALPOLITIK: POLITIK DER SOZIALEN SCHIEFLAGE

In der Anfangsphase der Ersten Republik war es zu einem beachtlichen Ausbau der staatlichen Sozialpolitik gekommen. Das Leistungsspektrum der sozialen Sicherung wurde insbesondere mit der Einführung der Arbeitslosenversicherung erweitert. Maßnahmen wie die Einführung des Achtstundentages, des Arbeiterurlaubes und der Betriebsräte bildeten Meilensteine in der Entwicklung des Arbeiterschutzes. Die Sozialdemokratie war in der Phase der Großen Koalition bis 1920 die treibende Kraft hinter diesem Ausbau gewesen. Ihre Oppositionsrolle in der Folgezeit verstand sie dann vor allem als Widerstandsfaktor gegen den Sozialabbau, der von bürgerlichen Parteien und Unternehmervertretungen gleichermaßen angestrebt wurde. Die Gegner der Sozialdemokratie hatten diesbezüglich unter demokratischen Bedingungen nur beschränkten Erfolg. Angesichts der äußerst knappen parlamentarischen Mehrheit der bürgerlichen Parteien waren ein wesentlicher Grund dafür die Befürchtungen der bürgerlichen Koalition, von den Wählern für einen sozialpolitischen Abbau abgestraft zu werden. So konstatierte beispielsweise der christlich-soziale Sozialminister Resch im Jahr 1932, dass in Österreich unter den gegebenen demokratischen Bedingungen eine „Reform" der Sozialpolitik nicht machbar sei.

Erst nach Ausschaltung von Parlament, Parteien und Wahlen konnte die austrofaschistische Regierung einschneidende sozialpolitische Veränderungen durchsetzen. Deren Kernpunkt war der Abbau sozialpolitischer Leistungen, auch wenn die Proponenten des Austrofaschismus ihren Staat als „sozialen Staat" bezeichneten. Dollfuß selbst hatte in der „Trabrennplatzrede" angekündigt: „ ... wir werden niemals die Lebens- und Grundrechte antasten, im Gegenteil, ein gerechter, christlicher Staat muss gerade den Ansprüchen der arbeitenden Menschen in erster Linie gerecht werden."[49] Die soziale Realität war eine ganz andere. Denn der austrofaschistischen Regierung ging es in erster Linie darum, die Banken, die gewerblichen und industriellen Unternehmen, den Großgrundbesitzes und nicht zuletzt das staatliche Budget zu entlasten. Erreicht wurde dies vor allem durch wirtschaftspolitischen Protektionismus und sozialpolitischen Abbau.

6.3.1 Soziale Sicherung

Schon im Kontext der Wirtschaftskrise hatte es punktuelle Leistungseinschränkungen gegeben. Die maximale Bezugsdauer des Arbeitslosengeldbezuges und dessen Höhe wurden gekürzt, die Anspruchsberechtigung in der Notstandsaushilfe eingeschränkt, Kollektivverträge aufgehoben und die Überstundenzahlung reduziert.

Die in Folge der Wirtschaftskrise sprunghaft angestiegene Arbeitslosigkeit wirkte sich äußerst negativ auf die Finanzierung der Sozialversicherung aus. Der Zusammenbruch von Betrieben, die Verringerung der Zahl der Beschäftigten und Lohnkürzungen hatten zum Rückgang der Lohnsumme geführt. Diese bildete seit Einführung der Unfall- und Krankenversicherung Ende der 1880er-Jahre die Basis des Unternehmensbeitrages zur Sozialversicherung.[50] Aus dem beträchtlichen Rückgang der Lohnsumme resultierten damit massive Einnahmeneinbußen für die Sozialversicherung.

Die von Dollfuß und seinem Sozialminister Neustädter-Stürmer angedachte Änderung dieses Finanzierungsmodells sollte zur Lösung der Finanzierungsprobleme beitragen. In der Trabrennplatzrede hatte Dollfuß diesbezüglich betont: „Es ist auf Dauer nicht haltbar, dass die Kosten der notwendigen sozialen Fürsorge nur die tragen, die Arbeiter beschäftigen. Die heutige Form der Aufbringung der Mittel für soziale Zwecke der Arbeiter und Angestellten belasten nur den, der Arbeiter und Angestellte hat, und wer die Arbeiter aus dem Betriebe hinausgeworfen und durch Maschinen ersetzt hat, bekommt eine zehn- bis fünfzehnprozentige Investitionsbegünstigung dafür, dass er statt Menschen Maschinen eingestellt hat."[51] Die Lohnsumme als Beitragsbasis sollte nach dem damaligen Sozialminister Neustädter-Stürmer durch eine Erhöhung des Zuschlags zur Warenumsatzsteuer ersetzt werden. Der Plan scheiterte am Widerstand der Unternehmervertretungen und einzelner Ministerien und verschwand aus der sozialpolitischen Debatte.

Zur Bewältigung der Finanzierungsprobleme in der Sozialversicherung waren aus Sicht der Regierung grundsätzlich drei alternative Strategien möglich: (1) Anheben der Beiträge der Beschäftigten und ihrer Arbeitgeber, (2) Anheben des staatlichen Zuschusses oder (3) Leistungsreduktion. Da letztlich weder die Unternehmen durch Beitragserhöhung noch das staatliche Budget durch Erhöhung des Zuschusses belastet werden sollten, lautete die politische Entscheidung: Kürzung der Leistungen in allen Bereichen der sozialen Sicherung. Die damit praktizierte Schieflage zu Lasten der Arbeiterschaft illustriert eindrücklich das wichtigste Sozialversicherungsgesetz des Austrofaschismus, das Gewerbliche Sozialversicherungsgesetz von 1935. Die Leistungskürzungen betrafen alle einschlägigen Versicherungsbereiche. Sie übertrafen alle bis dahin getroffenen restriktiven Maßnahmen:

In der *Krankenversicherung* wurde eine dreitägige Karenzzeit eingeführt und die Höhe des Krankengeldes reduziert. Die ursprünglich vorgesehene Familienversicherung unterblieb, Mehrleistungen über den gesetzlichen Rahmen hinaus waren unzulässig. War bei einem Unfall die Erwerbsfähigkeit nicht zu mehr als 50% vermindert, erfolgte eine Kürzung der Verletztenrente in der *Unfallversicherung*.

Am weitreichendsten waren die Leistungskürzungen in der *Pensionsversicherung* der Angestellten. Die Änderung der Rentenbemessung führte beispielsweise zu Kürzungen bis zu 18,7% bei fünf anrechenbaren Dienstjahren oder bis zu 22,2% bei zehn Dienstjahren. Rentenbezieher mussten nunmehr auch zur Kostendeckung in der Krankenversicherung beitragen. Das Gesetz beinhaltete zwar die Alters- und Invalidenversicherung der Arbeiter. Doch wie bereits bei deren gesetzlicher Einführung im Jahr 1927 wurde das Inkrafttreten auf „bessere" wirtschaftliche Zeiten vertagt. Die österreichischen Arbeiter erhielten dann erst mit Inkrafttreten der Deutschen Reichsversicherungsordnung am 1.1.1939 Anspruch auf eine, wenn auch realiter sehr geringe, Alters- und Invalidenversicherung.

Die Bezugsdauer des Arbeitslosengeldes wurde mit 20 Wochen, im Fall sehr langer Dienstverhältnisse mit 30 Wochen, festgelegt. Änderungen betrafen auch die Anschlussleistung an das Arbeitslosengeld, die Notstandsaushilfe. Deren Bezugsbedingungen wurden verschärft, für den Bezug mussten mindestens fünf versicherungspflichtige Jahre in den letzten zehn Jahren nachgewiesen werden. Die Konsequenz dieser Änderung war der Anstieg der Zahl der aus der Arbeitslosenversicherung „Ausgesteuerten". Der Anspruch entfiel zudem während der Zeit einer Freiheitsstrafe, wovon auch Häftlinge von „Anhaltelagern" und ihre Angehörigen betroffen waren.

Der massive Sozialabbau entlastete die Unternehmen und das staatliche Budget. Der Anteil der Ausgaben für „Soziale Verwaltung" an den Gesamtausgaben des Bundes sank von 23,5% im Jahr 1932 auf 17,2% im Jahr 1937.

Die Einschränkungen der sozialen Sicherung auf Bundesebene schlugen letztlich auf die Heimatgemeinden durch, die für die Armenfürsorge zuständig waren. Diese wieder versuchten der wachsenden finanziellen Belastung durch Abweisung „fremdzuständiger" und „umherziehender" Personen Herr zu werden. Sofern es überhaupt Fürsorgeleistungen gab, bestanden diese in Naturalunterstützungen.

Der Eindämmung der „Bettlerplage" dienten gesetzliche Bestimmungen für Schub- und Zwangsmaßnahmen. Konkretisiert wurden diese durch Errichtung von „Arbeitshäusern" bzw. „Bettlerlagern", in denen die Internierten Zwangsarbeit leisten mussten.

6.3.2 Arbeitsrecht und Arbeiterschutz

Der Austrofaschismus beseitigte demokratische Strukturen nicht nur auf politischer, sondern auch auf der betrieblichen Ebene. Deutlichster Ausdruck dafür war die Abschaffung der 1919 eingeführten Institution der Betriebsräte. Mit dem Werksgemeinschaftsgesetz vom Juli 1934 wurden in Betrieben der Industrie, des Bergbaues, des Handels und Verkehrs sowie des Geld- und Kreditwesens, die mindestens fünf dauernd Beschäftigte hatten, sogenannte Vertrauensmänner eingeführt. Abgestuft nach Größe des Betriebes gab es einen Vertrauensmann für fünf bis 19 Beschäftigte, drei für 20 bis 50 und vier für 51 bis 150 Beschäftigte. Die Werksgemeinschaft wurde von den Vertrauensmännern zusammen mit dem Unternehmer dann gebildet, wenn der Betrieb mindestens 20 Beschäftigte hatte.

Die Kollektivverträge erfuhren Veränderungen in mehrfacher Hinsicht. Durch die Ausschaltung der traditionellen Gewerkschaften war für viele Verträge der Vertragspartner weggefallen. Vorerst traten die gleichgeschalteten Arbeiterkammern an deren Stelle. Nach Gründung des Gewerkschaftsbundes wurde dieser zur kollektivvertraglichen Monopolinstanz. Den Partner auf Unternehmerseite bildeten die 1934/35 errichteten Unternehmerbünde. Neue Verträge wurden aufgrund des Verbots von Streikbewegungen vielfach zu schlechteren Bedingungen abgeschlossen. Nach Berichten der Gewerbeinspektoren gab es wiederholt Übertretungen der arbeits- und sozialrechtlichen Bestimmungen. Diese Praxis erreichte ein Ausmaß, dass selbst Bischöfe, ungeachtet ihrer uneingeschränkten Loyalität gegenüber der austrofaschistischen Regierung, diese Missstände wiederholt kritisierten.

Das Achtstundentaggesetz blieb zwar in Geltung, wurde allerdings durch Ausnahmebestimmungen ausgehöhlt. Für leitende Angestellte galt dieses nicht mehr, für Kreditinstitute und Bankgeschäfte wurden Ausnahmen gebilligt. Die Abgeltung für Überstunden wurde von 150% auf 125% abgesenkt. Bei den staatlichen Feiertagen gab es ideologisch motivierte Änderungen. Zum einen wurden der 1. Mai und der 12. November (Republiksgründungstag) als Feiertage abgeschafft, zum anderen einige katholische Feiertage (wie z. B. Christi Himmelfahrt oder Maria Empfängnis am 8. Dezember) als staatliche Feiertage neu eingeführt. Bezahlt wurden diese neu eingeführten Feiertage nur teilweise. Eine generelle Arbeitszeitverkürzung stieß in Regierung und bei Unternehmern auf dezidierte Ablehnung.

Insgesamt kann also festgehalten werden, dass die Realität der austrofaschistischen Sozialpolitik propagandistischen Selbstzuschreibungen wie „sozialster Staat" deutlich widersprach.

6.4 GESCHLECHTERROLLEN – GESCHLECHTERPOLITIK

Die Vorstellung klar getrennter, natur- und gottgewollter Geschlechterrollen war traditioneller Bestandteil konservativer katholischer Ideologie. Dieses Verständnis fand Eingang im ideologischen Selbstverständnis des Austrofaschismus und bildete die Grundlage seiner Geschlechterpolitik.[52] Die gesellschaftliche Aufgabe der Frau war demnach in erster Linie auf die Familie, die Arbeit im Haushalt und die Kindererziehung ausgerichtet. Dem gegenüber stand die männliche Prädominanz für den außerhäuslichen Bereich, für politische Funktionen ebenso wie für den Arbeitsmarkt. Berufsarbeit war im Lichte dessen vor allem Sache der Männer.

Diese „gottgewollte" Rollentrennung führte daher im Austrofaschismus nicht zur Gleichstellung der Frau, sondern zu deren gesellschaftlichen und politischen Diskriminierung. Einprägsame Beispiele dafür sind massive Benachteiligungen am Arbeitsmarkt, in der sozialen Absicherung, in den Bereichen Bildung und politische Partizipation. Frauen wurden aus versicherungspflichtigen Beschäftigungsverhältnissen und vom offiziellen Arbeitsmarkt verdrängt.[53] Die Anzahl der Frauen unter jenen Personen, die offiziell als Beschäftigte gezählt wurden, ist zwischen 1934 und 1937 von 30,6% auf 27% gesunken. Ein besonderes Beispiel für die Verdrängung von Frauen stellt das bereits angeführte Doppelverdienerverbot dar, von dem verheiratete Frauen im öffentlichen Dienst betroffen waren. Arbeitslosigkeit galt in erster Linie als Problem der Männer, die Ausgrenzung von Frauen demgegenüber als wesentlicher Teil einer Lösung dieser Problematik nach dem Motto: weniger Konkurrenz auf dem Arbeitsmarkt bedeutet mehr Arbeitsplätze für die restlichen – männlichen – Marktteilnehmer.

Frauen hatten seltener als Männer Anspruch auf Leistungen der Arbeitslosenversicherung. Änderungen in den Bedingungen für den Bezug solcher Leistungen wie die Erhöhung der Anwartschaftszeit trafen Frauen stärker, da sie aufgrund wechselnder Beschäftigungen die erforderlichen Versicherungszeiten nicht nachweisen konnten. Die Verringerung der Zahl der Arbeitslosengeldbezieherinnen war vom austrofaschistischem Regime durchaus intendiert.

Das Verständnis, dass den Geschlechtern unterschiedliche Rollen zukommen und die Sphäre der Frau die Häuslichkeit sei, fand auch im Bildungsbereich seinen Niederschlag. Es wurde nicht nur die in der Ersten Republik praktizierte Koedukation durch eigene Hauptschulen und Mittelschulen für Mädchen abgeschafft. Die Lehrpläne sollten der (angenommenen) Eigenart der weiblichen Jugend Rechnung tragen und daher deren Inhalte auf die Ausfüllung der Rolle für den häuslichen Wirkungskreis, nicht für den Arbeitsmarkt, vorbereiten. Die staatlichen Bildungsmöglichkeiten für Mädchen wurden beschränkt, die Verringerung des Bildungsangebotes im Mittelschulbereich führte zum Sinken des Mädchenanteils in diesem Schulbereich.

Die systematische Marginalisierung von Frauen im politischen Bereich zeigt sich nicht zuletzt daran, dass von insgesamt 213 Mitgliedern der vorberatenden Organe der Gesetzgebung nur zwei Frauen ein politisches Mandat innehatten. Beide waren als Repräsentantinnen des Schulwesens im Bundeskulturrat vertreten, beide waren aber als Lehrerinnen zugleich vom Doppelverdienerverbot betroffen.[54] Die vorberatenden Organe befanden sich somit ebenso wie die Regierung und die Vaterländische Front fest in „Männerhand".

IV. STIMMUNGSLAGE – POLITISCHE VERANKERUNG – POLITISCHE EINSTELLUNGEN

1 STIMMUNGSLAGE UND POLITISCHE VERANKERUNG DES AUSTROFASCHISMUS

Angesichts der breiten Ablehnung durch die politischen Gegner, Sozialdemokraten, Kommunisten und Nationalsozialisten, suchte der Austrofaschismus seine Unterstützerbasis abzusichern und auszuweiten. Dem sollte neben einer Politik, die sich an den Interessen der Trägergruppen des Regimes orientierte, die Integration der Bevölkerung in diverse Organisationen dienen. Als wichtigstes organisatorisches Integrationsnetz erwies sich die politische Monopolorganisation Vaterländische Front, mit der der Austrofaschismus über eine beachtliche Massenbasis verfügte, was vor 1933 bereits für die Heimwehren[55] galt. Die offiziell angegebenen VF-Mitgliederzahlen weisen einen stetigen Anstieg aus. Seitens der VF wurde für April 1936 ein Gesamtmitgliederstand von 2,1 Millionen, für März 1938 von 3,3 Millionen angegeben. Die jeweiligen Mitgliederanteile an der erwachsenen Bevölkerung in den Bundesländern schwankten, so beispielsweise 1937 zwischen 28% in der Steiermark und 66% in Wien. Wird in Rechnung gestellt, dass im Jahr 1934 die österreichische Gesamtbevölkerung unter Einbeziehung aller Alterskohorten 6,7 Millionen Menschen umfasste, so betrug der Anteil der VF-Mitglieder innerhalb dieser fast 50 Prozent. Das bedeutete einen gleich hohen Organisationsgrad wie im italienischen Faschismus. Diverse Großveranstaltungen demonstrierten, dass die VF über eine nicht zu unterschätzende Mobilisierungskraft verfügte.

Für den Beitritt zur VF gab es unterschiedliche Motive. Die Identifikation mit der ideologischen und interessenpolitischen Orientierung der austrofaschistischen Regierung und ihren Veränderungsvorstellungen war im bürgerlichen Milieu weit verbreitet. Überzeugung und protektionistische Motive, soziale und wirtschaftliche Erwartungen spielten für den Beitritt, vor allem angesichts der hohen Arbeitslosigkeit und der wirtschaftlichen Probleme, eine wesentliche Rolle. Nicht zuletzt trugen dazu auch Druck oder sogar Zwang bei. Staatliche Aufträge an Unternehmungen wurden an die VF-Mitgliedschaft der Auftragnehmer gebunden. Der stärkste Beitrittsdruck herrschte im öffentlichen Dienst. Nach einer Verfügung der Regierung hatten öffentliche Angestellte der Vaterländischen Front anzugehören. In das Bundesheer waren vor Einführung der Allgemeinen Dienstpflicht nur Mitglieder der Monopolorganisation aufgenommen worden.

Funktionäre der Vaterländischen Front interpretierten die große Zahl der Mitglieder gerne als massenhaftes Bekenntnis zum neuen Österreich. Es ist allerdings im Hinblick auf die exorbitant hohe Mitgliederzahl durchaus fragwürdig, ob mit der Mitgliedschaft immer auch eine hohe persönliche Loyalität mit dem Herrschaftssystem einherging. So kam eine Zusammenfassung österreichweiter interner Berichte der Vaterländischen Front vom Herbst 1937 zu einem ernüchternden Ergebnis: nur 40 – 50 % der eigenen Mitglieder wurden als politisch verlässlich eingeschätzt.[56] Mit dem politischen Rückhalt in der Gesamtbevölkerung verhielt es sich ähnlich. Das Generalsekretariat der Vaterländischen Front nahm Mitte 1936 folgende Quantifizierung vor: 50% der Österreicher seien „politisches Treibholz", die anderen 50% politisiert. Von Letzteren wiederum seien 25% vaterländisch positioniert, 15% national bis nationalsozialistisch und 10% marxistisch aktiv.[57] In einigen Bezirken lag die Quote der als vaterländisch verlässlich Eingeschätzten noch deutlich niedriger, wozu auch die Ausschaltung der Heimwehren im Mai 1936 beitrug. Teile ihrer ehemaligen Mitglieder schlossen sich den Nationalsozialisten an oder stumpften politisch ab.

Die Anfangseuphorie der Jahre 1933/34 scheint in der VF-Anhängerschaft bald verflogen zu sein. Mit Andauer des Austrofaschismus nahm der Unmut in der Bevölkerung, aber auch unter den VF-Mitgliedern zu. Die schlechte wirtschaftliche Lage, die andauernde Massenarbeitslosigkeit und die prekäre Situation vieler Kleinbauern trugen wesentlich dazu bei. Auch die Defensivhaltung der austrofaschistischen Elite gegenüber dem nationalsozialistischen Druck drückte auf die Stimmung, vor allem der eigenen Anhänger. Ab 1936 machten sich erkennbar Entmutigung, Verunsicherung und Rückzugstendenzen ins Private breit. In Reaktion darauf wurde die Institution der Wunschversammlungen im Rahmen der VF-Werbeabteilung geschaffen. Sie sollten als Ventil für Wünsche, Anregungen und Kritik dienen und auf diese Weise zur Aufhellung der Stimmung beitragen. Im Zusammenhang mit den Wunschversammlungen konstatierte die Werbeleitung der Vaterländischen Front: „Die Stimmung in der Mitgliedschaft ist nicht nur schlecht, sondern in vielen Fällen geradezu feindselig gegenüber der V.F. Es kann festgestellt werden, dass weite Kreise der Bevölkerung, das sogenannte politische Treibholz, das im Allgemeinen zu jeder gerade herrschenden politischen Bewegung hält, in der letzten Zeit merklich von der V.F. abgerückt sind."[58]

Die Arbeiterschaft stand zu großen Teilen politisch im Lager der Opposition. Dem Austrofaschismus gelang es nicht, die Loyalität und Unterstützung dieser großen und wichtigen sozialen Gruppe der österreichischen Gesellschaft für sich zu gewinnen. Die Kluft zwischen sozialen Ankündigungen und der sozialen Realität verstärkte die bestehende Vertrauenskrise und Ablehnung. Während die Regime-Propaganda beständig die Mühen betonte, die das Regime für die Besserung der sozialen Lage aufwandte, verschärfte sich die Situation für arbeitende und arbeitslose Menschen kontinuierlich. Wesentlich dafür verantwortlich war die Kombination aus niedrigen Löhnen, Preissteigerungen, hoher Arbeitslosigkeit, massenhafter Aussteuerung aus der Arbeitslosenversicherung und der Notstandsunterstützung in Verbindung mit radikalem Sozialabbau. Verständnis für den wachsenden Unmut gab es selbst in den Reihen wichtiger Unterstützer des Austrofaschismus. Nicht nur die Bischofskonferenz äußerte wiederholt Kritik an der sozialen Entwicklung zu Lasten der Arbeiterschaft. Eindrücklich heißt es etwa auch in einem Schreiben des Pfarrers der Salzburger Gemeinde Bischofshofen: „Soll man sich wundern, wenn solche Menschen (gemeint Arbeitslose, Ausgesteuerte, ET/FW) den Glauben an den christlichen Staat verlieren (...), wenn solche allen Rechtes und aller

Unterstützungen beraubten Menschen staatsfeindlichen Ideen Gehör schenken"[59]. Die Beschreibung der Stimmungslage der Arbeiterschaft durch die VF-Bezirksführung von Laa an der Thaya ließ an Deutlichkeit ebenfalls nichts zu wünschen übrig: „Wir landwirtschaftlichen Arbeiter und wir Industriearbeiter waren noch nie so machtlos wie jetzt. Keine Gutsherrschaft, kein Betrieb kümmert sich um Kollektivverträge. Nirgends findet der Arbeiter in diesem Staate sein Recht (...). Die Regierung verspricht nur immer, aber sie greift nicht durch. Wir Arbeiter müssen Kommunisten werden, wenn die Unternehmer mit uns nach Belieben herumspringen dürfen. Das, was bis jetzt geschehen ist, ist Augenauswischerei."[60]

Große Teile der Arbeiterschaft integrierten sich zwar in Massenorganisationen wie den Gewerkschaftsbund. Dass die formalen Beitritte aber keineswegs gleichbedeutend mit Zustimmung zum austrofaschistischen Regime waren, zeigten die Vertrauensmännerwahlen im Herbst 1936: Trotz aller Bemühungen der Regierung, der Vaterländischen Front und der Exekutive das Antreten illegaler oppositioneller Kandidaten zu verhindern, erzielten diese große Erfolge.

Der eingeschränkte politische Rückhalt des Austrofaschismus in der Bevölkerung schwächte diesen, insbesondere in der Abwehr des wachsenden nationalsozialistischen Drucks im Innern und von außen. Mit der Politik zulasten der Arbeiterschaft und der konstanten Repression gegen die linke Opposition trug der Austrofaschismus wesentlich zur Schwächung des Widerstandes gegen den Nationalsozialismus bei.

2 Politische Einstellungen: am Beispiel des Antisemitismus

Ein wichtiges Merkmal politischer Haltungen im Austrofaschismus stellte der weit verbreitete Antisemitismus dar. Dieser knüpfte sowohl an der deutschnationalen als auch der katholischen Tradition[61] der Judenfeindschaft in Österreich an. Mit der Wirtschaftskrise und dem Anstieg der Arbeitslosigkeit spitzte sich die antisemitische Stimmung weiter zu, kräftig angeheizt von der Hetze gegen Juden aus dem rechten Parteienspektrum.

Obwohl sich die austrofaschistische Regierung und die Vaterländische Front vom rassistischen Antisemitismus des Nationalsozialismus abzugrenzen versuchten, gab es diesbezüglich keine eindeutigen Trennlinien. Religiöser, ökonomischer und rassistischer Antisemitismus waren in der Praxis schon seit der Jahrhundertwende kommunizierende Gefäße. Rassistischer Antisemitismus wurde oft mit religiösen Argumenten überdeckt. So heißt es beispielsweise in den Ausführungen des Leiters des Paulus-Werkes, Bichlmayer: „Wie jeder getaufte Christ (...) mit der Gnade Gottes an sich arbeiten muss (...), so bedarf es auch bei einem getauften Juden anstrengender Arbeit und längerer Zeit zur Behebung der aus seinem Volkscharakter stammenden Schwäche. Diese Tatsache werden wir uns vor Augen halten, wo es sich um die Frage handelt, ob der neugetaufte Jude ohne weiteres wie jeder andere bereits als Kind getaufter Christ bei allen Stellungen zugelassen werden soll."[62] Wie tief der rassistische Antisemitismus verankert war, ist also daran deutlich ablesbar, dass selbst noch neugetaufte Juden diskriminiert werden sollten.

Für den Austrofaschismus lassen sich im Umgang mit Juden zwei Ebenen unterscheiden: die regierungsoffizielle Seite dieses Umgangs zum einen, der gelebte Antisemitismus im politischen und gesellschaftlichen Alltag zum anderen.

2.1 Die offizielle Seite: regierungsoffizielle Positionierung

Offiziell war Juden die Gleichstellung bei bürgerlichen Rechten und der Religionsfreiheit eingeräumt, wie die Verfassung von 1934 belegt. Es wurden keine Gesetze verabschiedet, die sich explizit gegen die jüdische Bevölkerung richteten. Leopold Kunschak, der bereits 1919 erfolglos einen Gesetzesvorstoß zur systematischen Diskriminierung von Juden eingebracht hatte, versuchte es 1936 erneut. Allerdings verlief auch dieser Vorstoß im Sand. In der Öffentlichkeit gab es seitens der Regierung keine direkten Angriffe auf Juden, wohl aber antisemitische Aussagen seitens Repräsentanten der austrofaschistischen Elite.

Juden konnten offiziell Mitglied der Vaterländischen Front werden und politische Mandate mit Zustimmung der politischen Führung ausüben. Realiter waren es allerdings nur ganz wenige, die derartige Funktionen ausübten: Desider Friedmann war Staatsrat, Salomon Frankfurter Bundeskulturrat und Jakob Ehrlich Mitglied der Wiener Bürgerschaft. Damit waren lediglich zwei der 213 Mandatare der vorberatenden Organe der Gesetzgebung Juden, das entsprach nur gut einem Drittel ihres Bevölkerungsanteils.

Diese offizielle Seite im Umgang mit Juden war nicht uneigennützig, sie hatte auch wirtschaftliche Gründe: Die Ausgrenzung von Juden im Tourismus („Arier bevorzugt" z.B. im Werbeprospekt von Zell am See/Salzburg) wurde offiziell abgelehnt und mit deren großer Bedeutung für diesen Wirtschaftszweig begründet. Zudem waren finanzielle Zuwendungen seitens der israelitischen Kultusgemeinde sowie einzelner Industrieller und Bankiers bei Regierung, Vaterländischer Front und Heimwehren willkommen.

All dies kann allerdings nicht darüber hinwegtäuschen, dass der Antisemitismus in Politik, Wirtschaft, Kultur und in den Einstellungen der Bevölkerung eine große Rolle spielte.

2.2 Die inoffizielle Seite: der gelebte Antisemitismus

Der Antisemitismus im politischen und gesellschaftlichen Alltag des Austrofaschismus zeigte sich in mehreren Facetten. Eine wichtige Trägerrolle nahm dabei die Vaterländische Front ein.

In ihrem Selbstverständnis schrieb sie sich eine zweifache Aufgabe zu: zum einen müsse sie Sorge tragen, dass im öffentlichen Leben nur Personen zur Geltung kommen, die das Gedankengut des christlichen, deutschen Staates teilten. Zum anderen könne sie es nicht billigen, wenn die politischen Rechte vaterlandstreuer Staatsbürger wegen ihrer Konfession oder Abstammung beeinträchtigt würden. Die reale Haltung war allerdings durch ein deutliches Ungleichgewicht geprägt:

Ein Beispiel für die Verbreitung des innerorganisatorischen Antisemitismus ist der Briefverkehr eines Juden mit dem Generalsekretariat der Vaterländischen Front: Martin Bunzl schrieb an deren Leitung, dass er und viele seiner Freunde der VF beitreten würden, wenn er „überzeugt wäre, dass dort Juden nicht nur geduldet, sondern ebenso willkommen sind wie christliche Mitglieder, wenn sie auch nur bereit sind, für ihr Vaterland entsprechend einzustehen"[63]. Er habe diesbezüglich seitens der Vaterländischen Front eine Erklärung vermisst. In der Antwort aus dem Generalsekretariat dazu heißt es: „Es ist nicht zu leugnen, dass innerhalb der VF sich auch Juden finden (...) Wir werden dafür zu sorgen wissen, dass keiner von ihnen irgendwo im Rampenlicht steht, um auf jeden Fall den Eindruck zu vermeiden, dass wir nach dieser Richtung hin ein ganz großes Erfordernis übersehen."[64] Damit wurde zwar das Anliegen des Briefschreibers gründlich missverstanden, jedoch die in der Vaterländischen Front verbreitete Einstellung sehr deutlich zum Ausdruck gebracht. Nicht überraschend fasste Bunzl in seinem Antwortschreiben die Situation so bitter wie treffend zusammen: Die Juden würden also nur interimistisch geduldet, nicht Gesinnung und Vaterlandstreue seien maßgebend, sondern Rasse und Konfession.

Es gab keine Distanzierung vom Antisemitismus in den eigenen Reihen. Im Gegenteil: Die Vaterländische Front tolerierte diesen und begrüßte zudem die Verstärkung antisemitischer Stimmungen bei ihren Funktionären und Mitgliedern. So heißt es in einem Bericht der Landeswerbeleitung der Tiroler VF, der starke Antisemitismus habe „erfreulicherweise auch die vaterländischen Kreise sehr stark erfasst"[65]. Wiederholt wurde intern gefordert, man müsse die judenfeindliche Haltung auch stärker in die eigene Außendarstellung einfließen lassen: „Will die Vaterländische Front hierzulande den Nazis den Wind aus den Segeln nehmen und den Kreis ehrlicher Kämpfer festigen und erweitern", so müsse sie „in der Judenfrage nach dem Rechten sehen"[66].

Realiter bot der Austrofaschismus Juden nur sehr eingeschränkt Schutz. Sie wurden politisch und gesellschaftlich diskriminiert und ausgegrenzt: Es wurde nicht nur der Beitritt zur VF erschwert, Vorschläge zielten auf die Ausgrenzung und Separierung von Juden. In Führerschulungskursen der Jugendorganisation „Österreichisches Jungvolk" wurde beispielsweise ein Vorschlag zur Einführung des Arierparagraphen in der Organisation gemacht und diesbezügliche Anregungen dem Generalsekretariat der VF vorgelegt. Der Beitritt nichtgetaufter Juden sollte verboten werden. Mit der Einführung dieses Paragraphen könne man, so die Argumentation, die Herzen der Bevölkerung gewinnen und – wie auch andernorts angemerkt – den

Nazis den Wind aus den Segeln nehmen. Die Anregungen wurden nicht umgesetzt, allerdings eine bewusste Separierungsstrategie verfolgt – beispielhaft ablesbar an der Gründung eines eigenen jüdischen Jugendverbandes. Den Arierparagraphen gab es laut Statuten in der Jugendorganisation der von Schuschnigg gegründeten Ostmärkischen Sturmscharen und in der Christlich-Deutschen Turnerschaft.

Die wirtschaftliche und berufliche Diskriminierung von Juden erfolgte auf mehreren Wegen: Kampagnen wie „Christen kauft bei Christen" in der Vorweihnachtszeit diskriminierten jüdische Geschäftsleute. Die Gewerbeordnungsnovelle 1934 bildete die Grundlage für eine mittelbare Diskriminierung insofern, als bestimmte Aktivitäten (Kundenbesuch, Kauf auf Raten), die vor allem jüdische Händler ausführten, unterbunden bzw. untersagt wurden. Das deutsch-österreichische Filmverkehrsabkommen von 1935 sah den Ariernachweis als Voraussetzung für ein Engagement vor. Jüdische Jungärzte wurden von der Fachausbildung ausgeschlossen. Für jüdische Wissenschafter war eine Universitätskarriere kaum noch möglich.[67]

Aus Kreisen der Vaterländischen Front wurden wiederholt Forderungen laut, derartige wirtschaftliche und berufliche Diskriminierungen auch gesetzlich zu verankern. So listete beispielsweise ein Bericht der Wunschversammlungen in Tirol vom Juni 1937 folgende Maßnahmen auf: Zurückdrängung der jüdischen Intellektuellen, Advokaten, Ärzte, Professoren, Kaufleute und Ingenieure auf ein Maß, das der Volkszahl entspreche; Säuberung der Radio Verkehrs AG von jüdischen Elementen, Entfernung jüdischer Schriftleiter aus den Redaktionen der staatlichen und regierungstreuen Blätter; ehest mögliche Beschränkung des staatlichen Geldverkehrs mit jüdischem Kapital.[68]

Berufliche Nachteile für Juden wurden von der Vaterländischen Front bestätigt. Beispielsweise trat das Generalsekretariat Gerüchten entgegen, die von Nationalsozialisten gestreut worden waren, bei der Länderbühne fänden Juden Beschäftigung: Seitens der VF wurde betont, dass beim technischen Personal kein Jude beschäftigt sei. Das VF Werk „Neues Leben" garantierte bei der Besetzung der Leitung des Theaters der Jugend „Rassenreinheit" in der Personalpolitik. Ausgrenzung von Juden durch deren Separierung ist exemplarisch an einer Verordnung des Wiener Stadtschulrates vom September 1934 ersichtlich: Mit dieser wurden separate jüdische Parallelklassen eingeführt, woran auch internationale Kritik nichts zu ändern vermochte.

Der Antisemitismus bildete eine alltägliche Selbstverständlichkeit und wurde durch Vorurteile, die in der Bevölkerung weit verbreitet waren, gestützt: Besonders tief verankert war dabei die Vorstellung, Juden hätten einen übermäßigen Einfluss in Wirtschaft, Kultur, Medien und Bildung. Ihre Ausgrenzung wurde mit fehlender „Bodenständigkeit" begründet. Ihre Diskriminierung (wie auch die anderer nichtchristlicher Religionsgemeinschaften) fußte nicht zuletzt strukturell im Selbstverständnis des Austrofaschismus als christlicher Staat. Der Glaube an Österreich erfordere, wie es der Stellvertreter des Bundeswerbeleiters, Bock, ausdrückte, das Bekenntnis zur christlichen Weltanschauung.[69]

Die Alltäglichkeit des Antisemitismus zeigt exemplarisch auch folgender Vorfall: Eine Gruppe des Österreichischen Jungvolkes hatte beim Marsch durch den 2. Wiener Bezirk, einem Bezirk mit einem hohen Anteil an jüdischer Bevölkerung, ein Lied gesungen, in dem ein Strophe lautete: „Wenn der Heimwehrmann ins Feld zieht, ja da hat er frohen Mut, und wenn das Judenblut vom Messer spritzt, geht es noch einmal so gut."[70] Nach einer Anzeige aus der Bevölkerung rechtfertigte sich der Gruppenführer bei einer Befragung durch die Polizei damit, dass er dieses Lied vom Ferienlager der Heimwehren kenne. Seitens der Landesjugendführung wurde dem Führer ein Verweis ausgesprochen: „Mit Rücksicht auf den Stadtbezirk und dessen Bevölkerung war das Absingen des beanstandeten Liedes jedenfalls untunlich."[71]

Kurz zusammengefasst: Die offiziösen Distanzierungen des Austrofaschismus vom aggressiven Antisemitismus des Nationalsozialismus waren in erster Linie darauf ausgerichtet, sich mit Blick auf die internationale Wahrnehmung Österreichs als die bessere Systemvariante darzustellen. Nicht zufällig lautete ein immer wieder bemühter Vorhalt gegenüber dem Nationalsozialismus in diesem Zusammenhang, der braune „Radau-Antisemitismus" sei schlicht ineffizient. Tatsächlich war der Antisemitismus auch in Österreich ein wesentlicher Bestandteil des politischen, wirtschaftlichen und gesellschaftlichen Alltags in den Jahre 1933 – 1938. Er wurde nicht bloß geduldet, sondern begünstigt, gefördert und praktiziert, und zwar sowohl von der Regierung als auch von der Vaterländischen Front und deren Organisationen – mit unübersehbaren Folgen für die Entwicklung ab 1938.

V. Verhältnis zu den faschistischen Nachbarn: folgenreiche Aussenbindungen und Aussenbeziehungen

Die Instabilität und kurze Lebensdauer des austrofaschistischen Herrschaftssystems hatte innere und äußere Gründe. Die Andauer massiver wirtschaftlicher und sozialer Probleme untergrub seine Akzeptanz in der Bevölkerung immer mehr. Ungeachtet aller Unterdrückungsmaßnahmen war die austrofaschistische Regierung dem gewaltsamen Widerstand durch die innere nationalsozialistische Konkurrenz ausgesetzt. Die politisch selbstgewählte Abhängigkeit vom italienischen Faschismus trug nur kurzfristig zur Sicherung der Selbständigkeit Österreichs bei und hatte eine Schwächung der internationalen Stellung Österreichs zur Folge. Sobald sich Italien und Deutschland 1936 annäherten, war die italienische Schutzfunktion für Österreich obsolet. Die Bemühungen der Regierung Schuschnigg, die Beziehungen zum nationalsozialistischen Deutschland zu „normalisieren", endeten durchgängig in einem politischen Fiasko.

Das Verhältnis zu seinen faschistischen Nachbarn hat die Entwicklung des Austrofaschismus von seiner Konstituierung bis zu seinem Ende wesentlich beeinflusst. Das faschistische Italien spielte eine wichtige Rolle als Vorbild und Mentor im politischen Umbruchprozess. Es fungierte – zumindest bis 1936 – als wichtigster außenpolitischer Schirmherr Österreichs. Eine ganz andere Rolle nahm der deutsche Nationalsozialismus ein: Von diesem ging von Anfang an die größte Bedrohung für den Austrofaschismus aus, die dann letztlich im „Anschluss" Österreichs 1938 ihren Abschluss fand.

V. Verhältnis zu den faschistischen Nachbarn

1 Italien

1.1 Intensivierung der Beziehungen

Das faschistische Italien war ebenso wie das autoritäre Horthy-Regime in Ungarn an einer politischen Umgestaltung Österreichs interessiert. So waren sich die Ministerpräsidenten beider Staaten, Istvan Bethlen und Benito Mussolini, bereits bei einem Treffen zu Ostern 1928 über das gemeinsame Ziel einig, „dass in Österreich eine Rechtsregierung mit Hilfe der Heimwehren die Macht von der gegenwärtigen Regierung übernimmt, deren außenpolitische Ziele den unseren nicht kongruent sind"[72]. Von einer derartigen Regierung und deren Einbindung in ein italienisch-ungarisches Bündnissystem erhoffte sich Mussolini Vorteile für die italienischen Hegemonialbestrebungen am Balkan und im Donauraum. Um die Heimwehren an die Macht zu bringen, die sich eine Umgestaltung Österreichs im Sinne des italienischen Faschismus auf ihre Fahnen geschrieben hatten, wurden diese seitens Italien und Ungarn großzügig mit Geld und Waffen unterstützt. Trotz aller Enttäuschungen über die ausbleibenden Erfolge der Heimwehren bei der Umsetzung ihres Ziels behielten beide Regierungen den Kontakt und die ideelle Unterstützung der Heimwehren bei.

Darüber hinaus waren sie um Kontakte zur österreichischen Regierung, insbesondere unter Bundeskanzler Schober, bemüht – durchaus mit Erfolg, wie die Erklärung des österreichischen Gesandten in Rom im Auftrag von Bundeskanzler Schober zeigt: der Bundeskanzler sei damit einverstanden, „dass sich Österreich ideell in den zwischen Italien und Ungarn bestehenden Verband einfüge"[73]. Die österreichische Regierung schloss 1930/1931 mit jeder der beiden Regierungen einen Freundschafts- und Schiedsgerichtsvertrag ab.

Beginn der 1930er-Jahre kam es auch zu einer Erweiterung der wirtschaftlichen Zusammenarbeit: Mit Italien wurden Präferenzzölle, Kredit- und Frachtbegünstigungen abgeschlossen, mit Ungarn Exporterleichterungen geregelt.

Sowohl in politischer als auch in wirtschaftlicher Hinsicht erfolgte in den Jahren des politischen Umbruchs 1933/1934 eine Intensivierung der Beziehungen zu Ungarn und vor allem Italien. Die faschistische Füh-

Freundschafts- und Schiedsgerichtsvertrag Italien-Österreich: Bundeskanzler Schober und Ministerpräsident Mussolini beim Abschluss am 6.2.1930

rung Italiens unterstützte in Übereinstimmung mit dem autoritären Horthy-Regime materiell und ideell den von der Regierung Dollfuß betriebenen politischen Veränderungsprozess und drängte wiederholt darauf, insbesondere die Ausschaltung der sozialdemokratischen Arbeiterbewegung zu beschleunigen.[74]

Der italienische Faschismus erwies sich nicht nur als Vorbild und Mentor dieses Prozesses. Er fungierte bis 1936 auch als außenpolitischer Schutzherr des austrofaschistischen Österreich und seiner Anliegen. Exemplarisch dafür sei auf die Verhandlungen Italiens mit England und Frankreich im Frühjahr 1934 über die Frage der Erhaltung der Selbständigkeit Österreichs oder auf den Aufmarsch italienischer Truppen am Brenner nach der Ermordung von Dollfuß im Juli 1934 verwiesen.

Das Naheverhältnis zwischen Österreich und Italien war der Regierung Dollfuß nicht aufgezwungen. Es entsprach ihren innen- und außenpoliti-

142 V. Verhältnis zu den faschistischen Nachbarn

Treffen von Ministerpräsident Mussolini mit Bundeskanzler Schuschnigg am 22.4.1937 in Venedig

schen Interessen, wenn auch damit ihre Bewegungsfreiheit weitgehend verloren ging.

Die Annäherung Italiens an Deutschland in den Jahren 1935/1936 hatte einschneidende Konsequenzen für den Austrofaschismus. Italien verabschiedete sich von seiner Schutzherrenrolle und überließ Österreich damit faktisch dem deutschen Einfluss.

Die Beziehungen zwischen dem italienischen Faschismus, Ungarn und dem Austrofaschismus waren nicht auf die politische Ebene beschränkt. Herausragendes Ergebnis der eingehenden Bemühungen um eine wirtschaftliche Zusammenarbeit sind die Römischen Protokolle vom März 1934. Die Vertragspartner Italien, Österreich und Ungarn verpflichteten sich in dem Abkommen zur Pflege des gegenseitigen Einvernehmens und gemeinsamer Beratungen. Italien sicherte sich die Führungsmacht in dieser Dreierallianz. Verbunden damit war die Möglichkeit, sich in die ungarische und österreichische Außenpolitik einzuschalten. Mit den Römischen Protokollen wurden die bereits bestehenden Präferenzzölle ausgeweitet sowie weitere Importerleichterungen und Kreditbegünstigungen vereinbart. Österreich zog aus dieser wirtschaftlichen Zusammenarbeit mit Italien und Ungarn Nutzen, der Außenhandel mit beiden Partnerstaaten wurde belebt. Zwischen 1935 und 1937 nahmen die beiden Partner ca. zwei Drittel der gesamten österreichischen Exporte ab. Zusatzprotokolle vom März 1936 erweiterten die bestehenden Römischen Protokolle: Es kam zur Einführung eines ständigen Organs für gegenseitige Konsultationen.

Das enge Bündnis mit Italien brachte der austrofaschistischen Regierung aber nicht nur Vorteile. Der Völkerbund hatte gegen Italien wegen dessen militärischer Invasion in Abessinien im Jahr 1935 Sanktionen verhängt. Das Völkerbundmitglied Österreich trug diese nicht mit. Daraus resultierten einschneidende außenpolitische Konsequenzen. Österreich schlitterte in eine internationale Isolation. In einer Situation des wachsenden Drucks seitens des nationalsozialistischen Deutschland verlor es dadurch endgültig den internationalen Rückhalt für seine Bemühungen um die Sicherung der österreichischen Eigenständigkeit. Ungeachtet der geänderten Rolle Italiens galt der italienische Faschismus aus Sicht der Regierung Schuschnigg noch immer als letzte Anker für die Sicherung ihrer Machterhaltung- und Bestandssicherung. Allerdings erwies sich dieser Anker zunehmend mehr als untauglich, wie die Entwicklung des Austrofaschismus ab 1936 bis hin zum „Anschluss" 1938 belegt.

1.2 Schirmherr der österreichischen Eigenständigkeit

Das zentrale Anliegen der österreichischen Außenpolitik bestand seit der Machtübernahme des Nationalsozialismus in Deutschland im Bemühen, die eigene Unabhängigkeit gegenüber den deutschen Expansionsbestrebungen zu verteidigen. Dieses Ziel sollte sowohl durch Bündnisse mit Italien (und Ungarn) als auch durch Aktivitäten der Westmächte und des Völkerbundes erreicht werden. Voraussetzung dafür war, dass es Österreich schaffte, die Konflikte mit dem nationalsozialistischen Nachbarn auf internationaler Ebene zu thematisieren und die Erhaltung seiner Souveränität zu einem internationalen Anliegen zu machen. Dies gelang bloß in den Anfangsjahren austrofaschistischer Herrschaft in eingeschränktem Maße. Die zögerliche Strategie der österreichischen Regierung sowie die Anpassung an die Interessen des italienischen Faschismus waren wesentliche Gründe dafür.

So protestierte die österreichische Regierung durch ihren Gesandten in Berlin im Jänner 1934 gegen die massiven nationalsozialistischen Terrorakte und forderte eine Stellungnahme der deutschen Regierung. Für den Fall einer ausbleibenden entsprechenden Reaktion kündigte die Regierung Dollfuß an, den Völkerbund mit dem fortgesetzten NS-Terror in Österreich zu befassen. Berlin reagierte brüsk. Damit war Österreich gehalten, seine Ankündigung wahr zu machen. Vom österreichischen Ministerrat wurde eine Note an den Völkerbund beschlossen. Der Bundeskanzler sollte diesbezügliche Schritte unternehmen. Dazu kam es jedoch nicht, denn Mussolini hatte kein Interesse an einer breiten Einmischung anderer Staaten in österreichische Angelegenheiten und intervenierte in Wien. Er sprach sich gegen eine Konsultation des Völkerbundes aus und forcierte stattdessen eine Besprechung mit den Großmächten Frankreich und Großbritannien – mit dem Ziel einer gemeinsamen Positionierung in der Frage der Erhaltung der Eigenständigkeit Österreichs. Die österreichische Regierung legte daraufhin zwar der französischen, englischen und italienischen Regierung umfangreiches Beweismaterial zur nationalsozialistischen Bedrohung Österreichs vor. Die Februarkämpfe 1934 überschatteten allerdings die laufenden Verhandlungen. Aufgrund des harten Vorgehens der Regierung Dollfuß gegen die Sozialdemokratie war nun auch Großbritannien gegen die Befassung des Völkerbundes mit der österreichischen Angelegenheit. Letztlich bestand der Verhandlungskompromiss zwischen den drei Großmächten in einer relativ unverbindlichen Garantieerklärung, in der die Notwendigkeit der Erhaltung und Integrität Österreichs betont wurde. Italien vertrat die Ansicht, dass sich damit der österreichische Appell an den Völkerbund erübrigt hätte. Schließlich distanzierte sich auch die österreichische Regierung selbst von ihrem ursprünglichen Vorhaben, und erklärte, sich erst an den Völkerbund wenden zu wollen, wenn der nationalsozialistische Terror erneut aufflammen würde. Das war mit dem NS-Putsch im Juli 1934 gegeben, daraufhin wollte die österreichische Regierung die Genfer Versammlung des Völkerbundes im September 1934 zum Anlass nehmen, den deutsch-österreichischen Konflikt international zu thematisieren. Das angepeilte internationale Abkommen zum Schutz der österreichischen Unabhängigkeit und Eigenständigkeit kam jedoch nicht zustande. Italien hatte sich erneut gegen eine derartige Internationalisierung der Österreichischen Frage ausgesprochen. Fazit: Es blieb bei der Bekräftigung der unverbindlichen Erklärung vom Februar 1934.

Nicht zuletzt befasste sich im April 1935 die Konferenz von Stresa, auf der die Regierungen von Frankreich, Großbritannien und Italien Maßnahmen zur Abwehr der deutschen Aufrüstungs- und Expansionspolitik vereinbarten, mit der Frage der Selbständigkeit Österreichs. Beschlossen wurde die Absicht, ein entsprechendes Abkommen auf einer Konferenz in Rom zu beraten. Dazu kam es nicht mehr. Die italienische Unterstützung Österreichs wurde durch die militärische Aggression Italiens gegen Abessinien im Herbst 1935 konterkariert. Aufgrund der internationalen Isolation des italienischen Faschismus näherte sich dieser dem Deutschen Reich an. Dabei entsprach Mussolini dem deutschen Wunsch, nicht mehr aktiv die Unabhängigkeit Österreichs zu verteidigen. Die Österreichfrage wurde so – auch aus Sicht der Westmächte – endgültig zu einer bilateralen Frage, oder anders gesagt zu einer ausschließlichen Angelegenheit zwischen Österreich und Deutschland. Die österreichische Regierung hatte dazu selbst durch die wiederholte Betonung der „deutschen Mission" und des „deutschen Charakters" ihres Regimes beigetragen.

Ebenso erfolglos wie die Bestrebungen um die internationale Absicherung der Eigenständigkeit Österreichs blieb letztlich das Bemühen, dem austrofaschistischen Herrschaftssystem damit internationale Anerkennung zu verschaffen. Das reservierte Verhältnis Großbritanniens und Frankreichs wurde besonders offenkundig anhand ihrer geharnischten Kritik am brutalen Vorgehen der österreichischen Regierung in den Februarkämpfen 1934.

2 Nationalsozialistisches Deutschland

2.1 Von der gewaltsamen zur evolutionären Strategie der „Einverleibung"

Seit der nationalsozialistischen Machtübernahme im Frühjahr 1933 verschärften sich die Spannungen zwischen Deutschland und Österreich kontinuierlich. Dies ungeachtet dessen, dass es von österreichischer Seite durchaus auch Sympathieerklärungen gab. So heißt es beispielsweise in der wichtigsten bürgerlichen Zeitung, der Reichspost, vom 11. Mai 1933: „Wir österreichische Katholiken anerkennen alles Gute und Hoffnungsvolle, das der nationalen Erhebung in Deutschland innewohnt und begleiten diese mit dem heißen Wunsch, dass sie zu einem guten Ende führen möge (... wir) wünschen der nationalsozialistischen Bewegung im Reiche eine rasche Stabilisierung und einen durchgreifenden Erfolg."[75]

Das unverhüllte Ziel NS-Deutschlands bestand jedoch von Anfang an in der „Einverleibung" Österreichs. Diesbezüglicher Druck wurde auf das austrofaschistische Regime von außen und innen aufgebaut. Die nationalsozialistische Propagandaschlacht erfolgte über Zeitungen, Flugblätter und Radiosendungen. Maßnahmen wie die „Tausend-Mark-Sperre" zielten auf die Schwächung der österreichischen Wirtschaft. Die deutsche Regierung unterstützte zudem massiv ihre österreichischen Anhänger, die das Land wiederholt mit Terroranschlägen überzogen. Die Erwartung, dass durch derartige Aktivitäten die Regierung Dollfuß zusammenbrechen würde und es dann zu Neuwahlen käme, erfüllte sich jedoch nicht.

Die austrofaschistische Regierung bekämpfte den NS-Terror im Innern anfänglich mit Haft- und Geldstrafen. Erst nach einem Handgranatenanschlag auf Christlich-Deutsche Turner im Juni 1933 wurde schließlich ein Betätigungsverbot der NSDAP verhängt und die Partei damit in die Illegalität gedrängt. Dennoch war die vom Austrofaschismus betriebene Unterdrückung der Nationalsozialisten nicht konsequent. Anders als gegenüber den Sozialdemokraten war die Regierung Dollfuß wiederholt bemüht, die Spannungen auch auf dem Weg von Gesprächen und Verhandlungen mit Vertretern der deutschen Regierung und der österreichischen NSDAP abzubauen. Die Verhandlungen scheiterten primär aus zwei Gründen: Die austrofaschistische Regierung war prinzipiell bereit eine Regierungsbeteiligung der Nationalsozialisten, nicht jedoch Neuwahlen in Erwägung zu ziehen. Neuwahlen waren von den Nationalsozialisten vehement gefordert worden – in der Annahme, die dann installierte Regierung zu dominieren. Zum zweiten setzte die NSDAP ungeachtet der Verhandlungen ihren Terror fort und diskreditierte so Dollfuß' Verständigungsversuche innerhalb des Regierungslagers. Ein Beispiel dafür ist die Absage eines geplanten Treffens Dollfuß' mit dem Landesinspekteur der österreichischen NSDAP und Sonderbeauftragten Hitlers für Österreich, Habicht. Trotz einer Terrorwelle an der Jahreswende 1933/34 sollte dieses am 8. Jänner stattfinden. Aufgrund des Widerstandes der Heimwehren kam das Treffen letztlich nicht zustande.

Die Doppelstrategie aus Bekämpfen der Nationalsozialisten und Verhandeln mit diesen ging nicht auf. Am 3. Oktober 1933 verübte ein Nationalsozialist ein Revolverattentat auf Dollfuß. Am 25. Juli 1934 wurde der Kanzler bei einem Putschversuch, den illegale österreichische Nationalsozialisten mit Wissen Hitlers durchführten, ermordet.

Daraus resultierte eine massive Verschlechterung der Beziehungen zwischen dem Austrofaschismus und dem Nationalsozialismus. Die Regierung von Dollfuß' Nachfolger Schuschnigg hatte in Folge den Kampf gegen die illegalen Nationalsozialisten verschärft.

Nach Misslingen des Putsches und der Ermordung des Kanzlers änderte das nationalsozialistische Deutschland seine Österreichstrategie. Das Ziel der „Einverleibung" in das Deutsche Reich sollte in der Folgezeit nicht mehr mit gewaltsamen Mitteln, sondern auf „evolutionärem Wege" erreicht werden, das heißt mittels politischer und wirtschaftlicher Durchdringung. Dabei kam dem neu ernannten deutschen Gesandten in Wien, Franz von Papen, eine wichtige Rolle zu.

Die austrofaschistische Regierung wiederum war bemüht, den oppositionellen Druck abzuschwächen, indem sie versuchte, einen Keil zwischen den NS-Sympathisanten in Österreich zu treiben. Sie konzentrierte ihr Augenmerk und ihre Gesprächsbereitschaft nunmehr auf die sog. Betont Nationalen. Dazu zählten verschiedene organisatorisch nicht zusammengefasste Kreise wie ehemalige Großdeutsche, der NSDAP nahestehende Persönlichkeiten, „Katholisch Nationale" und parteiungebundene, deutschnational orientierte Honoratioren. Schuschniggs Strategie war es, diese Teile der „Nationalen Opposition" zu integrieren und den harten Kern der illegalen Nationalsozialisten zu separieren. Die Übergänge zwischen „gemäßigten" Betont Nationalen und „radikalen" Nationalsozialisten waren freilich fließend. Einen klaren Trennstrich zu ziehen, war, wie Schuschnigg selbst später eingestand, immer weniger möglich.

2.2 JULIABKOMMEN – UMSETZUNG – FOLGEN

Eine einschneidende Änderung in den Beziehungen zum nationalsozialistischen Deutschland war, wie angeführt, Folge der veränderten außenpolitischen Konstellation. Die internationale Isolation Italiens im Gefolge der militärischen Annexion Abessiniens führte zu einer Annäherung und Verständigung zwischen italienischem und deutschem Faschismus. In Folge drängten Italien und Ungarn die österreichische Regierung zu einem „Ausgleich" mit dem Deutschen Reich. Jede „Normalisierung" der Beziehungen zwischen Österreich und Deutschland im Sinne Hitlers musste jedoch unweigerlich eine verstärkte Abhängigkeit Österreichs von Deutschland – bis hin zur Preisgabe der nationalen Souveränität – zur Folge haben.

Seitens der österreichischen Regierung wurden Verhandlungen sowohl mit Vertretern der deutschen Regierung als auch mit einem prominenten Repräsentanten der Nationalen Opposition und NS-Vertrauensmann, Edmund Glaise-Horstenau, geführt. Ein bisher wichtiger Blockadefaktor für eine Verständigung mit den Nationalsozialisten war zuvor schon weitgehend politisch entmachtet worden: Die Heimwehren, deren Führer die NSDAP als Rivalen im Kampf um Macht und Einfluss betrachtet hatten, wurden dann von Schuschnigg im Herbst 1936 endgültig aufgelöst.

Nach Zustimmung Hitlers erfolgte am 11. Juli 1936 die Unterzeichnung eines bilateralen Abkommens durch Kanzler Schuschnigg und den deutschen Gesandten von Papen. Der Vertrag, als Juliabkommen 1936 bekannt, umfasste neben dem offiziellen, öffentlich bekannt gemachten Teil einen geheim gehaltenen Zusatz, das sog. Gentlemen-Agreement.

Die Präambel des offiziellen Teiles des Übereinkommens lautete: „In der Überzeugung, der europäischen Gesamtentwicklung zur Aufrechterhal-

tung des Friedens eine wertvolle Förderung zu teil werden zu lassen, wie in dem Glauben, damit am besten den vielgestaltigen wechselseitigen Interessen der beiden deutschen Staaten zu dienen, haben die Regierungen des Bundesstaates Österreich und des Deutschen Reiches beschlossen, ihre Beziehungen wieder normal und freundschaftlich zu gestalten." Der anschließende Text beinhaltet drei Punkte:
– die Anerkennung der vollen Souveränität Österreichs durch die deutsche Reichsregierung;
– die Zusicherung der beiden Regierungen, die jeweilige innerpolitische Gestaltung als innere Angelegenheit des anderen Landes zu betrachten sowie
– die Zusicherung der österreichischen Regierung, ihre Politik im Allgemeinen wie insbesondere gegenüber dem Deutschen Reich auf jener Linie zu halten, die einem sich als deutscher Staat bekennenden Regime entspricht.
Durch das Übereinkommen sollten darüber hinaus weder die Römischen Protokolle noch die Partnerbeziehungen zu Italien und Ungarn berührt werden.

Im ungleich bedeutenderen vertraulichen Teil des Juliabkommens heißt es einleitend: „In der Überzeugung, dass der von beiden Seiten geäußerte Wunsch, die Beziehungen zwischen dem Bundesstaat Österreich und dem Deutschen Reich wieder normal und freundschaftlich zu gestalten, eine Reihe von Vorbedingungen seitens beider Regierungen erfordert, wird nachfolgendes vertrauliches Gentlemen-Agreement von beiden Regierungen gebilligt."[76] Zu diesen Vorbedingungen zählten:
– Keine Einmischung in innerpolitische Angelegenheiten des anderen Staates und keine Beeinflussung der Staatsangehörigen des anderen Staates durch Propaganda;
– gegenseitige kulturelle Beziehungen (z.B. Unterlassung jeglicher Aggressivität im Funk- und Nachrichtenwesen);
– Enthaltung der Presse von jeglicher politischen Einwirkung auf die Verhältnisse im anderen Land, keine verletzende Kritik, Abbau des Importverbots und Zulassung einiger deutscher Zeitungen;

- Lösung des Problems der Emigration österreichischer Nationalsozialisten ins Reich;
- Gleichstellung der jeweiligen Staatsangehörigen hinsichtlich Tragen des Hoheitszeichens;
- Bereitschaft zur Anbahnung normaler wirtschaftlicher Beziehungen und Aufhebung der Beschränkungen des Reiseverkehrs;
- Bedachtnahme der österreichischen Außenpolitik auf die „friedlichen Bestrebungen" der Außenpolitik der deutschen Reichsregierung;
- Bereitschaft des österreichischen Bundeskanzlers zu einer weitreichenden politischen Amnestie sowie zur Beteiligung von Vertretern der bisherigen Nationalen Opposition an politischer Verantwortung;
- Behandlung von Beschwerden durch einen paritätisch besetzten Ausschuss.

Ungeachtet der absehbaren einschneidenden Folgen dieser Vereinbarung für die Souveränität Österreichs versuchten Schuschnigg und seine Regierung in der Öffentlichkeit einen ausschließlich positiven Eindruck zu erwecken. Der Kanzler brachte am Tag der Unterzeichnung seine „aufrichtige Freude und Genugtuung darüber zum Ausdruck (...), dass hüben und drüben das Bewusstsein um Schicksalsverbundenheit und gemeinsamen Weg (...) sich stark erwiesen hat, um mit berechtigter Aussicht auf Erfolg den Versuch zu unternehmen, Hindernisse und Barrieren wegzuräumen, die eben noch unüberwindbar erschienen"[77].

Die Spitzen von Regierung und VF demonstrierten vollste Zufriedenheit, die regimeloyalen Medien bejubelten das Abkommen, Unternehmer versprachen sich vom Abkommen wirtschaftliche Erleichterungen.

Die positive Einschätzung des Abkommens war jedoch aus gutem Grund nicht ungeteilt. Massive Kritik kam seitens des einstigen Regierungspartners, der Heimwehren. Auch die linke Opposition lehnte ebenso wie die Legitimisten das Abkommen ab, weil sie es als beginnenden Ausverkauf der österreichischen Eigenstaatlichkeit interpretierten. Die illegalen Nationalsozialisten fühlten sich ihrerseits durch die deutsche Reichsregierung im Stich gelassen und waren enttäuscht über den „faulen Frieden".

Sehr unterschiedlich waren auch die internationalen Reaktionen. Italien und Ungarn waren erfreut. England bewertete das Abkommen vorsichtig als positiv für Österreich wie auch für die friedliche Lösung der politischen Probleme in Europa. Einen Schwachpunkt ortete es in dessen bilateralem Charakter. Frankreich hingegen reagierte bestürzt, in der Tschechoslowakei löste das Abkommen großes Unbehagen aus.

Der zentrale Punkt des Juliabkommens mit seinem Gentlemen-Agreement besteht darin, dass damit der nationalsozialistischen Durchdringung Österreichs auf politischem, wirtschaftlichem und kulturellem Gebiet große Spielräume eröffnet wurden. Zudem zeigte sich sehr bald, dass Deutschland nicht gewillt war, sich an die Bedingungen des Abkommens zu halten. Die Reichsregierung mischte sich sehr wohl in die inneren Angelegenheiten Österreichs ein. Sie unterstützte staatsfeindliche Umtriebe der illegalen österreichischen Nationalsozialisten und deren Organisation mit Geldmittel und Propagandamaterial. Den reichsdeutschen Parteistellen war zwar offiziell die Aufrechterhaltung der politischen Verbindungen mit den österreichischen Nationalsozialisten verboten. Doch Hitler selbst ernannte den SS-Gruppenführer Wilhelm Keppler zur zentralen Verbindungsperson.

Schuschnigg weigerte sich nicht nur, den deutschen Paktbruch aus Angst vor einer Vertragsaufkündigung öffentlich anzuprangern. Die austrofaschistische Regierung war zudem peinlich bemüht, keinen Vorwand dafür zu liefern, dass sie selbst vertragsbrüchig sei. Jede Pressemeldung, die Deutschland betraf, musste dem Bundeskanzleramt vorgelegt werden. Schuschnigg selbst hatte die Weisung zur Zulassung von Hitlers „Mein Kampf" gegeben. Die österreichische Filmbranche, die bereits vor dem Juliabkommen unter beträchtlichem Druck aus Deutschland gestanden hatte, musste rassistische Forderungen des Nationalsozialismus übernehmen: sie verpflichtete sich zum Ausschluss jüdischer Filmschaffender. Auf Weisung Schuschniggs konnten in Wochenschauen jeweils einige Takte des Horst-Wessel-Liedes, des Kampfliedes der NSDAP, gespielt werden. Laut Presseabkommen vom Juli 1937 wurden je fünf Zeitungen beider Länder zugelassen. Unter anderem die „Essener National-Zeitung", die ein wichtiges Organ für die nationalsozialistische Propaganda darstellte.

Die vom österreichischen Kanzler (einseitig) zugesagten Befriedungsmaßnahmen, die politische Amnestie nationalsozialistischer Straftäter und die Regierungsbeteiligung von Vertretern der „Nationalen Opposition",

V. VERHÄLTNIS ZU DEN FASCHISTISCHEN NACHBARN

wurden von der österreichischen Regierung schon bald eingelöst. Österreichweit gab es insgesamt 18.684 Gnadenakte an Nationalsozialisten. Bereits drei Tage nach dem Verhandlungsabschluss wurde die Regierung umgebildet. Der mit Göring und von Papen befreundete Guido Schmidt übernahm die Funktion eines Staatssekretärs im Außenamt, NS-Vertrauensmann Edmund Glaise-Horstenau wurde Minister ohne Portefeuille. Seine Aufgabe war es fortan, die Integration der „Nationalen Opposition" in das austrofaschistische System zu beschleunigen, wiewohl er zu den deklarierten Vertretern des Anschlusses Österreichs an Deutschland zählte.

Im Rahmen einer neuerlichen Regierungsumbildung im November 1936 erfolgte zum einen die endgültige politische Entmachtung der Heimwehren. Deren Mitglieder in der Regierung schieden aus, gleichzeitig wurde die „Nationale Opposition" politisch aufgewertet. Glaise-Horstenau war nunmehr für den Bereich des Inneren im Bundeskanzleramt zuständig.

Wie weit Kanzler Schuschnigg bei der Integration der „Nationalen Opposition" zu gehen bereit war, zeigte sich exemplarisch an den am 12. Februar 1937 abgeschlossenen Verhandlungen mit dem sog. Siebener Komitee. Dieses war eine Art Kontaktgruppe der „Nationalen Opposition", der auch deklarierte Nationalsozialisten angehörten. Inhaltlich wurde dabei vereinbart:
– die Berufung von Persönlichkeiten, die dem Nationalen Lager angehören und das Vertrauen des Bundeskanzlers besitzen müssen, in die öffentlichen Körperschaften;
– die Bestellung von Referenten beim Generalsekretär der VF und den Landesleitungen mit der Aufgabe, die Mitarbeit der nationalen Kräfte im Rahmen der VF in die Wege zu leiten;
– die Amnestie gerichtlich bestrafter Nationalsozialisten;
– keine Diskriminierung ehemaliger Nationalsozialisten am Arbeitsmarkt.
Konkretisiert wurden diese Vereinbarungen u.a. mit der Errichtung eines neuen Referates innerhalb der Vaterländischen Front unter dem Namen „Volkspolitisches Referat". Dessen Gründung erfolgte im Juni 1937. Die bestellten Landesreferenten standen unübersehbar in einem Naheverhältnis zum Nationalsozialismus. Sie propagierten eine Unterscheidung zwischen

nationalsozialistischer Gesinnung und illegaler Betätigung der NSDAP. Diesbezüglich löste ein Kommentar des Salzburger Landesreferenten im Salzburger Volksblatt von Ende Dezember 1937 ein heftiges Echo aus: Er hatte betont, dass der Nationalsozialismus als Gesinnung und weltanschauliches Bekenntnis mit dem Bekenntnis zum selbständigen, christlichen und deutschen Österreich in Einklang zu bringen sei. Von der Funktionärsbasis der VF kam umgehend scharfer Protest, der allerdings folgenlos blieb.

Mit der Einführung des Volkspolitischen Referats und seiner personellen Besetzung hatte sich die von der Regierung vorgenommene Unterscheidung zwischen „betont national" und „nationalsozialistisch" endgültig verflüchtigt. Der Versuch einer Spaltung zwischen integrierbaren Nationalen und illegalen Nationalsozialisten war gescheitert. Die an das Volkspolitische Referat geknüpfte Hoffnung, mit der Befriedung der „Nationalen Opposition" zur Stabilisierung des Austrofaschismus beizutragen, erfüllte sich nicht. Dieses Referat wurde nicht zum propagierten „Integrations- und Befriedungsinstrument nach rechts". Im Gegenteil: Es wurde zu einem Desintegrationsfaktor innerhalb der Vaterländischen Front, es ermöglichte deren nationalsozialistische Unterwanderung und verstärkte die wachsende Resignation in regierungsloyalen Kreisen. Auch wenn es die Regierung nicht zur Kenntnis nehmen wollte: Die „Opposition von rechts" war sich im Ziel des Anschlusses Österreichs an Deutschland einig. Unterschiede gab es bloß in der Strategie und Methode, wie dieses Ziel zu erreichen sei.

2.3 Dem Ende entgegen: Februarabkommen 1938

Ende 1937 wurde seitens der „Nationalen Opposition" und der Funktionäre des Volkspolitischen Referates der Druck auf Schuschnigg und seine Regierung verstärkt. Der Kanzler hielt eine persönliche Fühlungnahme mit der reichsdeutschen Führung für geboten. Er beauftragte den Generalsekretär der Vaterländischen Front, Zernatto, zusammen mit Arthur Seyß-Inquart[78], einem Vertrauten Schuschniggs und zugleich NS-Vertrauensmann, Vorschläge für eine innenpolitische Befriedung auszuarbeiten. Diese Vorschläge gelangten ohne Wissen der österreichischen Regierung über Seyß-Inquart und den Österreichbeauftragten Keppler zu Hitler. Dieser ließ daraufhin seinerseits ein umfangreiches Forderungsprogramm ausarbeiten.

Schuschnigg teilte am 7. Februar 1938 dem Kabinett mit, dass er vorhabe, Hitler zu treffen. Das Treffen fand dann wenige Tage später am 12. Februar, am Obersalzberg statt. Hitler setzte Schuschnigg unter massiven Druck und drohte mit dem deutschen Einmarsch für den Fall, dass seine Forderungen von österreichischer Seite nicht akzeptiert würden. Schuschnigg hielt dem Druck nicht stand und gab auf sämtlichen Ebenen nach. Das sogenannte Februarabkommen enthielt dann folgende Bestimmungen:
- diplomatischer Gedankenaustausch in außenpolitischen Fragen; diplomatische, moralische und pressepolitische Unterstützung nach Maßgabe der Möglichkeit und auf Ersuchen des Reichs;
- Zulassung von Personen mit nationalsozialistischer Gesinnung zur Vaterländischen Front und zu anderen politischen Einrichtungen;
- Amnestie für alle, die in Österreich vor dem 15. Februar 1938 wegen strafbarer politischer Handlungen verurteilt worden waren;
- Sicherung des Pressefriedens durch personelle Veränderungen und Unterlassung von Berichten, die sich für das jeweilige Land schädlich auswirken;
- Absetzung des Chefs des österreichischen Generalstabs (d.h. konkret Absetzung von Jansa);
- Intensivierung des Wirtschaftsverkehrs;
- Regierungsumbildung, Übernahme des Innenministeriums (und damit der Exekutive) durch Seyß-Inquart.

Aus diesen Vereinbarungen stechen vor allem drei Punkte hervor, die für die innenpolitische Lage und den Fortbestand Österreichs einschneidende Konsequenzen haben mussten: die Regierungsumbildung, die politische Amnestie und die Öffnung der Vaterländischen Front für Personen mit nationalsozialistischer Gesinnung.

Die Regierungsumbildung erfolgte wenige Tage nach dem Abschluss des Abkommens. Neben einigen Repräsentanten der Vaterländischen Front erhielten zwei prominente Repräsentanten der „Nationalen Opposition" wichtige Regierungsfunktionen: Staatssekretär Schmidt wurde Außenminister, Seyß-Inquart Innenminister. Letzterer spielte damit in der dramatischen politischen Umwälzung der folgenden Wochen eine zentrale Rolle.

Amnestiert wurden tatsächlich alle Nationalsozialisten, die zu dieser Zeit inhaftiert waren. Um das aber nicht als Zugeständnis an das übermächtige Deutschland aussehen zu lassen, erstreckte sich die Amnestie auch auf verurteilte Sozialdemokraten und Kommunisten.

An der Zulassung nationalsozialistisch Gesinnter zur Vaterländischen Front und anderen Einrichtungen des politischen Systems ist ersichtlich, dass diese nunmehr nicht nur im Volkspolitischen Referat, sondern generell auf allen Ebenen des politischen Systems aktiv werden konnten. Die Vaterländische Front hatte damit zwar nicht formell ihre politische Monopolstellung, sehr wohl aber die beanspruchte Hegemonie als Vertreterin der vaterländisch gesinnten Bevölkerung verloren.

Der Grundsatz der Nichteinmischung in innerstaatliche Angelegenheiten war, wie angeführt, bereits vor dem Berchtesgadener Abkommen von deutscher Seite wiederholt gebrochen worden. Durch das Berchtesgadener Abkommen wurde dieser aber endgültig obsolet. Mit den neuerlichen Zugeständnissen seitens der austrofaschistischen Regierung wurde dem nationalsozialistischen Durchdringungsprozess auf allen Ebenen des politischen Systems endgültig Tür und Tor geöffnet. Es war faktisch das Ende der Souveränität des österreichischen Staates.

Auch diesmal versuchten Schuschnigg und die Vaterländische Front in der Öffentlichkeit ein ganz anderes Bild zu kommunizieren, die äußerst bedrohlichen Konsequenzen des Abkommens zu vertuschen. Das Treffen mit Hitler wurde als freundschaftliche Aussprache bezeichnet. Die im Juliabkommen vereinbarten Grundsätze, nämlich die Souveränität Österreichs und die Nichteinmischung in österreichische Verhältnisse, seien unverändert in Geltung. Seyß-Inquart, der einige Wochen später eine nationalsozialistische Regierung bildete, wurde als Vertrauter des Kanzlers gepriesen, der eine wichtige Rolle im innerösterreichischen Befriedungsprozess gespielt habe. Die Regierung räumte zwar ein, dass sie bis an die Grenze des Entgegenkommens gegangen sei, rechtfertigte das aber mit – allerdings noch nicht vereinbarten – Gegenleistungen. Obwohl der Inhalt des Abkommens nicht veröffentlicht wurde, ließ sich die Verbreitung von Gerüchten darüber nicht verhindern. In „vaterländisch gesinnten" Kreisen machte sich

156   V. VERHÄLTNIS ZU DEN FASCHISTISCHEN NACHBARN

Innenminister Seyß-Inquart: Rede im Parkhotel Graz am 1.3.1938

große Beunruhigung breit, die sich in den folgenden Wochen angesichts der massiven nationalsozialistischen Aktivitäten noch steigern sollte.

In den Tagen der größten Bedrängung von innen und außen versuchte Schuschnigg einen Befreiungsschlag, der vom bisherigen Weg des Entgegenkommens und Zauderns abwich: Er kündigte die Abhaltung einer Volksbefragung für ein „freies und deutsches, unabhängiges und soziales, für ein christliches und einiges Österreich" an. Diese sollte am 13. März 1938 stattfinden. In Reaktion darauf ersetzte Hitler den in den Jahren davor verfolgten evolutionären Kurs der Durchdringung durch die direkte militärische Intervention. Die Absage der Volksbefragung, der Rücktritt des Kanzlers und seines Kabinetts änderten nichts daran, dass Hitler seinen Befehl zum militärischen Überfall auf Österreich gab. Ein sich im Innern auflösendes, von außen unter äußersten Druck gesetztes, international isoliertes austrofaschistisches Herrschaftssystem hatte dem nichts entgegenzusetzen.

VI. Abschluss: Einbettung und Charakterisierung des österreichischen Herrschaftssystems 1933 – 1938

Die Zwischenkriegszeit ist in einer Reihe europäischer Länder durch einschneidende politische Veränderungen gekennzeichnet. Den Hintergrund dafür bildeten tiefreichende wirtschaftliche und soziale Probleme, die durch die Krise der kapitalistischen Wirtschaft Anfang der 1930er-Jahre noch weiter verschärft wurden. Die Folge waren heftige, oft gewaltsam ausgetragene Interessenkonflikte. Für die daraus resultierenden radikalen politischen Umbrüche, die in die Etablierung neuer Herrschaftssysteme mündeten, hatte der italienische Faschismus vielfach Vorbildwirkung. Sowohl hinsichtlich der Konstituierung[79] als auch der konkreten Ausgestaltung und der sozialen Funktion derartiger Herrschaftssysteme, die verallgemeinernd im Begriff „Faschismus" gefasst werden, lassen sich Gemeinsamkeiten und Unterschiede ausmachen. So wichen etwa die Intensität des Terrors oder der gesellschaftliche Durchdringungsgrad schon zwischen den beiden Protofaschismen Italien und Deutschland erheblich voneinander ab. Zu den gemeinsamen Merkmalen zählen *Herrschaftsmethoden* wie hierarchisches Entscheidungssystem, Führerprinzip, Instrumentalisierung der staatlichen Gewaltapparate, Gewalteinsatz und Unterdrückung politischer Gegner, *Ideologien* wie Antiparlamentarismus, Antimarxismus, Ausschaltung des Klassenkampfs (bei fortbestehenden kapitalistischen Eigentums-, Produktions und Verteilungsbedingungen), Rassismus und Maskulinismus (männliche Überlegenheit). Wesentliche Kennzeichen faschistischer Regime sind weiters die Existenz einer *Massenpartei* (Einheitspartei) und Massenbasis sowie das Bemühen um die Mobilisierung der Bevölkerung.

Nicht zuletzt teilen diese gemeinsam weit reichende *Ansprüche* zur Umgestaltung und Durchdringung von Politik und Gesellschaft, wobei die diesbezüglichen Inhalte ihrer Politik an den Interessen ihrer politischen und gesellschaftlichen Trägergruppen orientiert sind.

Die Vielschichtigkeit derartiger Herrschaftssysteme ist mit einer Analyse des Stils und der Strukturen, sowie der Ideologien und Programmatik allein nicht adäquat erfassbar. Es geht wesentlich dabei auch darum, nach den interessengeleiteten Inhalten und der sozialen Funktion faschistischer Politik zu fragen. Kurz gesagt: „Zur Analyse eines politischen Herrschaftssystems gehören Inhalt und Form."[80]

Im Unterschied zu einem solchen umfassenden Erklärungsansatz berücksichtigen Bezeichnungen wie „autoritäres Regime" oder „Diktatur" im Wesentlichen nur eine Dimension, nämlich die äußere Form des Herrschaftssystems. Ein derart verengter Blickwinkel reicht zur Charakterisierung des gegenständlichen Herrschaftssystems nicht aus.

Ebenso wie bei demokratischen Staatsordnungen lassen sich auch im Fall faschistischer Regime länderspezifische Unterschiede ausmachen. So stellte beispielsweise der Austrofaschismus im Vergleich mit anderen faschistischen Staaten einen Sonderfall dar: In keinem anderen Land gab es zu seiner Zeit einen Konkurrenzfaschismus, der die Bestands- und Machtsicherungsbemühungen der Regierung derart in Frage stellte. Zudem rückten aufgrund äußerst begrenzter Möglichkeiten zu einem wirtschaftlichen Expansionismus und mangels militärischer Möglichkeiten die inneren Gegner in den Blickpunkt der Gewaltpolitik der Regierungen Dollfuß und Schuschnigg.[81] Die Gemeinsamkeiten, die es bei allen nationalstaatlichen Besonderheiten gab, wurden selbst auch von Repräsentanten des Austrofaschismus betont. Nach Bundeskanzler Schuschnigg dürfe nicht übersehen werden, „dass letzten Endes die gleichen Gründe und der gleiche Notstand in Österreich zur gründlichen Reform seiner verfassungsrechtlichen Einrichtungen geführt haben wie in den anderen Staaten"[82].

An der tiefgreifenden Umgestaltung des österreichischen politischen Systems wird deutlich, dass sich diese am Faschismus der Nachbarländer orientierte. Wird das österreichische Regime der Jahre 1933 – 1938 im internationalen Vergleich betrachtet, so sind insbesondere substantielle Gemeinsamkeiten mit dem italienischen Faschismus erkennbar.

1 Einbettung des Herrschaftssystems 1933 – 1938

1.1 Anleihen bei faschistischen Nachbarn

Die Heimwehren orientierten sich schon in der Zeit ihres politischen Aufstiegs am italienischen Vorbild. Der „Marsch auf Rom" diente ihnen als Folie für den angestrebten Weg zur Macht. Allerdings hatten ihre diesbezüglichen Bemühungen vorerst keinen Erfolg. Bewunderer fand der italienische Faschismus auch in den Reihen der christlich-sozialen Parteispitze, wie das Beispiel des langjährigen Kanzlers und Parteiobmannes Ignaz Seipel oder seines Nachfolgers, des Kurzzeitkanzlers und langjährigen Heeresministers Carl Vaugoin zeigt.[83]

In der Gesamtentwicklung des Austrofaschismus lassen sich zahlreiche Elemente erkennen, die von den faschistischen Nachbarn entlehnt wurden. Diese reichten von Aspekten kultureller und politischer Ästhetik und Inszenierung über Rhetorik und Auftreten bis hin zur politischen Struktur und den repressiven Herrschaftstechniken. Massenfestspiele, militaristische und betont männliche Rituale wie Appelle, Uniformierungen und kultische Führerverehrung wurden Fixbestandteil des politischen Stils auch in Österreich. Printmedien und Radio wurden systematisch in den Dienst der staatlichen Propaganda gestellt. Die vom italienischen Faschismus propagierte (und nicht realisierte) Vorstellung der Schaffung eines „neuen (italienischen) Menschen"[84] fand im Austrofaschismus in der Vorstellung eines „neuen österreichischen Menschen" als Erziehungsideal ihren Niederschlag.

Bei der Schaffung der politischen Monopolorganisation Vaterländische Front und deren einzelnen Teilorganisationen standen unverkennbar der italienische und deutsche Faschismus Pate. Das gilt für das Frontwerk Neues Leben und das Mutterschutzwerk ebenso wie für die staatliche Jugendorganisation Österreichisches Jungvolk und die „Prätorianergarde" Sturmkorps. Nicht zuletzt folgte auch das Verständnis der Nation dem faschistischen

Ideenmuster. Als Teil der Nation wurde nur betrachtet, wer sich systemloyal verhielt. Oppositionellen drohte dagegen nicht nur polizeiliche und gerichtliche Verfolgung, sondern überhaupt der Ausstoß aus der Nation durch Entzug der Staatsbürgerschaft.

Der unbestreitbare Transfer faschistischer Merkmale hat Zeithistoriker wie Ernst Hanisch dazu veranlasst, das austrofaschistische Regime als „Imitationsfaschismus" zu charakterisierten.[85] Bei näherer Betrachtung greift ein solches Verständnis jedoch zu kurz. Unstrittig nahm der Austrofaschismus Anleihen bei den faschistischen Nachbarn. Doch er beschränkte sich keineswegs nur auf das möglichst genaue Nachahmen, sondern wies bei Gemeinsamkeiten durchaus bestimmte Eigenständigkeiten auf.

1.2 Gemeinsamkeiten mit faschistischen Nachbarn

Gemeinsamkeiten sowohl mit dem deutschen als auch dem italienischen Faschismus finden sich auf ideologischer Ebene. Zu nennen wären etwa die entschiedene Ablehnung des Parlamentarismus, ein fanatischer Antisozialismus oder auch die Vorstellung, gegensätzliche soziale Interessen ließen sich durch die Schaffung einer hierarchischen Volksgemeinschaft überwinden. Andere Parallelen zu beiden Nachbarstaaten wären die Anwendung des Führerprinzips oder eine repressive Herrschaftspraxis.

Ungeachtet dessen bestand eine deutliche Nähe zum italienischen Regime Benito Mussolinis auf mehreren Ebenen. Nicht zuletzt war dies ein Ergebnis der Rolle, die der italienische Faschismus in der Phase der Konstituierung des Austrofaschismus gespielt hatte. Wie oben gezeigt wurde, haben Dollfuß und nach ihm Schuschnigg die Nähe des italienischen Vorbilds aktiv gesucht. Ganz anders gelagert war der Einfluss des Nationalsozialismus, der wesentlich unter massivem Druck zustande kam.

Die Herausbildung des austrofaschistischen Herrschaftssystems in den Jahren 1933/1934 erfolgte in ähnlichen Etappen wie die Entwicklung[86] des italienischen Faschismus in den Jahren 1922 – 1929: Ausschaltung der rechtsstaatlichen Demokratie, Beseitigung der Pressefreiheit, Verbot von Gewerkschaften und Parteien, staatliche Regulierung der Interessenorganisationen, gewaltsame Unterdrückung der Opposition, Etablierung von Sondergerichten und enorme Kompetenzausweitung der staatlichen Exekutive. Die Entstehung beider Regime basierte allerdings auf unterschiedlichen Allianzen. In Italien war die faschistische Massenbewegung, die vorerst in militanten und gewalttätigen Kampfbünden organisiert war, der zentrale Motor des politischen Umbruchs. Sie konstituierte sich 1921 als faschistische Partei, deren Machtübernahme im Oktober 1922 das Resultat eines Bündnisses mit bürgerlichen Parteien war, unterstützt durch den König, den Staatsapparat, industrielle Unternehmerverbände, Großgrundbesitz und die Katholische Kirche.

Im Unterschied dazu fungierte in Österreich nicht das bürgerliche Parteienspektrum, sondern die faschistische Bewegung in Gestalt der Heimwehren als Juniorpartner in der bürgerlichen Regierung bei der Beseitigung der parlamentarischen Demokratie. Es waren die bürgerlichen Parteien und Unternehmerorganisationen selbst gewesen, die unter dem Eindruck der Wirtschaftskrise und des drohenden politischen Machtverlusts die Liquidierung der rechtsstaatlichen demokratischen Ordnung angestrebt hatten. Den unmittelbaren Ausgangspunkt zur Umsetzung dieses Plans bildete die am 4. März 1933 ergriffene Möglichkeit, den Nationalrat de facto auszuschalten. Die interne Rollenverteilung war also eine andere. Die Zusammensetzung jener gesellschaftlichen Allianz, die den politischen Umsturz in Österreich durchführte, wies allerdings eine große Ähnlichkeit mit der italienischen Entwicklung auf: Die Errichtung des faschistischen Herrschaftssystems wurde hier wie dort möglich durch das Zusammenspiel bürgerlicher Parteien, des staatlichen Gewaltapparates, des Staatsoberhauptes und der Katholischen Kirche mit rechtsradikalen Milizen sowie Interessenorganisationen des Finanzkapitals, der Industrie, des Gewerbes und des Großgrundbesitzes.

Darüber hinaus ist für beide Herrschaftssysteme hervorzuheben, dass die Katholische Kirche nicht nur einen wichtigen Beitrag zu deren Durchsetzung, sondern auch für die anschließende Stabilisierung leistete.[87] Demgegenüber hatte die Katholische Kirche im Nationalsozialismus nie eine ähnlich einflussreiche Stellung.[88] Der im Frühjahr 1933 in der katholischen Hierarchie erfolgte Einstellungswechsel in Richtung Zustimmung zur neu etablierten nationalsozialistischen Regierung ist vor allem im Zusammenhang mit der Vorbereitung und dem Abschluss des Konkordates mit dem

Vatikan im Sommer 1933 erklärbar. Aufgrund der zunehmend feindseligeren Haltung des deutschen Faschismus wich allerdings die vorsichtig positive Haltung in der Folgezeit wachsender Distanz bis hin zu offener Kritik und einzelnen Widerstandshandlungen. Anpassung und Kooperation, Distanz und Widerstand kennzeichneten auch das Spektrum der Verhaltensweisen in den Evangelischen Kirchen.[89] Offene Unterstützung und Zusammenarbeit mit dem Nationalsozialismus betrieb vor allem eine der evangelischen Bewegungen, die „Deutschen Christen", die von der nationalsozialistischen Regierung massiv unterstützt wurden. Am Beispiel Italiens und Österreichs lässt sich ersehen, dass der Gegensatz zwischen Regime und Religion keineswegs ein grundlegendes Merkmal des Faschismus ist.

In vergleichender Perspektive ist hervorzuheben, dass der politische Umbruch in Richtung Faschismus in Österreich schneller vor sich ging als in Italien. Während in Österreich die Ausschaltung des Parlamentarismus, das Betätigungsverbot für oppositionelle Parteien und die Abschaffung von Wahlen schon im ersten Jahr austrofaschistischer Herrschaft erfolgte, hielt der italienische Faschismus wenigstens formell an Parlament und Wahlen lange Zeit fest. Der letzte Schritt zur vollständigen Beseitigung des parlamentarischen Systems erfolgte in Italien erst Ende März 1939, siebzehn Jahre nachdem Mussolini Regierungschef wurde.

Beide Herrschaftssysteme wiesen hinsichtlich ihrer politischen Strukturen zahlreiche Gemeinsamkeiten auf: Politische Entscheidungen wurden autoritär-hierarchisch gefällt, also „von oben" getroffen. Das zugrunde liegende Führerprinzip war sowohl auf Regierungsebene als auch auf Ebene der jeweiligen politischen Monopolorganisation (Vaterländische Front, Partito Nazionale Fascista) verankert. Mussolini bekleidete ebenso wie Dollfuß (und später Schuschnigg) die Doppelrolle von Regierungschef und Führer der Monopolorganisation. Die österreichische Verfassung von 1934 sah für den Bundeskanzler die Führungsrolle innerhalb der Regierung vor, in ähnlicher Weise hatte ein Gesetz von Dezember 1925 dem italienischen Ministerpräsidenten die Vorrangstellung innerhalb des Ministerkabinetts eingeräumt. Der Führerkult war im italienischen Faschismus ungleich stärker ausgeprägt als im Austrofaschismus. Ungeachtet dessen fehlte es daran in Österreich nicht, wie insbesondere der Kult um Dollfuß zeigt.[90]

Im System autoritär-hierarchischer Entscheidungen spielte die Regierung in der Gesetzgebung die zentrale Rolle. Beide Systeme kennzeichnete die Stärkung und Dominanz der staatlichen Exekutive.

Während die Frage der berufsständisch-korporativen Neuordnung im Nationalsozialismus nur in der Anfangsphase überhaupt thematisiert wurde, bildete sie einen Kernpunkt der italienisch-österreichischen Gemeinsamkeiten. Die austrofaschistische Regierung bezog sich in ihren Vorstellungen primär auf die päpstliche Enzyklika „Quadragesimo Anno" aus 1931. Diese konzipierte die Stände als ein gesellschaftliches Organisationsprinzip. Die Zusammenfassung von Lohnarbeit und Kapital in den jeweiligen ständischen Organisationen sollte dem sozialen Ausgleich und der Überwindung ihrer Gegensätze dienen. Im Unterschied dazu war der faschistische Korporatismus in Italien stärker an politischen und wirtschaftlichen Zielvorstellungen des Staates (Durchsetzung der nationalen Einheit, Unterstellung unter die höheren Interessen der Produktion) orientiert.[91] Ungeachtet dessen: Das von beiden Faschismen gleichermaßen angestrebte Ziel war die Neuordnung der Beziehungen zwischen Arbeitgebern und Arbeitnehmern. Die Überwindung der Klassengegensätze in der kapitalistischen Gesellschaft sollte mittels eines Drei-Stufenplans erreicht werden:

1. Beseitigung der traditionellen Gewerkschaften und betrieblichen Interessenvertretungen; behördliches Verbot und allfällige Ahndung von Arbeitskämpfen (Streik, Aussperrung), Gründung von Monopolorganisationen der Arbeitnehmer (Einheitsgewerkschaftsbund, faschistische Gewerkschaften);
2. Einführung von Unternehmerinteressenbünden (in Österreich) bzw. von Syndikaten als getrennte Organisationen von Arbeitgebern und Arbeitnehmern (in Italien): und nicht zuletzt
3. die Zusammenfassung von Arbeitgebern und Arbeitnehmern in die jeweiligen Berufsstände (in Österreich) bzw. im Rahmen der Korporationen (in Italien).

Bei näherer Betrachtung wird ersichtlich, dass der berufsständische Aufbau in Österreich keine bloße Kopie des italienischen Korporatismus darstellte. In beiden Ländern war die Eigenständigkeit der neu geschaffenen Organe seitens des Staates stark eingeschränkt. Anders als die Regimepropaganda glauben machen wollte, hatten die berufsständischen Organe kaum realpolitischen Einfluss. Die berufsständische bzw. korporative Neuordnung lief in Wirklichkeit nicht auf die Selbstverwaltung der Interessenorganisationen hinaus, sondern unterwarf diese der staatlichen Kontrolle. Die Aufgaben der neu geschaffenen Berufsverbände bestanden im Abschluss von Kollektivverträgen und in der Schlichtung von Streitigkeiten. Das zentrale Versprechen des Faschismus, auf diese Weise für einen sozialen Ausgleich zu sorgen, der den Interessen von Arbeitgebern und Arbeitnehmern Rechnung trägt, wurde weder in Österreich noch in Italien erfüllt. Stattdessen kam es im Wesentlichen zur Durchsetzung von Unternehmerinteressen zulasten der Arbeiterschaft in Form von Reallohnkürzungen, Verschlechterung des Lebensstandards, Beseitigung von Mitbestimmungsmöglichkeiten und arbeitsrechtlichen Schutzbestimmungen. Die Wahrung der wirtschaftlichen Interessen von Regimeträgergruppen zeigte sich beispielsweise auch an Schutzzöllen für die Agrarproduktion und staatlichen Bürgschaften für die Exportindustrie.[92]

Die politischen Monopolorganisationen in Italien und Österreich unterschieden sich zwar hinsichtlich ihrer Stellung in der ersten Phase der faschistischen Machtübernahme: die Vaterländische Front war eine Folge des politischen Umbruchs, die faschistische Partei Italiens dessen Motor. Für die anschließende Entwicklung lassen sich allerdings mehrere Gemeinsamkeiten feststellen. Der Austrofaschismus hatte mit der Vaterländischen Front ebenso wie der italienische Faschismus eine Massenorganisation. Dass das österreichische Regime sehr wohl auch über eine Massenbasis verfügte[93], ist daran ersichtlich, dass ihr Mitgliederstand bei einer Gesamtbevölkerung von 6,7 Millionen Einwohnern Anfang März 1938 bei 3,3 Millionen lag. In Italien war 1939 etwa die Hälfte der Bevölkerung in irgendeiner Weise faschistisch organisiert.[94] In beiden Staaten beförderten verschiedene Druckmittel die Beitritte, nicht nur im Bereich des öffentlichen Dienstes. Mitgliedschaft war daher keineswegs immer mit aktiver politischer Unterstützung oder politischer Zuverlässigkeit gleichzusetzen. Der bekannte Historiker und Faschismusforscher Wolfgang Schieder[95] beispielsweise konstatierte bereits für die zweite Hälfte der 1920er-Jahre, dass sich die Faschistische Partei Italiens „in eine bürokratische Massenorganisation von Karrieristen und angepassten Mitläufern, die nicht vorrangig politisch motiviert waren", gewandelt habe. Die Entwicklung der Vaterländischen Front wurde von Zeitgenossen ähnlich eingeschätzt: „Es war eine politische Leistung, so viele Österreicher innerhalb der VF zu sammeln. Aber so wie bei jeder Massenbewegung Konjunkturritter zu finden sind, so selbstverständlich auch in den Reihen der VF."[96] Die für die Entstehungsgeschichte des italienischen Faschismus so relevante Massenorganisation verlor immer mehr ihre Bedeutung. Laut Schieder degenerierte die Faschistische Partei ab 1932 zu einem willfährigen Instrument der Mussolini-Diktatur und wurde weitgehend funktionslos.[97] Die Faschistische Partei stellte Einheitslisten für die Wahl zur Deputiertenkammer auf, war beratend, kontrollierend und integrativ tätig. Verglichen damit waren die Aktivitäten der Vaterländischen Front erheblich breiter, auch wenn sie ebenso deutlich stärker Instrument als Gestalter staatlicher Politik war.

Politisch motivierte Repression und staatlicher Terror gelten als zentrale Merkmale faschistischer Regime. Es ist unstrittig, dass es diesbezüglich große Unterschiede zwischen den jeweiligen Ausprägungen faschistischer Herrschaft, aber auch zwischen unterschiedlichen Regimephasen gab. Intensität und Ausmaß des Terrors im Nationalsozialismus stechen in Vergleichen besonders hervor. Weder das Regime Dollfuß/Schuschnigg noch dasjenige Mussolinis entfalteten ähnlich mörderische Potentiale wie der NS-Staat. Daraus folgt zunächst, dass der NS-Terror nicht als universeller Maßstab für faschistischen Terror gelten kann. Vielmehr entsprechen Form und Ausmaß der politischen Gewalt in Österreich in vielerlei Hinsicht der italienischen Entwicklung. Die Todesstrafe wurde in Italien u.a. für nicht näher definierte politische Vergehen eingeführt. Damit war eine wichtige Voraussetzung für den Einsatz der Justiz als Terrorinstrument geschaffen. Zur Verfolgung von Oppositionellen wurde ein Sondergerichtshof geschaffen. Auch die Ausweitung der Polizeibefugnisse und der systematische gewaltsame Einsatz der staatlichen Exekutive gegen politische Gegner sind Aspekte, die sowohl für Italien als auch für Österreich feststellbar sind. Im Zeitraum von 1922 – 1939 kamen in Italien vor allem zwei Instrumente zum Einsatz, um politisch Missliebige zu strafen und zum Schweigen zu brin-

VI. ABSCHLUSS

Appell der Vaterländischen Front auf der Schmelz am 18.10.1936: Rednertribüne mit Turm und Kruckenkreuz

gen: Gefängnisstrafen und Verbannung.[98] Ohne gerichtliche Überprüfung konnten Oppositionelle und politisch Verdächtige für zwei bis fünf Jahre auf Mittelmeerinseln oder in kleine Dörfer im südlichen Italien verbannt werden. Dieses Schicksal widerfuhr bis 1939 mehr als 12.000 Personen. Die Verbannung war nicht gleichbedeutend mit physischer Vernichtung. Dennoch waren ihre Folgen für die berufliche und soziale Situation der Betroffenen und ihrer Angehörigen meist verheerend. Noch deutlich schlechtere Lebensbedingungen als für Italiener gab es für Inhaftierte in den italienischen Kolonien und besetzten Gebieten. Zur Einrichtung von Konzentrationslagern auf italicnischem Gebiet kam es ab 1939. Das diesbezügliche Gesetz wurde 1938 verabschiedet. Inhaftiert wurden Antifaschisten, Roma und Sinti. Mit dem Kriegsbeginn Italiens im Juni 1940 wurden neben ausländischen Juden auch italienische Juden interniert, die als antifaschistisch betrachtet wurden.[99] Die austrofaschistische Regierung etablierte ihrerseits ein breites Spektrum politischer Repression, wozu neben der Inhaftierung von Zehntausenden in Gefängnissen und eigens eingerichteten Lagern die Einführung der Todesstrafe, die systematische Doppelbestrafung, die Einsetzung von Sondergerichten und nicht zuletzt das Betätigungsverbot für illegale oppositionelle Parteien zählten. Die Konsequenzen für die Betroffenen glichen denen internierter Italiener.

Ein verbindendes Merkmal der verschiedenen Varianten faschistischer Herrschaft war der Antisemitismus. Wie schon bei der Thematik Repression lassen sich allerdings auch diesbezüglich nicht unbeträchtliche Unterschiede und Gemeinsamkeiten feststellen. Die extrem ausgeprägte Judenfeindschaft führte im Nationalsozialismus schließlich zur radikalen Ausgrenzung sowie real praktizierten physischen Gewalt bis hin zur physischen Vernichtung von etwa sechs Millionen Juden. Im Unterschied dazu spielte der Antisemitismus weder in Italien (bis 1938) noch in Österreich (während der gesamten Regimephase) in offiziellen Stellungnahmen oder in der Gesetzgebung eine besondere Rolle. Juden konnten Mitglieder und Funktionäre der Monopolorganisationen sein. In Italien waren Juden in der Faschistischen Partei stärker vertreten als es ihrem Anteil an der Gesamtbevölkerung entsprach. Ca. 27% der italienischen Juden über 21 Jahren waren Parteimitglieder.[100] Bis 1937 war das faschistische Italien ein Zufluchtsort für aus Deutschland und anderen Ländern vertriebene Juden.[101]

Auch wenn die Intensität des Antisemitismus in Österreich und in Italien nicht mit NS-Deutschland vergleichbar war, bedeutet dies nicht, dass es keinen Antisemitismus gegeben hat.[102] Antisemitismus war realiter vorhanden, antisemitische Strömungen waren weit verbreitet, wirtschaftliche und berufliche Diskriminierung war für Juden Realität. Anders als in Österreich verlief ab 1937/38 die Entwicklung in Italien. Auf deutschen Druck reihte sich Italien unter die antisemitischen Verfolgerstaaten Europas ein. Spezifische Gesetze von 1938 zielten auf die Ausgrenzung der Juden aus der italienischen Gesellschaft insgesamt. Ausländische Juden wurden, wie bereits angemerkt, mit Kriegseintritt Italiens im Juni 1940 interniert. Im Zusammenhang mit der Besetzung Italiens durch den Nationalsozialismus im Jahr 1943 wurden ca. 9.000 Juden in nationalsozialistische Konzentrationslager deportiert.

Militarisierung, Uniformierung und Disziplinierung waren Kennzeichen des italienischen Faschismus ebenso wie des Austrofaschismus. Diesbezügliche Bemühungen wurden sowohl innerhalb der Monopolorganisationen als auch der staatlichen Schulen und Universitäten vorangetrieben.

Was Schieder[103] für die Ideologie des italienischen Faschismus konstatierte, gilt neben dem Nationalsozialismus auch für den Austrofaschismus: er besaß keine einheitliche Ideologie, kein geschlossenes Programm. Gemeinsame ideologische Negationen wie Antimarxismus oder Antiparlamentarismus sind zwar kein genuin faschistisches Kennzeichen, spielten im Selbstverständnis faschistischer Herrschaftssysteme jedoch eine wesentliche Rolle. Die Kluft zwischen verbalen Ankündigungen und praktischer Politik illustriert unter anderem das Beispiel der berufsständischen bzw. korporatistischen Vorstellungen und ihrer nur rudimentären Umsetzung.

Nicht zuletzt teilte die austrofaschistische Regierung mit den Regierungen der faschistischen Nachbarn die Zielperspektive einer dauerhaften Veränderung des politischen Systems. Eine Rückkehr zu demokratischen Strukturen galt dabei als ausgeschlossen.

2 Begriffliche Charakterisierung: Austrofaschismus

Die Veränderungen im Österreich der 1930er-Jahre betrafen wie in anderen faschistischen Herrschaftssystemen sowohl die Methoden und Strukturen politischer Herrschaft als auch die Inhalte und soziale Funktion faschistischer Politik mit ihren interessengeleiteten Eingriffen in Wirtschaft und Gesellschaft. Unter Berücksichtigung all dieser Dimensionen wird klar, dass zur Charakterisierung des austrofaschistischen Herrschaftssystems die häufig gebrauchten typologischen Bestimmungen „Diktatur" („Regierungs-, „Kanzler- oder Beamtendiktatur")[104] und „autoritäres Regime" oder „autoritärer Staat"[105] nicht ausreichen. Ihre analytische Verkürzung besteht darin, dass sie im Wesentlichen nur eine Dimension in den Blick nehmen, nämlich die Herrschaftsform, den politischen Stil und die Herrschaftstechniken. Gänzlich unzutreffend ist der Begriff „Ständestaat". Dieser spiegelt nicht die austrofaschistische Realität, sondern bloß das Selbstverständnis der herrschenden Eliten wider. Unter Diktatur wird in der Literatur verallgemeinert ein Herrschaftssystem verstanden, in dem alle staatlichen Machtmittel in den Händen einer Person (eines Diktators), einer Gruppe, einer Partei oder Klasse liegen und die Macht mehr oder weniger uneingeschränkt bzw. ohne große Einschränkung ausgeübt wird.[106] Zu ihren Kennzeichen werden weiter neben der Unterdrückung der politischen Opposition, dem Verbot der bestehenden Parteien, der Beseitigung des gesellschaftlichen und politischen Pluralismus auch die Abschaffung freier Wahlen, die Einschränkung der Presse- und Medienfreiheit, der Einsatz von Terror und die Beseitigung der Gewaltenteilung gezählt. An dieser Definition ist erkennbar, dass der Begriff Diktatur im Wesentlichen bloß auf die institutionelle und strukturelle Dimension der Herrschaft abstellt.

Ein ähnlich eingeschränkter Blickwinkel findet sich in der Verortung des Herrschaftssystems 1933 – 1938 als autoritäres Regime. Zu dessen Charakteristika werden in der Literatur das Vorhandensein eines begrenzten politischen Pluralismus, das Fehlen einer umfassend ausformulierten, leitenden Ideologie, der fehlende Rückgriff auf die Mobilisierung der Bevölkerung, die Abhängigkeit der Handlungsspielräume politischer und gesellschaftlicher Akteure von der autoritären Staatsführung sowie das Vorhandensein variierender Formen begrenzter politischer Partizipation gezählt.[107]

In derartigen Bestimmungen des austrofaschistischen Herrschaftssystems bleiben zentrale Aspekte unbeachtet. So kommt weder dem Entstehungszusammenhang Aufmerksamkeit zu noch wird nach den Trägergruppen des Regimes gefragt. Nicht zuletzt unterbleibt vor allem auch die wichtige Frage, welches die Ziele und Gestaltungsansprüche der herrschenden politischen und gesellschaftlichen Kräfte waren und welchen Interessen das Herrschaftssystem letztlich dienen sollte und diente.

Geht es darum, ein Herrschaftssystem nicht nur auf einzelne Aspekte zu reduzieren, sondern gesamtheitlich zu charakterisieren, so bedarf es der Berücksichtigung aller angeführten Aspekte. Werden die unterschiedlichen Ebenen zusammengeführt und in Beziehung zu internationalen Entwicklungstendenzen gesetzt, so ergibt sich, dass das österreichische Herrschaftssystem der Jahre 1933–1938 dem Spektrum faschistischer Herrschaft zuzurechnen ist. Dieses nahm Anleihen bei den großen Nachbarn, vor allem beim italienischen Faschismus, beschränkte sich darauf allerdings nicht. Bei allen Ähnlichkeiten mit diesem versuchte es eine eigene Variante zu entwickeln, die stärker als in Italien an den politischen Katholizismus gebunden und dessen Ausgestaltung von den begrenzten wirtschaftlichen und militärischen Möglichkeiten geprägt war.

Zusammenfassend trifft daher für dieses Herrschaftssystem die begriffliche Charakterisierung als Austrofaschismus zu.[108]

Literatur und Quellen

Ableitinger, Alfred, Autoritäres Regime, in: Katholisches Soziallexikon, hg. v. A. Klose u. a., Innsbruck 1980, 209 – 220.
Allgemeiner Deutscher Katholikentag, 7. bis 12. September 1933, Wien 1934, 55 – 57.
Anzenberger, Werner, Spezielle Aspekte des „Bürgerkrieges" 1934 in der Steiermark, in: Werner Anzenberger/Heimo Halbrainer (Hg.), Unrecht im Sinne des Rechtsstaates, Graz 2014, 121 – 144.
Ash, Mitchell G., Jüdische Wissenschaftlerinnen und Wissenschaftler an der Universität Wien von der Monarchie bis nach 1945, in: Oliver Rathkolb (Hg.), Der lange Schatten des Antisemitismus, Wien 2013, 93 – 122.
Bach, Maurizio/Stefan Breuer, Faschismus als Bewegung und Regime. Italien und Deutschland im Vergleich, Wiesbaden 2010.
Bandhauer-Schöffmann, Irene, Hausfrauen und Mütter im Austrofaschismus. Gender, Klasse und Religion als Achsen der Ungleichheit, in: Österreichische Zeitschrift für Geschichtswissenschaften 27/2016/3, 44 – 70.
Bauer, Kurt, Elementar-Ereignis. Die österreichischen Nationalsozialisten und der Juliputsch 1934, Wien 2002.
Bauer, Kurt, Die Anhaltehäftlinge des Ständestaates (1933 – 1938), Forschungsbericht, Wien 2013.
Berchtold, Klaus (Hg.), Österreichische Parteiprogramme 1868–1966, Wien 1967.
Blaschke, Olaf, Die Kirchen und der Nationalsozialismus, Stuttgart 2014.
Bohn, Jutta, Das Verhältnis zwischen Katholischer Kirche und faschistischem Staat in Italien und die Rezeption in deutschen Zentrumskreisen (1922 – 1933), Frankfurt 1992.
Botz, Gerhard, Faschismus und Lohnabhängige in der Ersten Republik, in: Österreich in Geschichte und Literatur, 1977, Heft 1, 102 – 128.
Bracher, Karl Dietrich, Nationalsozialismus, Faschismus und autoritäre Regime, in: Gerald Stourzh/Birgitta Zaar (Hg.), Österreich, Deutschland und die Mächte, Wien 1990, 1 – 27.
Castellan, Georges, Ein Vorspiel zum Anschluß (1935 – 1937), in: Gerald Stourzh/Brigitta Zaar (Hg.), Österreich, Deutschland und die Mächte, Wien 1990, 147 – 166.
Colotti, Enzo, Die Faschisierung des italienischen Staates und die fortschreitende Beeinflußung österreichischer Rechtsgruppen, in: Erich Fröschl/Helge Zoitl (Hg.), Der 4. März 1933. Vom Verfassungsbruch zur Diktatur, Wien 1984, 149 – 164.

Colotti, Enzo, Die Historiker und die Rassengesetze in Italien, in: Christof Dipper u.a. (Hg.), Faschismus und Faschismen im Vergleich. Wolfgang Schieder zum 60. Geburtstag, Köln 1998, 59 – 77.
Dachs, Herbert, u.a. (Hg.), Politik in Österreich. Das Handbuch, Wien 2006.
Dachs, Herbert: „Austrofaschismus" und Schule, in: Emmerich Tálos/Wolfgang Neugebauer (Hg.), Austrofaschismus, Wien 2014, 282 – 296.
Diktatur, in: Hanno Drechsler u. a. (Hg.), Gesellschaft und Staat. Lexikon der Politik, München 2003, 249 – 250.
Diktatur, in: Dieter Nohlen u. a. (Hg.), Lexikon der Politik. Bd. 7: Politische Begriffe, München 1998, 126 – 128.
Dreidemy, Lucile, Der Dollfuß-Mythos. Eine Biographie des Posthumen, Wien 2014.
Eichberger, Leena, Politisch motivierte Disziplinarverfahren und Entlassungen an der Universität Wien zur Zeit des Austrofaschismus. Eine Bestandsaufnahme für das Aktenjahr 1934, in: Österreichische Hochschulen im 20. Jahrhundert, Wien 2013, 313 – 328.
Ender, Otto, Die neue österreichische Verfassung mit dem Text des Konkordats. Eingeleitet und erläutert von Bundesminister Dr. O. Ender, 4. Aufl., Wien/Leipzig 1935.
Gentile, Emilio, Der „neue Mensch" des Faschismus, in: Thomas Schlemmer/Hans Woller (Hg.), Der Faschismus in Europa, München 2014. 89 – 105.
Halbrainer, Heimo/Martin F. Polaschek, „Im Namen des Bundesstaates Österreich". Die politischen Verfolgungen im Austrofaschismus in der Steiermark, Graz 2014, 239 – 253.
Hanisch, Ernst, Der Politische Katholizismus als ideologischer Träger des „Austrofaschismus", in: Emmerich Tálos/Wolfgang Neugebauer (Hg.), Austrofaschismus, Wien 2014, 67 – 85.
Jahoda, Marie/Paul P. Lazarsfeld/Hans Zeisel, Die Arbeitslosen von Marienthal, Frankfurt 1978.
Kallis, Aritstotle, Fascism, Para-Fascism and Fascistization. On the Similarities of Three Conceptual Categories, in: European History Quaterly, Jg. 33/H. 2, 2003, 219 – 249.
Kerekes, Lajos, Abenddämmerung einer Demokratie, Wien u. a. 1966.
Kogler, Nina, GeschlechterGeschichte der Katholischen Aktion im Austrofaschismus, Wien 2014.
Koll, Johannes, Arthur Seyß-Inquart und die deutsche Besatzungspolitik in den Niederlanden (1940 – 1945), Wien 2015.
Leidinger, Hannes/Verena Moritz, Das kriegswirtschaftliche Ermächtigungsgesetz (KWEG), in: Florian Wenninger/Lucile Dreidemy (Hg.), Das Dollfuß/Schuschnigg-Regime 1933 – 1938, Wien 2013, 449 – 470.

Linz, Juan J., Autoritäre Regime, in: Dieter Nohlen/Rainer-Olaf Schultz (Hg.), Politikwissenschaft, München/Zürich 1985, 62 – 65.

Linz, Juan J., Totalitäre und autoritäre Regime, hg. von R. Krämer, Berlin 2003.

Longhi, Silvano, Die Juden und der Widerstand gegen den Faschismus in Italien (1943 – 1945), Berlin 2010.

Maderthaner, Wolfgang/Michaela Maier (Hg.), „Der Führer bin ich selbst". Engelbert Dollfuß – Benito Mussolini Briefwechsel, Wien 2004.

Merkl, Adolf, Die ständisch-autoritäre Verfassung Österreichs, Wien 1935.

Mittendorfer, Stefanie, Die Disziplinarakten der ‚politischen' Studierenden der Universität Wien, in: Österreichische Hochschulen im 20. Jahrhundert. Hg. von der Österreichischen Hochschülerschaft, Wien 2013, 113 – 131.

Nohlen, Dieter, Autoritäre Systeme, in: Dieter Nohlen u. a. (Hg.), Lexikon der Politik, Band 4, München 1997, 67 – 74.

Oberländer, Erwin (Hg.), Autoritäre Regime in Ostmittel- und Südosteuropa 1919 – 1944, Paderborn 2017.

Payne, Stanley, Geschichte des Faschismus, München 2001.

Rásky, Béla, Die außenpolitischen Beziehungen Österreichs zu den Nachfolgestaaten der Donaumonarchie (1918 – 1938), in: Emmerich Tálos u.a. (Hg.), Handbuch des politischen Systems Österreichs. Erste Republik 1918 – 1933, Wien 1995, 652 – 664.

Reichardt, Sven/Armin Nolzen, Editorial, in: diess. (Hg.), Faschismus in Italien und Deutschland, Göttingen 2005, 9 – 27.

Reiter-Zatloukal, Ilse, u.a. (Hg.), Österreich 1933 – 1938, Wien 2012.

Reiter-Zatloukal, Ilse, Antisemitismus und Juristenstand, in: Oliver Rathkolb (Hg.), Der lange Schatten des Antisemitismus, Wien 2013, 183 – 2015.

Reiter-Zatloukal, Ilse, Die (Un)Abhängigkeit der Richter unter der austrofaschistischen und nationalsozialistischen Herrschaft, in: Beiträge zur Rechtsgeschichte Österreichs 2016/2, 419 – 469.

Rohrhofer, Franz Xaver, Fronten und Brüche 1933 – 1938, Linz 2007.

Schieder, Wolfgang, Faschistische Diktaturen. Studien zu Italien und Deutschland, Göttingen 2008.

Schieder, Wolfgang, Der italienische Faschismus 1919–1945, München 2010.

Senft, Gerhard, Im Vorfeld der Katastrophe. Die Wirtschaftspolitik des Ständestaates, Wien 2002.

Schölnberger, Pia, Das Anhaltelager Wöllersdorf 1933 – 1938, Wien 2015.

Schuschnigg, Kurt, Die neue Bundesverfassung. Mit Erläuterungen, Wien 1936.

Seliger, Maren, Scheinparlamentarismus im Führerstaat, Wien 2010.

Staudinger, Anton, Zu den Bemühungen katholischer Jungakademiker um eine ständisch antiparlamentarische und deutsch-völkische Orientierung der

Christlich-Sozialen Partei, in: Erich Fröschl/Helge Zoitl (Hg.), Der 12. Februar 1934. Ursachen, Fakten, Folgen, Wien 1984, 221 – 231.

Staff, Ilse, Der faschistische Korporativstaat und die ihn bestimmenden Ideologien, in: Aldo Mazzacane u.a. (Hg.), Korporativismus in den südeuropäischen Diktaturen, Frankfurt 2005, 91 – 127.

Strohm, Christoph, Die Kirchen im Dritten Reich, München 2011.

Tálos, Emmerich u.a. (Hg.), Handbuch des politischen Systems Österreichs. Erste Republik 1918 – 1933, Wien 1995.

Tálos, Emmerich, Das austrofaschistische Herrschaftssystem. Österreich 1933 – 1938, Wien 2013.

Tálos, Emmerich/Wolfgang Neugebauer (Hg.), Austrofaschismus. Politik – Ökonomie – Kultur, Wien 2014.

Texte zur Katholischen Soziallehre. Mit Einführungen von Oswald von Nell-Breuning und Johannes Schasching, Köln 1989.

Vana, Irina, Arbeitslose Männer und verdienstlose Frauen? Auswirkungen der austrofaschistischen Arbeitsmarktpolitik auf die geschlechtliche Normalisierung von Arbeitslosigkeit, in: Österreichische Zeitschrift für Geschichtswissenschaften 27/2016/3, 16 – 43.

Wassermann, Jan, Black Vienna. The Radical Right in the Red City, 1918 – 1938, Ithaca/London 2014.

Welan, Manfried/Helmut Wohnout, Hans Karl Zeßner-Spitzenberg – einer der ersten toten Österreicher in Dachau, in: Dokumentationsarchiv des Österreichischen Widerstandes (Hg.), Forschungen zum Nationalsozialismus und dessen Nachwirkungen in Österreich. Festschrift für Brigitte Bailer, Wien 2012, 21 – 41.

Wenninger, Florian, „... werden wir mit aller Brutalität vorgehen": Zum Polarisierungsprozess der Zwischenkriegszeit in Österreich und seinen Nachwirkungen, Dissertation, Wien 2015.

Wenninger, Florian, Die Scheu vor dem F-Wort. Anmerkungen zur Verortung des Dollfuß-Schuschnigg-Regimes, in: HISTORICUM N.F. III-IV (2017 a), 54 – 63.

Wenninger, Florian, „... für das ganze christliche Volk eine Frage auf Leben und Tod". Anmerkungen zu Wesen und Bedeutung des christlich-sozialen Antisemitismus bis 1934, in: Gertrude Enderle-Burcel/Ilse Reiter-Zatloukal (Hg.), Antisemitismus in Österreich 1933 – 1938, Wien 2017b.

Wiederin, Ewald, Christliche Bundesstaatlichkeit auf ständischer Grundlage: Eine Strukturanalyse der Verfassung 1934, in: Ilse Reiter-Zatloukal/Christiane Rothländer/Pia Schölnberger (Hg.), Österreich 1933–1938, Wien 2012, 31–41.

Wippermann, Wolfgang, Europäischer Faschismus im Vergleich, Frankfurt 1983.

Wippermann, Wolfgang, Faschismus. Eine Weltgeschichte vom 19. Jahrhundert bis heute, Darmstadt 2009.

Wohnout, Helmut, Regierungsdiktatur oder Ständeparlament?, Wien 1993.

Wohnout, Helmut, Die Janusköpfigkeit des autoritären Österreich, in: Geschichte und Gegenwart 13 (1994/1), 3–16.

Wohnout, Helmut, Die Verfassung 1934 im Widerstreit der unterschiedlichen Kräfte im Regierungslager, in: Ilse Reiter-Zatloukal/Christiane Rothländer/Pia Schölnberger (Hg.), Österreich 1933–1938, Wien 2012, 17–30.

QUELLEN:

Österreichisches Staatsarchiv (ÖStA)/Archiv der Republik (AdR), Bundeskanzleramt-Inneres, Moskauer Akten-Fond 514, Serie 1 und 4 (abgekürzt VF-Bestand).
Reichspost

FOTONACHWEIS:

1) BILDARCHIV AUSTRIA, ÖSTERREICHISCHE NATIONALBIBLIOTHEK:

Cover: Bundeskanzler Dollfuß bei seiner bekannten Rede vom 11. September 1933 ("Trabrennplatzrede") beim ersten Generalappell der Vaterländischen Front (Pf 5465: D(29))
S. 22: H 2163
S. 39: 198465 - B
S. 63: E 3/471
S. 66: Pf 13601 D
S. 84: A 373 - C
S. 141: S 357/133
S. 142: Pz 1937/IV/22/Venedig/1/2
S. 156: H 4846
S. 168: 129.685 B

2) PA FLORIAN WENNINGER:

S. 10 und 90

ZEITTAFEL 1929 – 1938

1929

18. August	Blutiger Zusammenstoß zwischen Heimwehr und Republikanischem Schutzbund in St. Lorenzen, Steiermark (drei Tote, 25 Verletzte)
6. Oktober	Zusammenbruch der Bodencreditanstalt, Fusion mit der Creditanstalt
25. Oktober	Kurszusammenbruch an der New Yorker Börse, Beginn der Weltwirtschaftskrise
7. Dezember	Änderung der Bundesverfassung von 1920: u. a. Schwächung des Parlaments, Stärkung der Position des Bundespräsidenten durch Kompetenzerweiterung, direkte Volkswahl des Bundespräsidenten (Verfassungsnovelle 1929)

1930

6. Februar	Freundschafts- und Schiedsgerichtsvertrag zwischen Österreich und Italien
9. Mai	Carl Vaugoin übernimmt die Führung der Christlich-Sozialen Partei nach Seipel
18. Mai	„Korneuburger Eid" der Heimwehren: Verwerfung der parlamentarischen Demokratie, Plädoyer für einen Führerstaat und Ständeorganisation, Überwindung des Klassenkampfs
2. September	Ernst Rüdiger Starhemberg übernimmt die Bundesführung der gesamten österreichischen Heimwehren
30. September	Bildung der Minderheitsregierung Vaugoin mit Beteiligung von zwei Heimwehrvertretern (Ernst Rüdiger Starhemberg als Innenminister, Franz Hueber als Justizminister)
9. November	Letzte Nationalratswahl in der Ersten Republik (Sozialdemokratische Arbeiterpartei wird mandatsstärkste Fraktion)
5. Dezember	Bildung der Regierung Ender, Koalition aus Christlich-Sozialen, Großdeutschen und Landbund

1931

26. Jänner	Freundschafts- und Schiedsgerichtsvertrag zwischen Österreich und Ungarn
18. März	Engelbert Dollfuß wird Minister für Land- und Forstwirtschaft in der Regierung Ender
12. Mai	Mitteilung des Zusammenbruchs der Creditanstalt durch die Österreichische Regierung, Vollmacht zur Haftungsübernahme
15. Mai	Kundmachung der Enzyklika „Quadragesimo Anno" von Papst Pius XI
13. September	(Gescheiterter) Putschversuch des steirischen Heimwehrführers Walter Pfrimer
9. Oktober	Wiederwahl von Bundespräsident Wilhelm Miklas

1932

24. April	Landtagswahlen in Wien, Niederösterreich, Salzburg: Desaster für Heimatblock (politische Vertretung der Heimwehren) und für die Großdeutsche Volkspartei, Verluste der Christlich-Sozialen, Zugewinne der NSDAP; Gemeinderatswahlen in der Steiermark und in Kärnten: Gewinne der NSDAP
20. Mai	Nach Rücktritt der Regierung Buresch Bildung der Regierung Dollfuß aus Christlich-Sozialer Partei, Landbund und Heimatblock
15. Juli	Unterzeichnung des „Lausanner Protokolls" über eine neuerliche Völkerbundanleihe (Ratifizierung durch den Nationalrat am 22. August)
2. August	Tod Ignaz Seipels
19. August	Tod Johann Schobers
1. Oktober	Anwendung des „Kriegswirtschaftlichen Ermächtigungsgesetzes" (von 1917) gegenüber den Verantwortlichen für den Zusammenbruch der Creditanstalt
16. Oktober	Zusammenstoß zwischen Nationalsozialisten und Sozialdemokraten in Wien Simmering (vier Tote, 75 Verletzte)
6. November	Landtagswahlen in Vorarlberg: Gewinne der NSDAP

1933

8. Jänner	Aufdeckung illegaler Waffentransporte von Italien nach Ungarn auf österreichischem Territorium; internationale Kritik an der österreichischen Regierung
30. Jänner	Ernennung Adolf Hitlers zum Reichskanzler in Deutschland
1. März	Proteststreik österreichischer Eisenbahner gegen Gehaltszahlung in Raten, Verhaftungen und Disziplinarverfahren

4. März	Außerordentliche Nationalratssitzung betreffend die Sanktionen der Regierung gegen Verantwortliche des Eisenbahnerstreiks, Formfehler bei der Abstimmung, Geschäftsordnungsprobleme, Rücktritt der drei Präsidenten des Nationalrates. Verfassungsmäßige Möglichkeiten zur Beilegung der Geschäftsordnungskrise von Bundespräsident und Regierung nicht genützt
5. März	Beschluss der Spitzen der Christlich-Sozialen Partei und des Christlich-Sozialen Parlamentsklubs, einige Zeit autoritär zu regieren
5. März	Reichstagswahl in Deutschland: Gewinne der NSDAP (43,8% der Stimmen, knappe absolute Mehrheit für Regierungskoalition)
7. März	Übereinstimmung bei Christlich-Sozialen über den von Bundeskanzler Dollfuß vorgeschlagenen autoritären Weg, Appell der Regierung an das österreichische Volk: Notwendigkeit von Frieden und Ordnung; Verordnung betreffend Vorzensur der Presse, Verbot von Aufmärschen und Versammlungen. Bundespräsident Miklas belässt die Regierung im Amt
9. März	Einberufung der unterbrochenen Nationalratssitzung durch den 3. Nationalratspräsidenten Straffner (Großdeutsche Volkspartei), Ablehnung durch die Regierung
15. März	Verhinderung der versuchten Wiedereinberufung des Nationalrates mit Hilfe der Exekutive
22. März	Beschluss der Wiener Landesregierung: seit dem 7. März erlassene Notverordnungen vor dem Verfassungsgerichtshof anzufechten
31. März	Auflösung und Verbot des Republikanischen Schutzbundes
13. April	Eröffnung der Konkordatsverhandlungen beim Besuch von Bundeskanzler Dollfuß bei Papst Pius XI
21. April	Erlass der Streikverbotsverordnung
23. April	Gemeinderats-Ergänzungswahlen in Innsbruck: Gewinne für die NSDAP (40% der Stimmen), Verluste für Sozialdemokraten, Christlich-Soziale und Deutschnationale
5. Mai	Unterzeichnung des Konkordates zwischen Österreich und dem Vatikan (Privilegierung der Katholischen Kirche)
10. Mai	Umbildung der Regierung Dollfuß: Heimwehrführer Emil Fey wird Sicherheitsminister, Verbot von Landtags- und Gemeindewahlen
14. Mai	Großer Heimwehraufmarsch anlässlich der „Türkenbefreiungsfeier"
15. Mai	Großdeutsche Volkspartei und NSDAP schließen ein „Kampfbündnis"
20. Mai	Gründung der politischen Monopolorganisation „Vaterländischen Front"
26. Mai	Verbot der Kommunistischen Partei Österreichs
27. Mai	Ausschaltung des Verfassungsgerichtshofs durch den Rücktritt seiner von der Christlich-Sozialen Partei bestimmten Mitglieder, Verhängung der „Tausend-Mark-Sperre" der deutschen Reichsregierung gegen Österreich (Gebühr für Visum bei Reise nach Österreich)
19. Juni	Betätigungsverbot für die NSDAP

19./20. August	Treffen von Benito Mussolini und Engelbert Dollfuß in Riccione, Zusage Dollfuß' für einen harten Kurs gegen die Sozialdemokratie
11. September	„Trabrennplatzrede" von Bundeskanzler Dollfuß: Ankündigung von einschneidenden politischen Veränderungen, Grundkonturen des austrofaschistischen Herrschaftssystems: Ende der Parteien, starke autoritäre Führung, ständische Grundlage
21. September	Umbildung der Regierung Dollfuß: Entlassung von Vizekanzler Winkler (Landbund), Ausscheiden von Heeresminister und Obmann der Christlich-Sozialen Partei Carl Vaugoin aus der Regierung, Ernennung des Heimwehrführers Emil Fey zum Vizekanzler
23. September	Beschluss der Regierung auf Errichtung von „Anhaltelagern" zur Internierung politisch Oppositioneller
3. Oktober	Revolverattentat eines Nationalsozialisten auf Dollfuß
11. November	Einführung der Todesstrafe und des standrechtlichen Verfahrens
12. November	Scheinwahlen zum Reichstag in Deutschland (NSDAP Einheitsliste 92,2% der Stimmen)

1934

1. Jänner	Nationalsozialistische Terrorwelle in ganz Österreich
18. Jänner	Besuch des italienischen Unterstaatssekretärs Fulvio Suvich in Wien
28. Jänner	Aufruf Ernst Rüdiger Starhembergs zum „Endkampf gegen den Marxismus"
3. Februar	Verhaftung von Schutzbundführern
10. Februar	Einsetzung eines Sicherheitskommissärs für Wien
12.-16. Februar	Waffensuche der Polizei im Linzer Arbeiterheim, Beginn des bewaffneten Widerstandes von Teilen des Republikanischen Schutzbundes, Kämpfe in einigen Bundesländern, Industriegebieten und Städten, Einsatz von Militär und schweren Waffen seitens der Regierung, Betätigungsverbot der Sozialdemokratischen Arbeiterpartei, Auflösung der Freien Gewerkschaften und aller anderen sozialdemokratischen Organisationen, Aberkennung ihrer politischen Mandate, Massenverhaftungen, Ausweitung des Standrechtes auf Fälle des Aufruhrs und Anwendung auf Februarkämpfer, neun Todesurteile wurden vollstreckt.
17. Februar	England, Frankreich und Italien: Deklaration über Unabhängigkeit Österreichs
2. März	Errichtung einer Einheitsgewerkschaft durch Verordnung der Regierung
17. März	Unterzeichnung der „Römischen Protokolle" zwischen Österreich, Italien und Ungarn: wirtschaftliche Zusammenarbeit

ZEITTAFEL 1929 – 1938   183

30. April	Einberufung des „Rumpfparlaments" regierungsloyaler Abgeordneter: Verabschiedung des Bundesverfassungsgesetzes über außerordentliche Maßnahmen im Bereich der Verfassung (sog. „Ermächtigungsgesetz"): Auflösung des National- und Bundesrates, Übertragung ihrer Befugnisse auf die Regierung, Ermächtigung der Regierung zur Kundmachung der Verfassung 1934, Ratifizierung des Konkordates zwischen Österreich und dem Vatikan
1. Mai	Proklamation der Verfassung 1934, Aufnahme (von Teilen) des Konkordates in die Verfassung, gesetzliche Verankerung der Vaterländischen Front, Ernennung Ernst Rüdiger Starhembergs zum Vizekanzler an Stelle von Emil Fey
14. Mai	Selbstauflösung des Parlamentsklubs der Christlich-Sozialen Partei
19. Juni	Beschluss des Verfassungsübergangsgesetzes (schrittweise Inkraftsetzung der Mai Verfassung); Umgestaltung der Geschworenengerichte, Wiedereinführung der Todesstrafe im ordentlichen Verfahren
25. Juli	Beginn des nationalsozialistischen Putschversuches und Ermordung von Bundeskanzler Dollfuß, Niederschlagung des Putsches durch Militär, Polizei und rechte Wehrverbände, Ernst Rüdiger Starhemberg übernimmt Führung der Vaterländischen Front, Kurt Schuschnigg wird Stellvertreter
26. Juli	Bundesverfassungsgesetz über die Einführung eines Militärgerichtshofes als Ausnahmegericht zur Aburteilung der mit dem Putschversuch vom 25. Juli im Zusammenhang stehenden strafbaren Handlungen
30. Juli	Kurt Schuschnigg übernimmt das Amt des Bundeskanzlers, Ernst Rüdiger Starhemberg bleibt Vizekanzler
2. August	Nach dem Tod des Reichspräsidenten Paul von Hindenburg: Adolf Hitler „Führer und Reichskanzler"
21. August	Treffen Mussolini – Schuschnigg in Florenz, Beibehaltung des außenpolitischen Kurses
24. August	Auflösungsbescheid für den Landbund
27. September	Selbstauflösung der Bundesparteileitung der Christlich-Sozialen Partei
1. November	Inkrafttreten der Verfassungsbestimmungen betreffend Gesetzgebung des Bundes und der Länder
16. -20. November	Treffen Mussolini – Schuschnigg in Rom

1935

3.-20. April	Schutzbundprozess
11.-14. April	Befassung Großbritanniens, Frankreichs und Italiens mit der Frage der politischen Unabhängigkeit Österreichs auf der Konferenz von Stresa
2. Oktober	Militärischer Überfall Italiens auf das Königreich Abessinien

| 18. Oktober | Umbildung der österreichischen Regierung mit Entmachtung des Heimwehrführers Fey |

1936

16.-23. März	Großer Sozialistenprozess
21.-23. März	Zusatzprotolle zu den „Römischen Protokollen"
1. April	Einführung der „Allgemeinen Bundesdienstpflicht" in Österreich
14. Mai	Entmachtung der Heimwehren, Ablösung Starhembergs als Bundesführer der Vaterländischen Front durch Schuschnigg, Funktionskumulierung bei Schuschnigg: Bundeskanzler und Bundesführer der VF
11. Juli	„Juliabkommen" zwischen Österreich und dem Deutschen Reich: offizielle Anerkennung der Souveränität Österreichs und pro forma Verzicht auf Einmischung in innerösterreichische Angelegenheiten durch die deutsche Regierung; Verpflichtung der österreichischen Regierung in dem damit verbundenen Geheimabkommen u.a. zur Zulassung verbotener deutscher Zeitschriften, zu weitreichender Amnestie verurteilter Nationalsozialisten, zur Hereinnahme von Vertretern der den Nationalsozialisten nahestehenden „Nationalen Opposition" in politische Verantwortung, damit Beförderung des Prozesses des „Anschlusses von innen"
10. Oktober	Auflösung aller Wehrverbände und damit formelles Ende der Heimwehren als legale Organisation
14. Oktober	Gründung der „Frontmiliz" an Stelle der aufgelösten Wehrverbände, Unterstellung unter dem Kommando des Bundesheeres
1. November	Ausrufung der „Achse Rom – Berlin" durch Mussolini
3. November	Regierungsumbildung in Österreich: Regierung ohne Heimwehrvertreter
11.-12. November	Konferenz der Staaten der „Römischen Protokolle" in Wien. Österreich und Ungarn anerkennen die Eroberung Abessiniens durch Italien

1937

26. April	Treffen Hermann Görings mit Benito Mussolini in Rom, Besprechung der „österreichischen Frage"
17. Juni	Errichtung des Volkspolitischen Referates im Rahmen der Vaterländischen Front zur Beschleunigung der Integration der „Nationalen Opposition"
5. November	Besprechung Hitlers mit dem Kriegs- und Außenminister sowie den Oberbefehlshabern der Wehrmacht über Kriegspläne („Hoßbach Niederschrift"), die auch Österreich betreffen

1938

12. Februar	Treffen zwischen Schuschnigg und Hitler in Berchtesgaden mit weitreichenden Zugeständnissen Schuschniggs (u.a. Ernennung von Arthur Seyß-Inquart zum Innen- und Sicherheitsminister, generelle Amnestie für nationalsozialistische Straftäter, Zulassung nationalsozialistisch Gesinnter zur Vaterländischen Front und anderen Einrichtungen, Absetzung des Chefs des Generalstabes des österreichischen Bundesheeres Jansa
9. März	Ankündigung einer Volksbefragung für ein „freies und deutsches, unabhängiges und soziales, für ein christliches und einiges Österreich" am 13. März durch Bundeskanzler Schuschnigg
10. März	Hitler verlangt ultimativ von der österreichischen Regierung die Absetzung dieser Volksbefragung
11. März	Erfüllung der deutschen Forderung nach Absetzung der Volksbefragung, Forderung Görings (im Einvernehmen mit Hitler) nach sofortigem Rücktritt von Schuschnigg, Rücktritt Schuschniggs und des Kabinetts, Beginn der nationalsozialistischen Machtergreifung, Einmarschbefehl Hitlers, Akzeptanz des Kabinetts Seyß-Inquarts durch den Bundespräsidenten und Rücktritt von Bundespräsident Miklas
12. März	Besetzung Österreichs in den Morgenstunden
13. März	„Anschluss" Österreichs an das Deutsche Reich („Bundesverfassungsgesetz über die Wiedervereinigung Österreichs mit dem Deutschen Reich"), Ankündigung der Volksabstimmung für den 10. April
10. April	Volksabstimmung über den vollzogenen „Anschluss" (99,73% „Ja" Stimmen)

ANMERKUNGEN

1. Zit. in: Staudinger 1984, 226. Zur radikalen Rechten im Wien der Zwischenkriegszeit siehe Wassermann 2014.
2. Botz 1977, 108.
3. In: Reichspost v. 19. August 1929, 3.
4. Zit. in: Berchtold 1967, 402 f.
5. Zit. in: Kerekes 1966, 83.
6. Wenninger 2015, 499.
7. Ministerratsprotokoll 808 vom 17. Juni 1932, 244.
8. Zit. in: Reichspost vom 4. Oktober 1932.
9. Im Zeitraum 1924 – 1932 gab es insgesamt 58 KWEG Verordnungen (siehe Leidinger/Moritz 2013, 457).
10. Zit. in: Berchtold 1967, 429f.
11. Siehe Oberländer 2017.
12. Siehe dazu ausführlich Schölnberger 2015.
13. Zit. in: Kerekes 1966, 179.
14. So wurde beispielsweise der in der Steiermark angekündigte Generalstreik nur in den industrialisierten Regionen befolgt (siehe Anzenberger 2014, 138).
15. In den anschließenden Kapiteln dieses Buches werden die im Folgenden angeführten Aspekte näher ausgeführt.
16. Siehe das abschließende Kapitel des Buches.
17. Zu den Werken und Referaten der Vaterländischen Front siehe näher Kapitel 2 in diesem Buch.
18. Siehe Seliger 2010, 285.
19. Zit. in: Berchtold 1967, 429 f.
20. Ender 1935, 13; auch Merkl 1935, 155.
21. Texte zur Katholischen Soziallehre 1989, 130ff.
22. Texte zur Katholischen Soziallehre 1989, 135.
23. Merkl 1935, 147.
24. Siehe dazu die Ausführungen in Kapitel 6.
25. So betrug beispielsweise der Mitgliedsbeitrag bei einem Einkommen bis zu 600 Schilling monatlich 40 Groschen, bei einem Einkommen darüber 1 Schilling und 20 Groschen (siehe dazu die Auflistung der jeweiligen Beitragshöhe in: Informationsdienst der Vaterländischen Front v. 27. Jänner 1936, 2 – 4).
26. Siehe Kogler 2014.
27. Siehe Bandhauer-Schöffmann 2016.
28. Siehe dazu Kapitel 5; siehe auch Welan/Wohnout 2012, 32 f.
29. Siehe Reiter-Zatloukal 2016, 432 f.
30. Siehe näher dazu Reiter-Zatloukal 2016, 437 ff.
31. Christlich-Soziale Arbeiter-Zeitung v. 8. April 1933.
32. Zit. in: Rohrhofer 2007, 239.

ANMERKUNGEN

33 Siehe Klieber 2013.
34 Siehe Mugrauer 2013.
35 Siehe nähere Ausführungen in Kapitel 5.
36 Siehe nähere Ausführungen in Kapitel 1 und 5.
37 Siehe näher dazu Schölnberger 2015.
38 So die Schätzung von Bauer 2002, 117.
39 So Bauer 2013.
40 Zu Disziplinarverfahren und Entlassungen an der Universität Wien siehe Eichberger 2013.
41 Siehe Mittendorfer 2013, 126.
42 Näher ausgeführt im Kapitel über die Vaterländische Front.
43 VF-Bestand 2735/34.
44 Zit. in: Allgemeiner Deutscher Katholikentag 1934, 33.
45 Dachs 2014, 294.
46 Siehe Senft 2002, 477 ff.
47 Siehe Jahoda u.a. 1978.
48 Siehe ausführlich dazu Tálos 2013, 348 ff.
49 Zit. in: Berchtold 1967, 431.
50 Diese Problematik steht angesichts der gegenwärtigen und absehbar zukünftigen Arbeitsmarktprobleme auf der Agenda der aktuellen Sozialstaatsdiskussion. Nicht zum ersten Mal in der österreichischen Debatte wie das Beispiel der austrofaschistischen Sozialpolitik zeigt. Veränderungen des Finanzierungsmodus hatte auch Sozialminister Dallinger in den 1980er-Jahren vertreten. Sein Vorschlag zielte auf die Einführung einer Wertschöpfungsabgabe mit Verbreiterung der Beitragsbasis von Unternehmen.
51 Zit. in: Berchtold 1967, 430.
52 Siehe dazu z.B. Schöffmann 2016.
53 Siehe ausführlich dazu Vana 2016.
54 Siehe Kogler 2014, 347, Anm. 60.
55 Siehe Wenninger 2017a.
56 VF-Bestand 729/44.
57 Zit. in: Kriechbaumer 2005, 334.
58 VF-Bestand 2571/12.
59 Schreiben vom 20. November 1936 (VF-Bestand 93/16).
60 VF-Bestand 69/41.
61 Siehe Wenninger 2017b.
62 Zit. in: Wohnout 1994, 12.
63 Brief vom 22. September 1933 (VF-Bestand 195/109).
64 Brief vom 29. September 1933 (VF-Bestand 195/110).
65 VF-Bestand 2571/101–102.
66 VF-Bestand 836/12.
67 Siehe Reiter-Zatloukal 2013, 197; Ash 2013.
68 Siehe Tálos 2013, 485.

69 Rundfunksendung, zit in: VF-Bestand 2462/1.
70 VF-Bestand 838/131, 133.
71 VF-Bestand 838/135
72 Zit. in: Kerekes 1966, 9; siehe auch Colotti 1984, 154 ff.
73 Zit. in: Kerekes 1966, 62. Zu den Beziehungen siehe auch Rásky 1995.
74 Siehe Briefwechsel zwischen Mussolini und Dollfuß: Abdruck in Maderthaner/Maier 2004.
75 Zit. in: Wenninger 2017a.
76 Zit. in: Tálos 2013, 508.
77 Zit. in: Pressestelle der VF, 13. Juli 1936 (VF-Bestand 3142/32 f.).
78 Zur Rolle von Seyß-Inquart siehe Koll 2015.
79 So lassen sich z.b. nach Kallis (2003, 241) hinsichtlich der Genese faschistischer Herrschaftssysteme drei Szenarien unterscheiden: 1) Etablierung als Resultat eines Bündnisses des Bewegungsfaschismus mit den traditionellen Eliten, zutreffend für Italien und Deutschland; 2) Ausbildung faschistischer Muster durch die bestehenden Regime selbst, zur Verbreiterung ihrer Herrschaftsbasis; 3) Faschisierung von oben (siehe dazu Wenninger 2017a). Für die Genese des Austrofaschismus können sowohl Szenario 2 als auch 3 veranschlagt werden. Zur Unterscheidung zwischen dem italienischen und deutschen Faschismus siehe Reichardt/Nolzen 2005; Bach/Breuer 2010. Dass Gemeinsamkeiten keineswegs Unterschiede ausschließen, gilt nicht nur für das politische Phänomen Faschismus. Gleiches ist feststellbar für Phänomene wie Konservativismus, Liberalismus, Sozialismus oder Demokratie.
80 Kühnl 1983, 100. Der mehrdimensionale Ansatz kommt auch in der Politikwissenschaft bei der Analyse politischer Systeme zur Anwendung Er umfasst die Bereiche 1) Verfassung und politische Institutionen, 2) Politische Prozesse, Konflikte und Durchsetzung von Interessen, 3) Inhalte der Politik (siehe Dachs u.a. 2006, 27).
81 Siehe dazu Wenninger 2015, der von der Möglichkeit eines Binnenfaschismus spricht.
82 Schuschnigg 1936, 26–27.
83 Siehe Colotti 1984, 152 f.
84 Gentile 2014.
85 Siehe Hanisch 2014, 68.
86 Schieder (2008, 18 f.; 2010,7) unterscheidet zwischen der Bewegungsphase (1919–1922), der Phase der Regierungsübernahme und des Aufbaues der Diktatur (1922–1929) sowie die Regimephase (1930–1943).
87 Zu Italien z.B. Colotti 1984, 151: „Neben der Verbindung mit der Monarchie, mit den militärischen Kräften, mit dem Verwaltungsapparat und mit bestimmenden Wirtschaftskräften wurde die Verbindung mit der Kirche zum entscheidenden Faktor der endgültigen Stabilisierung des Faschismus". Siehe auch Bohn 1992. Zu Österreich siehe Tálos 2013, 240 ff.
88 Zu den Kirchen im Nationalsozialismus siehe z.B. Strohm 2011; Blaschke 2014.
89 Siehe Strohm 2011, 105.
90 Siehe die einschlägige Arbeit von Dreidemy 2014.

ANMERKUNGEN

91 Siehe Staff 2005.
92 Siehe z.B. Schieder 2010, 47 f.
93 Wenninger 2017a, weist darauf hin, dass es eine faschistische Massenbasis schon vor der Etablierung der österreichischen Diktatur grundsätzlich gegeben habe: die Heimwehren waren in Relation zur jeweiligen Bevölkerungszahl durchaus mit den Schwarzhemden und Braunhemden ebenbürtig.
94 Siehe Schieder 2010, 66.
95 Schieder 2008, 93.
96 Aus einem Redemanuskript für die RAVAG (VF-Bestand 2196/1 f.); siehe auch die Ausführungen zur politischen Verlässlichkeit in Kapitel 4.
97 Schieder 2008, 96.
98 Siehe Guerazzi/Di Sante 2005, 179; Ebner 2005, 202 f.
99 Siehe Colotti 1998, 65.
100 Longhi 2010, 36.
101 Siehe Schieder 2010, 61.
102 Zu Italien siehe z.B. Colotti 1998; Longhi 2010; zu Österreich siehe oben Kapitel 4.
103 Siehe Schieder 2010, 58.
104 Siehe z.B. Wohnout 1993, 434; 2012, 30; Wiederin 2012, 40.
105 Bracher (1990, 7), der zwischen den angeführten Herrschaftsformen unterscheidet, verweist selbst darauf, dass der Begriff des autoritären Staates alles andere als exakt ist, da er sehr mannigfache Formen umfasse.
106 Siehe Diktatur 2003, 249–250; Diktatur 1998, 126–128.
107 So eine viel rezipierte Umschreibung von Linz 1985, 62, in der das österreichische Herrschaftssystem dem noch enger gefassten Typus „autoritärer Korporatismus" zugeordnet wird. Ähnlich ders. 2003, 129; siehe auch Ableitinger 1980, 209 ff.; Nohlen 1997, 67 f.
108 Angemerkt sei, dass die begriffliche Charakterisierung als eine Variante faschistischer Herrschaft auch im zeitgenössischen Diskurs ihren Niederschlag gefunden hat: so z.B. bei Spitzenrepräsentanten des austrofaschistischen Herrschaftssystems wie dem damaligen Bundespräsidenten Miklas, dem Präsidenten des Bundestages Hoyos und dem vormaligen kaiserlichen Finanzminister Spitzmüller. Selbst in den „Richtlinien zur Führerausbildung" der VF wird das Herrschaftssystem 1933–1938 zu jenen Staaten gerechnet, die „faschistische Staatsformen verschiedener Spielarten angenommen" hatten (zit. in: Wenninger 2017a).

Politik und Zeitgeschichte
hrsg. von Univ.-Prof. Dr. Emmerich Tálos (Universität Wien)

Pia Schölnberger
Das Anhaltelager Wöllersdorf 1933 – 1938
Strukturen – Brüche – Erinnerungen
Die Internierung von Regimegegnern in so genannten Anhaltelagern war eine der prägendsten Maßnahmen des austrofaschistischen Herrschaftssystems zur Unterdrückung und Ausschaltung der politischen Opposition. Das wichtigste Lager wurde 1933 in Wöllersdorf (Niederösterreich) eröffnet. Bis zum „Anschluss" 1938 wurden tausende Männer – Angehörige der NSDAP, aber auch Mitglieder und Sympathisanten der Kommunistischen Partei Österreichs sowie der Sozialdemokratie – in Wöllersdorf angehalten. Im März 1938 diente es kurzfristig den Nationalsozialisten als „Schutzhaftlager".
Dieses Buch beleuchtet erstmals umfassend politische und gesetzliche Rahmenbedingungen, das Leben im Lager und dessen Strukturen sowie die geschichtspolitischen Auswirkungen nach 1945. Erinnerungen ehemaliger Lagerinsassen vermitteln gemeinsam mit zeitgenössischen Quellen und Bildern einen anschaulichen Eindruck vom Lageralltag.
Bd. 9, 2015, 428 S., 54,90 €, br., ISBN 978-3-643-50628-3

Emmerich Tálos
Das Austrofaschistische Herrschaftssystem
Österreich 1933 – 1938
In den 1930er Jahren vollzogen sich in Österreich, wie in anderen europäischen Ländern, einschneidende politische Veränderungen. Sie kummulierten in der Etablierung des Austrofaschismus. Dieses Herrschaftssystem wird von Emmerich Tálos, einem ausgewiesenen Kenner, erstmals einer umfassenden Untersuchung unterzogen.
Analysiert werden: Konstituierungsprozess, ideologisches Selbstverständnis, die politischen Strukturen, zentrale Akteure, die Um- und Neugestaltung der wesentlichen Politikfelder, die politische Stimmungslage, die folgenreichen Beziehungen zu Italien und Deutschland.
Der Austrofaschismus weist insbesondere Ähnlichkeit mit dem italienischen Faschismus auf. Eine angemessene Interpretation des „Anschlusses"' (im März '38) kann nur vor dem Hintergrund des Austrofaschismus erfolgen.
Bd. 8, 2. Aufl. 2013, 632 S., 34,90 €, br., ISBN 978-3-643-50494-4; gb., 79,90 €, ISBN 978-3-643-50495-1

Renée Lugschitz
Spanienkämpferinnen
Ausländische Frauen im Spanischen Bürgerkrieg 1936 – 1939
Hunderte Frauen aus aller Welt kämpften als Freiwillige im Spanischen Bürgerkrieg gegen Totalitarismus und Faschismus. Über ihren Einsatz ist wenig bekannt. Forschung und Geschichtsschreibung stellten die männlichen Interbrigadisten in den Mittelpunkt. Renée Lugschitz ist den Spuren der Spanienkämpferinnen nachgegangen und erzählt ihre Geschichte – ihren Einsatz an der Front und im Hinterland, als Kameradinnen unter Kameraden, als mutige Linke im Kampf gegen Franco, aber auch als Opfer der Kommunistischen Partei.
Elf ausführliche Porträts illustrieren die Breite dieser Frauenbewegung: Sie reichte von der KP-Krankenschwester aus Wien bis zur bürgerlichen Ärztin aus Texas, vom weiblichen Hauptmann aus Argentinien bis zur waghalsigen Fotoreporterin aus Deutschland.
Bruno-Kreisky-Preis für das politische Buch, 2012 (Anerkennungspreis)
Bd. 7, 2012, 216 S., 19,90 €, br., ISBN 978-3-6433-50404-3

Emmerich Tálos (Hg.)
Schwarz – Blau
Eine Bilanz des „Neu-Regierens"
2000 wurde eine ÖVP-FPÖ Koalitionsregierung zwischen gebildet. Dieser Machtwechsel war von heftigen innerösterreichischen und internationalen Konflikten begleitet. Die blau-schwarze Regierung trat mit dem Anspruch „Neu regieren" an: Neue, andere Inhalte, realisiert mit einem neuen Stil des Regierens. Inwiefern dieser Anspruch Realität wurde, welche Konsequenzen dies für politische Entscheidungsprozesse und die inhaltliche Gestaltung österreichischer Politik hatte, ist Gegenstand des Buches. Die relevanten Akteure werden ebenso in den Blick gebracht wie einschneidende Veränderungen in wichtigen Politikfeldern.
Bd. 3, 2006, 352 S., 19,90 €, br., ISBN 3-8258-9730-3

LIT Verlag Berlin – Münster – Wien – Zürich – London
Auslieferung Deutschland / Österreich / Schweiz: siehe Impressumsseite

Ferdinand Karlhofer; Emmerich Tálos
Sozialpartnerschaft
Österreichische und Europäische Perspektiven
Während die neunziger Jahre EU-weit von einer bemerkenswerten Renaissance korporatistischer Arrangements geprägt waren, scheint die Entwicklung nun wieder umgekehrt zu verlaufen. Ob sich tatsächlich ein Paradigmenwechsel vom Korporatismus zum Lobbyismus vollzieht, wie verschiedentlich diagnostiziert, oder ob die Interaktion von Staat und Verbänden künftig zwischen diesen beiden Polen oszilliert, ist Thema dieses Buches. Zugleich ist es als Fallstudie zur österreichischen Sozialpartnerschaft und als vergleichende Analyse der Entwicklung in den „alten" und „neuen" Mitgliedsstaaten der EU angelegt.
Bd. 2, 2005, 224 S., 19,90 €, br., ISBN 3-8258-8612-3

Emmerich Tálos; Wolfgang Neugebauer (Hg.)
Austrofaschismus
Politik – Ökonomie – Kultur 1933–1938
Ebenso wie in einer Reihe anderer europäischer Länder ist Österreich in den 1930er Jahren von einschneidenden politischen Veränderungen geprägt. Das 1933/34 etablierte Herrschaftssystem wird im Begriff „Austrofaschismus" gefaßt. Die Beiträge des vorliegenden Bandes fokussieren auf die zentralen Aspekte dieser autoritären Diktatur, die bis 1938 andauerte: von der Konstituierung, den bestimmenden Ideologien, politischen Strukturen und Akteuren bis hin zu Politikfeldern wie Sozial-,Frauen-,Wirtschafts-, Repressions-, Schul-,Kultur- und Außenpolitik.
Bd. 1, 7. Aufl. 2014, 448 S., 19,90 €, br., ISBN 3-8258-7712-4

LIT Verlag Berlin – Münster – Wien – Zürich – London
Auslieferung Deutschland / Österreich / Schweiz: siehe Impressumsseite